服务外包蓝皮书

BLUE BOOK OF SERVICE OUTSOURCING

中国服务外包产业
发展报告
（2020—2021）

CHINA'S SERVICE OUTSOURCING INDUSTRY
DEVELOPMENT REPORT(2020-2021)

主编◎王晓红　　戚桂杰　　齐海涛

中国言实出版社

图书在版编目（CIP）数据

中国服务外包产业发展报告 . 2020—2021 / 王晓红，
戚桂杰，齐海涛主编 . -- 北京：中国言实出版社，
2022.11

ISBN 978-7-5171-4136-5

Ⅰ . ①中… Ⅱ . ①王… ②戚… ③齐… Ⅲ . ①服务业
—对外承包—研究报告—中国— 2020-2021 Ⅳ .
① F726.9

中国版本图书馆 CIP 数据核字（2022）第 181113 号

中国服务外包产业发展报告（2020—2021）

责任编辑：王建玲
责任校对：张天杨

出版发行：中国言实出版社
　　　　　地　　址：北京市朝阳区北苑路 180 号加利大厦 5 号楼 105 室
　　　　　邮　　编：100101
　　　　　编辑部：北京市海淀区花园路 6 号院 B 座 6 层
　　　　　邮　　编：100088
　　　　　电　　话：010-64924853（总编室）　010-64924716（发行部）
　　　　　网　　址：www.zgyscbs.cn　电子邮箱：zgyscbs@263.net

经　　销：新华书店
印　　刷：北京虎彩文化传播有限公司
版　　次：2023 年 1 月第 1 版　2023 年 1 月第 1 次印刷
规　　格：710 毫米 ×1000 毫米　1/16　20.25 印张
字　　数：366 千字

定　　价：128.00 元
书　　号：ISBN 978-7-5171-4136-5

本书编委会

总顾问：江小涓

顾　问：（以下按姓氏笔画排序）

　　　　王一鸣　王洛林　朱晓明　李　钢　沈丹阳

　　　　张蕴岭　张燕生　陈文玲　郑新立　冼国明

主　任：王晓红　齐海涛

主　编：王晓红　戚桂杰　齐海涛

副主编：杨　林　沙　琦　郭　霞

编　委：（以下按姓氏笔画排序）

　　　　马晓琨　王晓红　邓　丽　朱福林　刘　文

　　　　刘　震　齐海涛　杨宜晨　李　林　李鉴诚

　　　　何　昊　谷祖莎　沙　琦　张　瑾　孟丽君

　　　　赵迎芳　袁　静　夏友仁　谈　俊　谢兰兰

王晓红

中国国际经济交流中心科研信息部副部长，兼任山东大学、北京邮电大学、中央财大、首都经贸大学等教授，中国藏学研究中心学术委员会委员。1998 年毕业于中国社会科学院研究生院获经济学博士学位，2002 年进入东北大学博士后流动站。长期从事国际贸易投资、服务经济等领域研究。个人专著及主持课题先后荣获商务部商务发展研究成果奖 7 项、国家发改委优秀研究成果奖 2 项，其中一等奖 1 项、三等奖 6 项、优秀奖 2 项。研究报告《中国的全球经济战略研究》荣获商务部商务发展研究成果奖一等奖。主笔撰写的内参多次获得党和国家领导人批示。出版专著 12 部，发表学术论文 260 篇，其中在《人民日报》《经济日报》《光明日报》及《求是》《改革》《财贸经济》《经济学动态》《国际贸易》等核心期刊发表论文 150 余篇。作为课题主持人完成部委课题 18 项，主要有：商务部重大课题《优化营商环境，提高制造业利用外资水平》，中财办课题《加入 CPTPP 的策略研究》《"十三五"时期扩大对外开放战略研究》，国家发改委课题《建设更高水平开放型经济新体制重大问题研究》《"十四五"时期推动高水平对外开放的思路》《生产性服务业准入条件研究》《中国工业设计产业发展政策研究》，商务部课题《中国数字贸易发展报告 2019》《中国数字贸易发展报告 2020》《中国数字服务贸易发展报告 2018》《中国服务贸易发展报告 2017》《数字贸易和软件出口发展报告 2017》《中国软件出口发展报告 2015》《中国软件出口发展报告 2016》，工信部课题《制造业创新设计发展行动纲要研究》《我国中小企业公共服务平台需求与建设研究》，国务院国资委课题《国有企业改革三年行动落实情况评估》，国家知识产权局课题《创新型工业设计企业知识产权保护的研究》等。多次担任国家社科基金、教育部哲学社科重大课题攻关项目、教育部高等学校科学研究优秀成果奖评委。

戚桂杰

山东大学商学院院长、自贸区研究院院长，管理科学与工程学科教授、博士生导师，长期从事管理科学、信息管理与信息系统、电子商务领域的教学、科研工作。近年来，主持多项国家自然科学基金、国家社科基金及省部级科研项目；出版专著多部，在国内外重要学术期刊上发表论文70余篇。主持国家一流专业《信息管理与信息系统专业》建设项目、国家级精品课程《数据结构》等多项教研项目；曾获国家级教学成果二等奖。主要学术兼职有：中国信息经济学会常务理事、信息管理专业委员会副理事长、国际信息系统协会中国分会（CNAIS）常务理事，教育部高等学校管理科学与工程类专业教学指导委员会委员、高等学校国家级实验教学示范中心联席会经济管理学科组组长等。

齐海涛

鼎韬集团创始人和首席执行官，鼎韬产业研究院院长。南开大学工程管理专业硕士（MEM）导师，厦门软件与服务外包学院和广东外国语大学兼职教授。同时担任中国开发区协会服务贸易专委会副主任兼秘书长，中国信息服务与外包产业联盟副理事长等职务。是全球服务贸易与外包协会（GOA）评选的全球24位国际服务界思想领袖之一，并且是亚洲地区入选该名单的唯一企业领袖。

杨 林

教授、博士生导师，山东大学杰出中青年学者、国家社科重大项目首席专家、威海市有突出贡献中青年专家，商学院副院长。兼任山东大学威海发展研究院、山东大学自贸区研究院、山东大学劳动经济与人力资源研究中心、中国海洋发展研究中心等机构研究员、胶东经济圈一体化智库专家、威海科协智库专家。主要研究方向为现代财税理论与政策、海洋经济与管理。主持国家社科重大项目1项、国家社科重点项目1项、国家社科一般项目1项、国家软科学项目1项、省部级项目10余项；出版专著5部；发表CSSCI论文40余篇，多篇被人大复印资料，政府部门网站全文引用、转载。研究成果获省市级等奖项10余项。

沙 琦

鼎韬产业研究院副院长、鼎韬咨询副总裁。国家发改委地方政府产业创新促进中心副主任、中国开发区协会服务贸易专委会副主任、TOPs系列评选委员会专家、中国信息服务与外包产业联盟专委会专家、《服务外包教程》副主编、《服务外包英语》主编，全球服务采购MVSS国际标准发起人。拥有十五年服务贸易与外包行业经验，对中国数字贸易、服务贸易与外包产业、政策及市场发展具有深刻了解，并拥有丰富的区域发展战略规划和实践经验。

郭 霞

经济学博士，中国国际经济交流中心科研信息部副研究员。主要研究领域为国际经济学，参与国家级及省部级课题多项，在核心期刊发表论文多篇。

目　录

专题篇

专题一

"十三五"数字贸易发展及"十四五"主要思路

王晓红　夏友仁　谈　俊①

随着现代信息通信技术的广泛应用和数字经济快速发展，以数字技术为手段、数据为关键生产要素、数字服务为核心、数字化平台为载体、数字化交付为特征的数字贸易蓬勃兴起，带动全球产业链、供应链和创新链加速优化整合，正在成为数字经济时代的重要贸易方式。数字贸易主要涵盖信息通信技术、金融保险、知识产权、文化娱乐、其他商业服务等可数字化交付的知识密集型服务贸易领域，是产业创新、结构升级、畅通内外循环的重要支撑。数字贸易将加速全球资金、技术、人才、知识、数据、服务等要素流动，不断拓展服务可贸易边界并扩大规模经济和范围经济效应，通过各类数字化的研发、生产、贸易和服务平台促进全球产业链、供应链和创新链稳定发展，推动创新的效率提升、技术扩散与开放合作，促进科技、医疗、文化、体育、教育等优质服务资源全球共享。因此，数字贸易不仅为贸易高质量发展提供创新动力，也是我国与世界各国科技人文交流的重要载体，将为构建新发展格局提供重要战略支撑。

---

① 王晓红：中国国际经济交流中心信息部副部长、教授、博士生导师。
夏友仁：中国国际经济交流中心产业规划部副研究员。
谈俊：中国国际经济交流中心欧美研究所副研究员。

一、"十三五"时期我国数字贸易取得快速发展

"十三五"时期，我国数字贸易发展基础逐步夯实，发展环境不断优化，贸易规模快速扩大，占服务贸易比重稳步提升，尤其是新冠肺炎疫情防控期间逆势上扬。

（一）数字贸易规模快速扩大

"十三五"时期，我国数字贸易快速增长。根据联合国贸易和发展会议（UNCTAD）利用可数字化交付服务贸易 [①] 测度的方法，我国数字贸易额由2015 年的 2000.0 亿美元增长到 2020 年的 2947.6 亿美元，增长 47.4%。同期数字贸易占服务贸易的比重从 30.6% 增长至 44.5%（表 1.1、图 1.1）。除 2017年外，数字贸易出口额均大于进口额，展现出较强的国际竞争力。发展数字贸易对减少服务贸易总体逆差、提升服务贸易竞争力具有重要作用（图 1.2）。

表 1.1 "十三五"时期我国数字贸易发展情况

单位：亿美元；%

	2015 年	2016 年	2017 年	2018 年	2019 年	2020 年
服务贸易总额	6542	6616	6957	7919	7850	6617
可数字化交付服务贸易	2000.0	2092.0	2079.5	2561.8	2722.1	2947.6
其中出口	1137.3	1121.5	1025.7	1321.4	1437.5	1551.5
进口	862.7	970.5	1053.8	1240.4	1284.6	1396.1
可数字化增速	—	4.6	−0.6	23.2	6.3	8.3
可数字化总额占比	30.6	31.6	29.9	32.4	34.7	44.5

数据来源：商务部服务贸易和商贸服务业司。

---

① 根据联合国贸易和发展会议（UNCTAD）口径，可数字化交付服务贸易包括：保险服务，金融服务，电信、计算机和信息服务，知识产权使用费，个人、文化和娱乐服务，其他商业服务。

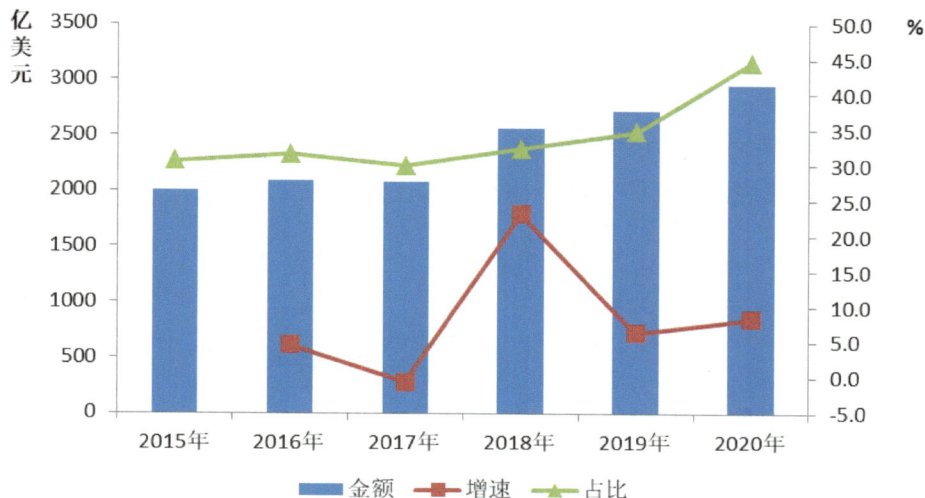

图 1.1 "十三五"时期我国数字贸易发展情况

数据来源：商务部服务贸易和商贸服务业司。

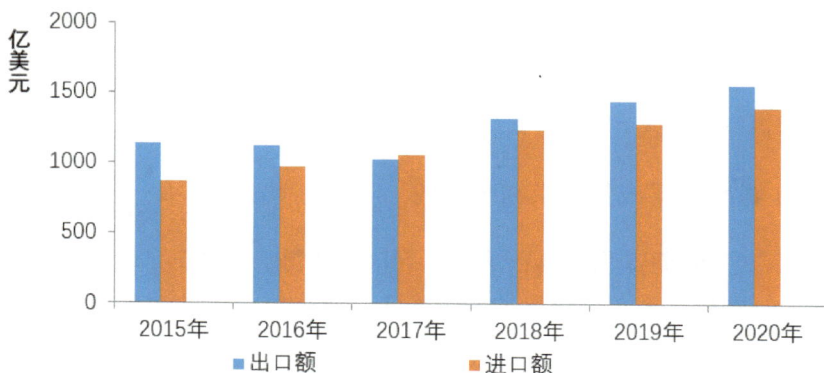

图 1.2 "十三五"时期我国数字贸易出口额与进口额

数据来源：商务部服务贸易和商贸服务业司。

（二）数字贸易发展基础坚实

我国数字贸易发展具备良好的基础条件。一是数字经济体量巨大，2020年数字经济规模 39.2 万亿元 ①，占 GDP 比重达 38.6%。二是产业体系较完备，拥有联合国产业分类中的全部工业门类，制造业整体国际竞争力较强，农业、

———————

① 中国信息通信研究院《中国数字经济发展白皮书（2021 年）》。

服务业规模庞大。三是数字基础设施日趋完善，截至 2020 年，我国 4G 基站数量达 575 万个，全部已开通 5G 基站超过 71.8 万个，全国光缆线路总长度5169 万公里 [1]；国际出口带宽 11511397Mbps；光纤宽带接入用户 4.54 亿户，占固定互联网宽带接入用户的 93.9%[2]。四是数字消费市场庞大，截至 2020年，我国网民规模达 9.89 亿人，占全球网民总量的 20% 左右，互联网普及率达 70.4%。[3]

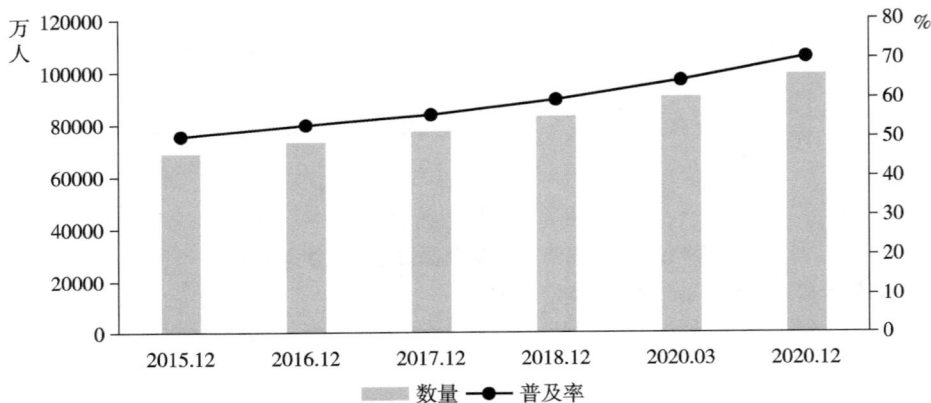

图 1.3 "十三五"时期我国互联网普及率和网民规模
数据来源：CNNIC《第 47 次中国互联网络发展状况统计报告》。

（三）数字贸易政策体系初步形成

"十三五"时期，我国出台了一系列政策措施，从宏观部署、网络安全、数据治理、先行先试、行业促进等多维度，初步形成了推动数字贸易发展的政策体系框架。

表 1.2 "十三五"时期我国出台的数字贸易相关主要政策

类别	时间	名称	主要相关内容
宏观部署	2019	《中共中央 国务院关于推进贸易高质量发展的指导意见》	加快数字贸易发展，推进数字服务出口基地建设

---

[1] 工业和信息化部《2020 年通信业统计公报》。

[2] 中国互联网络信息中心（CNNIC）《第 47 次中国互联网络发展状况统计报告》。

[3] 同上。

续表

类别	时间	名称	主要相关内容
宏观部署	2020	国务院办公厅《关于推进对外贸易创新发展的实施意见》	大力发展数字贸易,推进国家数字服务出口基地建设,鼓励企业向数字服务和综合服务提供商转型。建设贸易数字化公共服务平台,服务企业数字化转型
	2020	商务部《全面深化服务贸易创新发展试点总体方案》	大力发展数字贸易,完善数字贸易政策,优化数字贸易包容审慎监管,探索数字贸易管理和促进制度。探索构建数字贸易国内国际双循环相互促进的新发展格局,积极组建国家数字贸易专家工作组机制,为试点地区创新发展提供咨询指导
网络安全	2016	全国人大常委会《中华人民共和国网络安全法》	首次提出数据出境安全管理要求,原则性提出关键信息基础设施运营者在中国境内运营中收集和产生的个人信息和重要数据应当在境内存储,因业务需要确需境外提供的应当进行安全评估
	2019	国家互联网信息办公室《儿童个人信息网络保护规定》	对儿童个人信息保护确立保护规则
	2020	全国人大常委会《个人信息保护法(草案)》	我国个人信息保护领域的第一部专门性立法(注:《中华人民共和国个人信息保护法》已于2021年8月正式出台)
数据治理	2017	国家互联网信息办公室《个人信息和重要数据出境安全评估办法(征求意见稿)》	将《网络安全法》中责任主体由"关键信息基础设施运营者"扩大至"网络运营者",重申数据本地化存储的要求,并提出因业务需要确需向境外提供个人信息和重要数据时的安全评估流程、评估重点及具体要求
	2017	全国信息安全标准化委员会《信息安全技术——数据出境安全评估指南(征求意见稿)》	规定了个人信息和重要数据出境安全自评估和有条件的监管部门评估的流程、要点及方法,扩充并完善数据出境的定义,提出"境内运营"的判定标准
	2018	国务院办公厅《科学数据管理办法》	规范数据采集、汇交与保存、共享与利用、保密与安全的相关行为
	2019	国家互联网信息办公室《数据安全管理办法(征求意见稿)》	规定了重要数据在出境前应当由网络运营者评估安全风险,并报行业主管部门同意或省级网信部门批准,个人信息出境应按其他有关规定执行

续表

类别	时间	名称	主要相关内容
数据治理	2019	国家互联网信息办公室《个人信息出境安全评估办法（征求意见稿）》	规定了个人信息在出境前应当统一报送监管部门进行安全评估的要求、流程及要点，并对网络运营者和个人信息接受者签署的部分合同条款进行规制
先行先试	2016	国务院《关于同意开展服务贸易创新发展试点的批复》	依托大数据、物联网、移动互联网、云计算等新技术推动服务贸易模式创新，打造服务贸易新型网络平台
	2018	国务院《关于同意深化服务贸易创新发展试点的批复》	重点建设数字产品与服务、维修、研发设计等特色服务出口基地，探索推进服务贸易数字化。推动以数字技术为支撑、高端服务为先导的"服务 +"整体出口
	2019	国家发展改革委、中央网信办《国家数字经济创新发展试验区实施方案》	提出在河北（雄安新区）、浙江、福建、广东、重庆、四川等地创建国家数字经济创新发展试验区，在数字经济要素流通机制、新型生产关系、要素资源配置、产业集聚发展模式等方面进行探索
	2019	商务部、中央网信办、工业和信息化部《关于组织申报国家数字服务出口基地的通知》	启动建设国家数字服务出口基地，打造数字贸易集聚区
产业促进	2016	国防科工局、国家发展改革委《关于加快推进"一带一路"空间信息走廊建设与应用的指导意见》	带动空间信息装备与服务出口。重点支持整星出口、促进卫星关联产品及标准出口、鼓励运营服务及应用系统出口等
	2017	国务院《关于印发新一代人工智能发展规划的通知》	鼓励人工智能企业"引进来""走出去"；推动在"一带一路"沿线建设人工智能国际科技合作基地、联合研究中心等，加快推广应用；推动成立人工智能国际组织，制定相关国际标准；支持搭建全球化服务平台
	2019	国家发展改革委、市场监管总局《关于新时代服务业高质量发展的指导意见》	培育文化创意、数字服务、信息通讯、现代金融、广告服务等新兴服务贸易，扩大研发设计、节能环保、质量管理等高技术服务进出口

数据来源：根据相关资料整理。

（四）数字贸易领域有序开放

"十三五"时期，自贸试验区在文化、电信等领域不断加大开放压力测试力度，外商投资准入负面清单管理制度由自贸试验区推广至全国。《自由贸易试验区外商投资准入特别管理措施（负面清单）》由"十三五"初期的122条压减至2020年的30条。《海南自由贸易港外商投资准入特别管理措施（负面清单）（2020年版）》，仅保留27项特别管理措施，进一步推进电信等领域对外开放。从全国版《外商投资准入特别管理措施（负面清单）》看，对信息传输、软件和信息技术服务业进一步放开了国内多方通信、存储转发类、呼叫中心的外资股比限制。

（五）市场主体创新活跃

2020年，全球大数据、云计算和人工智能相关专利申请达5万多项，我国占比近20%，阿里云在全球云计算市场名列前茅。电信、计算机与通信技术服务量质齐升，三大基础电信企业初步形成全球服务布局，华为、阿里、腾讯等成为世界领先的信息通信技术和平台服务企业。我国涌现出华为、中兴等一批世界知名企业，其中华为5G专利全球排名第一，占比达20%。北斗卫星导航系统作为全球主要供应商之一，已经具有较强国际竞争力。联合国贸发会议发布的《2019年数字经济发展报告》将我国的腾讯、阿里巴巴列入全球7大"超级平台"。福布斯"2019全球数字经济100强排行榜"中，我国上榜企业14家，位列第二。据全球统计数据库（Statista）统计，2020年全球头部社交媒体前十位中有5家中国企业。

二、我国数字服务出口分领域发展状况

中国商务部服贸司根据数字贸易交易标的分类，将数字贸易分为数字技术贸易、数字产品贸易、数字服务贸易、数据贸易四大类。其中，数字技术贸易包括：软件、通信、大数据、人工智能、云计算、区块链、工业互联网等数字技术的跨境贸易；数字产品贸易包括：数字游戏、数字出版、数字影视、数字动漫、数字广告、数字音乐等数字内容产品的跨境贸易；数字服务贸易包括：跨境电商的平台服务及金融、保险、教育、医疗、知识产权等线

上交付的服务；数据贸易主要是数据跨境流动。

（一）数字技术服务出口快速发展

1. 软件出口保持较快增长态势

我国软件出口从 2015 年的 333.9 亿美元持续增长到 2020 年的 469.6 亿美元，增长 40.6%（图 2.1）。企业国际竞争力逐步提升，2020 年接包国家（地区）达 220 余个，单笔合同执行金额由 2015 年的平均 64 万美元增至 2020 年的 67 万美元，软件出口呈现持续向价值链中高端攀升的趋势。软件行业整体实力快速提升，业务收入由 2015 年的 42848 亿元增长到 2020 年的 81616 亿元，增长 90.5%，人均创造业务收入由 2015 年的 74.6 万元增长到 2020 年的 115.8 万元，增长 55.2%。

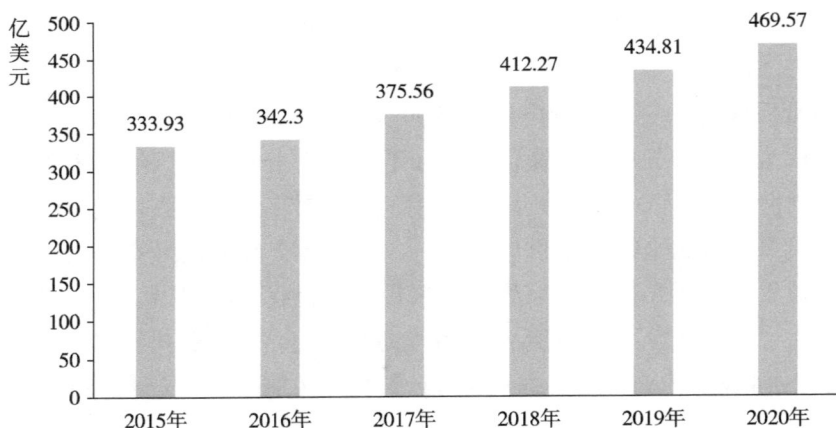

图 2.1 "十三五"时期我国软件出口规模

数据来源：商务部服务贸易和商贸服务业司。

2. 云服务国际市场份额逐步扩大

数字化转型成为企业发展的必然趋势，云计算与大数据、区块链、人工智能和 5G 等现代信息技术一起成为数字化转型的基础。市场调研机构 Synery Research Group 数据显示，亚马逊占全球云服务市场份额的 33% 左右，微软和谷歌分别占 18% 和 9%，阿里云在全球居第四位，在东南亚、非洲国家得到迅速发展。阿里、百度、腾讯在全球云服务市场份额合计占 12%。2020 年初，腾讯云多项服务和新加坡数据中心站点已获得新加坡多层云安全最高等级认证,已在全球开放 25 个地理区域,运营 53 个可用区,上线了美西硅谷、德国法兰克福、韩国首尔、美国华盛顿、印度孟买、泰国曼谷、俄罗斯莫斯科、日本东京等大区。

3. 区块链技术国际合作空间不断拓展

随着"一带一路"建设深入推进,我国与马来西亚、印尼、哈萨克斯坦、新加坡等沿线国家加强区块链技术在跨境贸易、数字货币、资格认证等方面的应用,区块链技术与跨境贸易深度融合,生态体系逐步完善,国际合作项目不断增加。

4. 北斗系统卫星导航全球服务能力增强

2020 年 7 月,北斗三号全球卫星导航系统正式开通,标志着我国卫星导航服务进入全球化、产业化新时代。我国已经形成完整、自主的北斗产业发展链条。目前,北斗相关产品已出口 120 余个国家和地区,与全球 137 个国家签订北斗合作协议,向"一带一路"沿线国家和地区亿级以上用户提供服务。

5. 搜索引擎技术加快拓展国际化版图

百度地图先后上线了东亚、东北亚、欧洲 32 个国家,南美洲 13 个国家的区域业务。截至 2020 年,百度地图的国际化版图已经扩展至全球 60 多个国家和地区,逐步成为海外出行服务的重要工具。

(二)数字产品出口国际影响力稳步提升

1. 网络游戏自主研发能力增强

Superdata 公布的《2020 年全球游戏年度报告》显示,全球数字游戏市场的总收入达到 1399 亿美元,同比上升 12%。其中,我国网络游戏市场营收占比最高,达 32%;美国市场紧随其后,占比 29%;日本位居第三,占比 15%(图 2.3)。根据中国音数协游戏工委的数据,2015—2020 年我国自主研发的网络游戏海外销售收入从 53.1 亿美元增长至 154.5 亿美元,年均增长率达 31.8%。美国、日本、韩国是我国自主研发游戏的最大市场,占比分别为 27.6%、23.9%、8.8%,三国合计达 60.3%。根据 App Annie 发布的全球发行商 52 强榜单,2020 年我国上榜发行商 15 家,位列第二,其中腾讯连续五年位居首位。

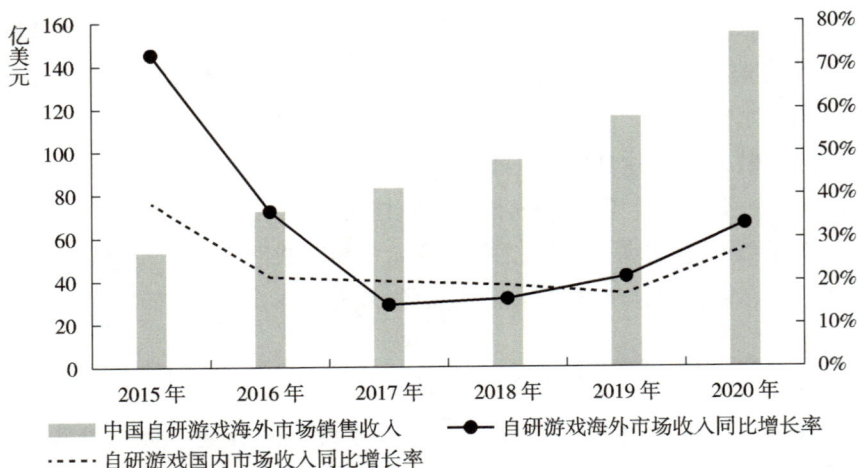

图 2.2　2015—2020 年中国自研网络游戏的年度海外销售收入

数据来源：中国音数协游戏工委。

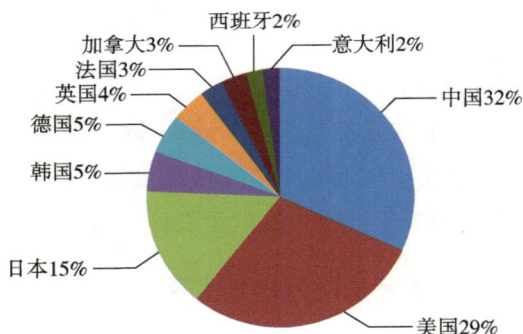

图 2.3　2020 年全球领先游戏市场收益 TOP10 占比

数据来源：SuperData。

2. 数字影视和数字出版"走出去"步伐加快

电视剧是我国数字影视贸易的主要类型，截至 2020 年已经出口至全球 200 多个国家和地区，影响力和地位逐步提升。我国数字出版的出口规模和占比持续增长，受新冠肺炎疫情影响，海外读者对数字阅读的需求明显增加，海外市场对我国数字出版产品的采购力度显著增强。

3. 社交媒体平台海外拓展能力不断突破

微信、短视频等社交媒体加速海外拓展，全球活跃用户数前 8 名的社交媒体我国占 3 席，国际影响力显著提升。我国手机 APP 接近 449 万个，居全球第一。2019年全球手机APP下载量抖音排名全球第2，抖音海外版TikTok的75个语种产品覆盖超过150个国家和地区。抖音、快手海外版在日本、美国、俄罗斯、土耳其、泰国等国家广受欢迎，快手海外版（Kwai）进入俄罗斯市场仅一年就在当地市场排行第一。抖音全资收购北美知名的短视频社区与音乐短视频平台，创新使用内容分发的算法，使其成为2018年全球最受欢迎的应用程序。

（三）数字服务出口竞争力增强

1. 跨境电商平台服务能力快速提升

2020年跨境电商实现货物进出口1.69万亿元，增长31.1%。随着跨境电商不断转型升级，形成了融货物贸易和服务贸易于一体的B2B全链路新一代跨境电商范式，出现了阿里、京东等一批有国际影响力的全链路跨境电商企业，并在国际规则制定中拥有一定话语权。

2. 远程教育水平不断提升

我国不断完善顶层设计，在全面深化改革、聚焦"一带一路"、强化人才培养、深化人文交流、推进港澳台教育交流、全力抗击疫情等方面推动教育高水平对外开放。2020年新冠肺炎疫情下突出"加快"和"扩大"，强调"提质"和"增效"，国际影响力迈上新台阶。[1]2020年4月，教育部向世界推出高等教育出版社的"爱课程"和清华大学的"学堂在线"中国两个高校在线教学国际平台，已上线近700余门优质课程资源。

3. 中医药服务出口发展迅速

我国积极实施"振兴中医药事业"发展战略，中医药服务贸易加速发展，新冠肺炎疫情出现后逆势而上。中医药服务贸易机构积极参与国际抗疫合作，参与举办100余场视频会议和直播活动，合作区域覆盖150个国家地区，参与建设"全球抗疫中医药服务平台"，提供海外远程服务。不断扩展"互联网＋中医药"服务模式，将线下服务转为线上。新冠肺炎中医药诊疗方案获国际高度认可，中医药需求不断增长。[2]

4. 数字支付国际市场加快拓展

2019年支付宝的全球用户超过10亿，保持20%的增长，目前54个国家

---

① 商务部：《中国服务贸易发展报告2020》。

② 同上。

和地区可以使用支付宝消费，微信支付覆盖 60 个国家和地区，支持 16 种不同货币直接结算。

（四）数据贸易发展潜力巨大

数据成为与土地、资金、劳动、技术并列的新型生产要素。日经新闻网数据显示，自 2010 年起全球数据跨境流动量迅猛增长，2019 年，我国数据跨境流动量约为 1.11 亿 Mbps，占全球数据跨境流动量的 23%。我国数据资源丰富、跨境流动规模巨大，随着数据确权、数据治理、数据跨境自由流动等规则制度不断完善，数据贸易发展潜力巨大。

（五）离岸服务外包成为数字服务出口的主要方式

我国离岸服务外包占可数字化服务出口的 68%，说明我国数字服务出口主要是通过服务外包方式进行。2016—2020 年期间我国离岸服务外包执行额从 704.2 亿美元增至 1057.8 亿美元，年均增长 10.7%。2020 年受新冠肺炎疫情冲击，服务贸易整体下滑，服务外包逆势增长达 9.2%，带动服务出口提升 3.8 个百分点。2016—2020 年信息技术外包（ITO）、业务流程外包（BPO）、知识流程外包（KPO）三大领域占比从 46.9%、16.6%、36.5% 逐步调整为 43.9%、16.1%、40.0%。研发、工业设计、数据分析挖掘、整体解决方案、检验检测、电商平台等高附加值业务持续增长（图 2.4）。

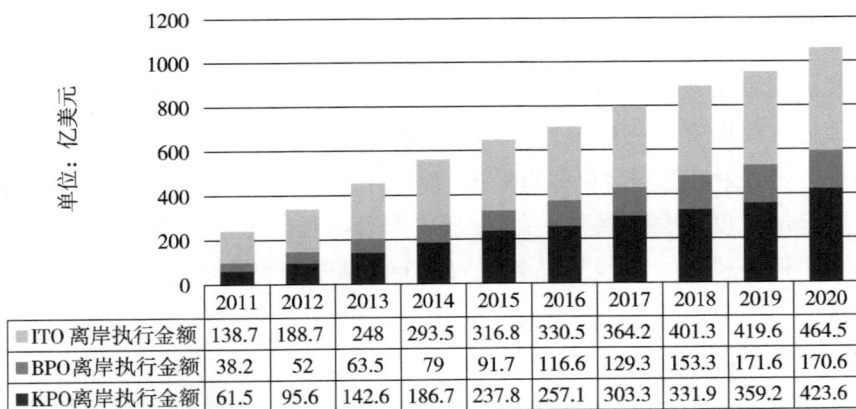

	2011	2012	2013	2014	2015	2016	2017	2018	2019	2020
■ITO 离岸执行金额	138.7	188.7	248	293.5	316.8	330.5	364.2	401.3	419.6	464.5
■BPO 离岸执行金额	38.2	52	63.5	79	91.7	116.6	129.3	153.3	171.6	170.6
■KPO 离岸执行金额	61.5	95.6	142.6	186.7	237.8	257.1	303.3	331.9	359.2	423.6

图 2.4　2011—2020 年我国离岸 ITO、BPO、KPO 发展情况（单位：亿美元）
数据来源：中国商务部。

三、"十四五"时期我国数字贸易发展的机遇与挑战

（一）数字贸易发展的主要机遇

1. 党中央、国务院高度重视数字贸易发展

2019 年 11 月，中共中央、国务院发布《关于推进贸易高质量发展的指导意见》明确指出，加快数字贸易发展，推进数字服务出口基地建设。为落实党中央、国务院相关工作部署，商务部、中央网信办、工业和信息化部等相关部门多举措推动数字贸易发展。一是抓紧完善顶层设计。2020 年，商务部会同中央网信办等部门，联合开展数字贸易制度框架研究，提出数字贸易工作计划，组建数字贸易专家工作组。二是加强数字贸易政策研究。2020 年，商务部会同有关部门开展数字贸易政策相关问题研究，稳步改善数字贸易发展政策环境。三是深入推进数字贸易实践。2020 年 4 月，商务部会同中央网信办、工业和信息化部，遴选出首批 12 家数字服务出口基地，在数字贸易实践中不断推动完善数字贸易政策和制度。2021 年 9 月 2 日服贸会开幕式，习近平主席宣布将设立数字贸易示范区，标志着我国数字贸易将进入制度创新和高水平开放、高质量发展阶段。

2. 我国产业数字化发展空间广阔

产业数字化深入推进将为我国数字贸易发展奠定坚实的产业基础。国家"十四五规划"明确提出"推进产业数字化转型""推动数据赋能全产业链协同转型""深入推进服务业数字化转型""加快发展智慧农业"等一系列重大发展任务。工信部等十部委联合发布的《5G 应用"扬帆"行动计划（2021—2023 年）》明确，到 2023 年要实现 5G 在大型工业企业渗透率达到 35%，每个重点行业 5G 示范应用标杆数达到 100 个，5G 物联网终端用户数年均增长率达到 200%。工信部印发的《工业互联网创新发展行动计划（2021—2023 年）》提出，通过工业设备网络化改造、推进企业内网升级、开展企业外网建设和深化"5G+工业互联网"等措施，到 2023 年实现工业互联网新型基础设施建设量质并进，新模式新业态大范围推广。近年来，大数据、云计算、人工智能、区块链等新兴数字技术快速推广应用，我国产业数字化正步入发展快车道，出现了智慧港口、智慧电网、智慧工厂、智慧教育、智慧医疗等一批产业数字化应用示范行业。

3.新冠肺炎疫情为数字贸易发展创造新契机

受新冠肺炎疫情影响，人员跨境出行受限，大量面对面的传统服务贸易移到线上，推动数字贸易逆势增长。数字办公、远程医疗、线上教育、线上会议、数字政务等各种新业态快速发展，社交媒体、线上影院、短视频、数字旅游等生活性数字服务蓬勃发展，流量经济成为全球数字贸易发展的突出特点。2020年，我国知识产权使用费、保险服务、电信计算机和信息服务出口同比分别增长30.5%、12.5%和12.8%；电信计算机和信息服务、金融服务进口分别增长22.6%和28.6%。疫情显著改变了居民消费习惯和生活方式，提高了网络消费水平，将为"十四五"时期数字贸易发展提供新动力。

4.全球数字贸易保持强劲增长态势

全球数字经济蓬勃发展有力带动数字贸易发展，促进全球贸易结构和贸易格局深度调整和重塑。数字技术发展将不断涌现数字贸易新模式、新业态，数字技术与传统产业深度融合将使更多服务变得可数字化、可贸易，极大扩展了服务贸易数字化的范围。世界贸易组织《2020年世界贸易报告》指出，各成员正在推进数字化转型升级，新冠肺炎疫情加速了电子商务和数字化创新。据经合组织（OECD）数据，2020年新冠肺炎疫情推动了全球互联网使用和访问量大幅增加，很多互联网运营商流量增长均达到60%以上。尤其是5G、大数据、云计算、人工智能、区块链等新一代现代信息技术的应用推广，大幅提升了全球服务贸易数字化水平。联合国贸发会议数据显示，过去十年，全球可数字化交付的服务出口额年均增速达7%—8%，超过一半的服务贸易已经实现数字化。2020年全球可数字化服务出口占服务出口比重达到63.6%。未来，全球数字贸易将保持较高增速，这为我国数字贸易发展提供了广阔市场空间。

5."一带一路"沿线国家市场潜力巨大

随着"一带一路"沿线国家信息基础设施水平不断提高，数字贸易快速发展的条件将逐步成熟。截至2021年1月，我国已与171个国家和国际组织共签署205份共建"一带一路"合作文件。"数字丝绸之路"建设将有效提升沿线国家特别是发展中国家的数字基础设施水平，缩小数字鸿沟，促进企业数字化转型和产业数字化融合发展，助力数字贸易增长，为我国数字贸易相关企业开辟巨大市场。

（二）发展数字贸易面临的主要挑战

1. 国内层面：数字贸易发展面临制约因素突出

目前我国数字贸易发展仍面临诸多制约因素，一是关键核心技术自给率低，基础软件、核心元器件、高端芯片主要依赖进口。二是大数据、人工智能、云计算等新一代数字技术人才短缺，高级技术人才和领军人才严重匮乏。到2025年我国大数据、人工智能、云计算的人才缺口将达到230万人、500万人和150万人。三是综合成本上升导致承接国际服务外包竞争力减弱，我国人力、土地、融资、税收等综合成本上升，加速信息技术外包向成本更低的南亚、东南亚国家和地区转移。目前我国一个软件中高级工程师的成本是印度、越南、菲律宾的2倍左右，办公房租成本是印度的2倍。四是知识密集型服务贸易开放不足，在市场准入、自然人流动、数据本地化方面限制措施较多，已经成为制约数字贸易发展的重要障碍。五是统计体系不完善，我国尚未建立数字贸易统计制度，无法做到应统尽统，存在"家底不清"问题。

2. 国际层面：数字贸易发展面临的规则治理挑战严峻

一是全球数字贸易规则正加速制定。数字贸易是贸易创新发展的引领者，也是各国争夺国际贸易竞争战略制高点和规则制定主导权的焦点，成为国际规则博弈的新赛道。当前，美国、欧盟、日本等主要大国纷纷通过出台国家战略，完善国内立法，加强国际合作等多种方式为数字贸易定规立制。二是全球数字治理体系碎片化。当前，全球范围内缺乏完善的数字治理体系和统一的数字治理规则，由于发达国家与发展中国家在数字经济发展阶段、制度体系、文化理念等方面的差异，在数据流通与保护、数字平台竞争、数字税收、数字货币、平台责任、人工智能伦理、网络生态、数字安全等诸多重要议题方面，全球治理仍处于无序状态。数字治理碎片化将加剧数字鸿沟和数字贸易失衡，影响全球包容性增长。三是数字安全问题日益凸显。由于部分国家存在对数字安全重视程度不足、数据安全技术和理念滞后、国家间数字安全合作欠缺等短板，数字贸易发展中的数字安全问题日益突出，个人数据泄露、黑客攻击、侵袭工业体系数据系统等安全事件更加频繁，成为影响数字贸易发展的突出障碍。世界卫生组织报告显示，2020年上半年对其网络攻击数量同比增长500%。同时，一些国家将数字安全泛化，实行贸易保护主义，逆全球化趋势抬头。上述这些重大问题，都对于我国参与国际数字贸易规则制定、数字企业走出去、统筹数字贸易开放发展与安全等方面带来重大挑战。

四、"十四五"时期我国数字贸易展望

"十四五"时期，我国将立足新发展阶段，贯彻新发展理念，构建国内大循环为主体，国内国际双循环相互促进的新发展格局，着力推动规则、规制、管理、标准等制度型开放。疫情推动数字经济强势崛起，数字产业化和产业数字化持续发展，贸易数字化水平稳步提升，数字贸易创新发展将迎来重要机遇。我国数字贸易国际竞争力将不断提高，为建设数字中国和贸易强国作出更大贡献，在推进贸易高质量发展和构建新发展格局中发挥更大作用。

第一，数字贸易进入爆发增长期。"十四五"时期，随着5G、云计算、大数据、人工智能等新一代数字技术加快应用为产业赋能，将涌现出更多新业态新模式，持续扩大数字贸易规模，推动我国服务贸易数字化水平显著提升。如，金融、保险、研发、设计、咨询、文化、教育、体育、医疗等领域将继续扩大数字化交付规模；旅游、运输、建筑等传统服务领域将涌现出更多数字化解决方案；通过数字技术实现跨境交付更加便捷。到2025年，我国数字服务进出口占服务贸易比重有望达到50%以上，将在促进服务贸易创新发展和贸易高质量发展中发挥更加突出的作用。

第二，数字贸易开放水平稳步提升。我国将有序推进电信、互联网、云服务、数据等数字服务及金融、研发、医疗、教育、文化等服务业领域扩大开放，更大力度利用外资。通过加快实施自由贸易区提升战略，构建面向全球的自由贸易区网络，推动RCEP落地，对接CPTPP高标准国际经贸规则，不断完善数字贸易规则治理体系，提高数字贸易开放水平。同时，积极推进服务贸易创新发展试点、服务外包示范城市等开放平台建设，依托国家数字服务出口基地打造数字贸易示范区，推动数据确权、数据自由流动、数据知识产权保护等规则先行先试，使之成为数字贸易增长主引擎。

第三，数字贸易规则制度逐步健全。我国将统筹数字开发利用、隐私保护和公共安全，加快建立数字资源产权、交易流通、跨境传输和安全保护等基础制度和标准规范。在制定出台《网络安全法》《数据安全法》《个人信息保护法》基础上，建立健全数据资源确权、分级分类保护、跨境传输、安全

评估等相关法规，为数字贸易创新发展提供法律制度保障。

第四，数字企业国际竞争力明显提升。我国数字企业将立足国内大市场，充分组合国内外资源要素，通过推动国内产业数字化转型加强数字技术创新应用，不断扩大应用场景，数字产业化规模继续扩大，参与国际竞争的综合实力显著增强，我国技术、标准国际影响力明显提升，大量"独角兽"企业将脱颖而出。

第五，数字贸易规则制定能力增强。网络空间命运共同体意识将日益深入人心，《全球数据安全倡议》将获得广泛支持。我国将积极推进网络空间、网络数据安全等国际合作，推动制定数字和网络空间国际规则。积极参与数据安全、数字货币、数字税等国际规则和技术标准制定，推动构建数据要素保护的国际协调合作机制，参与多双边数字贸易规则制定的能力进一步增强。

五、"十四五"时期数字贸易发展的主要思路

第一，全面提升技术创新、业态创新和模式创新能力。发挥新型举国体制和国家战略科技力量优势，突破高端芯片、基础软件、底层架构等关键核心技术瓶颈，加强数字技术领域国家战略规划、科技专项和标准制定。培育具有国际竞争力的数字化平台企业，以平台为依托构建自主可控的数字经济创新生态，不断完善产业链、稳定供应链、强化创新链，促进国际国内创新资源对接、供需精准匹配，开展面向全球的众包、分包研发设计服务，构建数据开放共享的机制和数据驱动创新的发展模式。支持数字企业加大研发投入、加强知识产权全球布局，实施研发设备进口零关税。营造开放、包容、合作的创新环境，积极吸引外资研发机构，确保享受与内资同等待遇。完善知识产权保护法律体系，加大对软件著作权、数字技术专利、数字版权、数字商标权、商业秘密等保护力度。

第二，全面推动产业、贸易和企业数字化转型。加速 5G、大数据、云计算、人工智能、区块链等数字技术与制造业、采矿业、服务业、农业及医疗、教育、文化、体育、政府等公共服务部门融合渗透，不断提升数字产业化和产业数字化水平，壮大新业态新模式，增强数字企业竞争力。扩大与制造业相关的信息技术、研发设计、知识产权等数字服务进口，支撑技术创新和价值链升级。依托货物贸易带动相关的金融、保险、结算、电子商务、供应链

管理等数字服务出口，提升贸易价值链增值水平。发挥平台企业的数据资源整合优势面向传统企业提供信息、数据和供应链服务。支持制造企业建立数字化、智能化、网络化的制造系统和实时跟踪服务系统，发展远程维修维护和数据服务。

第三，以制度型开放为引领探索高水平数字贸易国际规则。积极参与数字贸易国际规则制定是我国在未来全球贸易竞争格局中赢得主动权和话语权的关键，也将对参与全球经济治理产生重大影响。为此，一要继续缩减外资市场准入负面清单，扩大数字技术、医疗、文化、教育、增值电信、专业咨询等服务业对外开放，吸引跨国公司设立离岸数据中心、结算中心、研发中心，提高数字化交付水平。二要加强与欧盟、日本、美国等发达国家协调、凝聚共识，形成最大公约数，通过推动双边和区域自贸协定加强市场相融、规则对接和标准互认，共同推动 WTO 改革。三是通过推动 RCEP 实施、中欧投资协定落地、加强"一带一路"数字经济合作等，推动数字贸易规则体系建设，贡献中国方案。四是在自贸试验区、海南自由港、服务贸易创新试点、数字服务出口基地率先对标 CPTPP 规则，在促进数据跨境自由流动、知识产权保护、个人隐私保护、网络数据安全、国际监管等方面进行压力测试。探索跨境服务贸易负面清单管理制度。

第四，以建设"数字丝路"为引领加强数字贸易国际合作。提高与"一带一路"相关国家的数字经济合作水平，尤其要依托我国的数字技术和服务优势深耕东南亚、南亚等市场，推动云服务、搜索引擎、位置服务等信息技术服务出口，以及动漫游戏、数字传媒、数字出版、远程教育、远程医疗等数字产品和服务出口，发展数据储存加工、研发设计、远程维修等服务外包，扩大移动支付和数字货币合作。同时，要加强信息、法律、预警和保险体系建设，防范企业走出去风险。

第五，有机统筹开放与安全。数据已经成为核心战略资源和参与国际竞争的关键要素。要树立底线思维，把数据安全放在国家安全的重要战略位置。加快完善数据安全评级、个人隐私保护等相关法律以及数据资源的确权、交易和使用制度。探索建立与相关国家跨境数据流动合作的白名单制度。同时应该看到，数字贸易已经成为中美战略竞争的关键领域，应针对美国对我国数字企业打压、数据长臂管辖等行为加强反制措施。

专题二

数字经济背景下服务外包的新特征与新趋势

齐海涛 [①]

随着数字经济的迅猛发展，数字服务已成为一种新的服务模式和业态。数字服务形式日新月异，并逐渐成为服务外包的重要业务模式。数字化转型，是当前及未来我国服务外包产业升级转型过程中面临的全新转折点，将成为服务外包高质量发展的全新引擎和加速器。

一、数字经济对服务外包的影响

21世纪以来，服务全球化趋势发展迅速，数字科技创新与应用加速在全球范围扩散。2020年受疫情影响，各国经济明显下滑，但数字经济与实体经济不断融合发展，在数字技术创新的驱动下，传统产业的智能化、数字化水平持续提升，呈现出新的经济形态。数字经济新模式新业态获得较大发展空间，数字经济在国民经济中占比显著提升，数字化已成为一国经济现代化发展的重要标识。

根据麦肯锡全球研究所2017年发布的《中国数字经济：全球经济力量》显示，近十年来，中国已处于数字经济领域的领先地位。中国信通院发布的《全球数字经济白皮书》显示，2020年，测算的47个国家数字经济增加值规模达到32.6万亿美元，同比名义增长3.0%，占GDP比重为43.7%，产业数

---

① 齐海涛，鼎韬产业研究院院长、鼎韬集团总裁。

字化仍然是数字经济发展的主引擎，占数字经济比重为84.4%，其中，第三产业引领行业数字化融合渗透，一、二、三产业数字经济占行业增加值比重分别为8.0%、24.1%、43.9%。中国数字经济规模仅次于美国，位居世界第二，规模为5.4万亿美元，占GDP比重超过30%，中国数字经济同比增长9.6%，增速位居全球第一。

作为国民经济的重要组成部分，服务外包产业占据了服务业或者说第三产业的绝大份额，直接影响了我国国民经济整体产业结构优化情况。回顾过去三年，我国服务外包产业取得了明显发展，产业结构持续优化。据中国商务部发布数据显示，2020年我国服务外包产业实现快速健康发展，服务外包合同额2462.3亿美元，执行额1753.5亿美元，同比分别增长4.5%和10.9%，均高于GDP增速，其中承接离岸服务外包合同额1404.1亿美元，执行额1057.8亿美元，同比分别增长1.1%和9.2%，实现"十三五"时期超千亿美元的发展目标。获得明显增长的都是高端细分领域或者说是知识密集型服务领域，产业链逐渐向高端方向发展。商务部相关统计数据显示，我国大学毕业生在服务外包企业工作2—3年后有40%转向了互联网、大数据和人工智能领域，"数字化"或者说数字经济俨然成为服务外包产业下一个阶段的重点转型方向。

2020年是"十四五"的开局之年。基于"十三五"时期的发展情况和趋势，以及2019年我国服务外包整体发展态势，不难看出"数字经济"将是"十四五"时期产业发展的关键推动力，无论是针对生产要素、基础设施，还是产业价值链，都会发生前所未有的变化。

1. 数据成为创新驱动的主要生产要素

创新是服务外包"十三五"时期重点发展任务，技术模式、交易模式、营商环境、政策体系都在"十三五"时期有着明显的提升和发展，而创新并不是一个阶段性的目标，它是通过不同阶段的变化来实现长效、可持续化的产业发展。在数字经济的大背景下，我们看到数据日益成为重要的战略资产，美国认为大数据是"未来的新石油"，是"海陆空之外的另一种国家核心资产"。近年来随着大数据技术与传统行业的不断融合，虚拟货币、在线支付等多样生活生产模式不断涌现，数据就如同农业时代的土地和劳动力，工业时代的技术和资本一样，成为数字经济时代的重要且最核心的生产要素，驱动创新的生产方式向各个领域扩展。

2.数字基础设施成为新基础设施

基础设施是指为社会生产和居民生活提供公共服务的物质工程设施，是用于保证国家或地区社会经济活动正常进行的公共服务系统。它也是社会赖以生存发展的一般物质条件。进入数字经济时代，在所有生产生活方式都"数字化"后，数字基础设施的概念也逐渐被人所知。简单来说，数字基础设施是指至少有一个部分包含信息技术的基础设施，一般包括混合型和专用型。混合型数字基础设施是指增加了数字化组件的传统实体基础设施。在工业经济时代，经济活动架构都实现在以"铁公机"为代表的物理基础设施上，但随着数字技术的不断深入，以及我国提出的"数据强国"口号，将传统的实体基础设施与数字化技术相结合，更符合"智能制造2025"国策，如安装传感器的自来水总管、数字化交通系统，以及能够节省传统制造业工作成本、提升工作效率的设备组件等，都成为新经济时代的混合型数字化基础设施。专用型数字基础设施是指本质上就是数字化的基础设施，更具备无形感。如即将商用的5G网络，逐渐普及的宽带网络等，不断迭代的技术标准和技术水平也加速专用型数字技术设施的创新和发展。以上两种基础设施共同为各领域数字经济发展提供了必要的基础设施条件。

3.数字产品已经或正在改变全球价值链

随着数字技术与各领域的融合度加深，任何产品和服务在数字技术包装下，都可以成为数字产品，但产生数字经济以及获得数字红利却仍然有许多制约因素。同时，不同的数字产品类型产生的规模经济和范围经济是不同的，但它们却在不同的领域，以不同的方式改变着全球价值链的运动轨迹。无论是代替传统货物产品还是服务产品，还是嵌入到传统服务和生产价值链部分环节，都在一定程度上促使全球价值链向更高端的方向延伸和发展。具体有三种表现形式：一是从内容制作到销售的电子传输产品全球价值链；二是传统制造业和服务业不断嵌入中间数字产品，使其产品或服务不断符合消费者的需求，并不断降低生产成本，提高效率。三是以3D打印和工业互联网为主导的新型数字产品正在垫付全球价值链的全球分布体系和全球贸易利益分配。

4.数字素养成为数字经济时代对人才的新要求

国际服务外包产业"十三五"发展规划指出，强化复合型人才培养是"十三五"时期我国服务外包产业发展的重点工作任务，而对于服务贸易产业来说，复合型人才比例的提升，更能壮大善于创新、特色明显的中小型企业队伍，以及帮助服务贸易领军企业提升国际竞争力和影响力。不过由于数字经济目前仍是新兴概念，各国也普遍存在数字技术人才不足的现象，如今40%的公司表示难以找到他们需要的数字分析人才，所以谁先掌握较高的数字素养，谁就能在就业市场中脱颖而出。

5. 数字技术优化服务外包产业价值链

数字经济时代，数字化技术的应用和改造为服务外包产业提供了技术支撑，提升其产业资源配置的效率和产品技术创新含量，促使离岸服务外包产业结构发生变革，加速离岸服务外包产业优胜劣汰的行业洗牌。以大数据、物联网、云计算、人工智能引领的数字经济快速发展，不断促进我国离岸服务外包产业走向价值链的高端，外包需求也逐渐从标准化、规模化转变为个性化、定制化服务，信息化、智能化、高端化成为未来离岸服务外包产业的主要趋势。

6. 数字化战略影响服务外包产业政策和产业布局

党的十八大以后，数字经济上升为国家战略，十九大又对建设网络强国、数字中国、智慧社会等作出了战略部署，我国数字经济发展规模迅速扩张。基于此，2020年商务部等8部门发布《关于推动服务外包加快转型升级的指导意见》，提出"数字引领，创新发展"的基本原则，加快数字化转型进程。到2025年，服务外包成为我国引进先进技术提升产业价值链层级的重要渠道，信息技术外包（ITO）企业和知识流程外包（KPO）企业加快向数字服务提供商转型，业务流程外包（BPO）企业专业能力显著增强，服务外包示范城市布局更加优化，发展成为具有全球影响力和竞争力的服务外包接发包中心。到2035年，服务外包成为以数字技术为支撑、以高端服务为先导的"服务+"新业态新模式的重要方式，成为推进贸易高质量发展，建设数字中国的重要力量，成为打造"中国服务"和"中国制造"品牌的核心竞争优势。

7. 数字化融合拓展离岸服务外包产业业态

在数字经济背景下，互联网发展进入黄金时代，产业链大数据不断融合，商业应用不断拓展，由此衍生出各种新的产业内容，加之信息技术重组，推动离岸服务外包与不同产业融合发展、新业态成长壮大。如依托5G技术衍生出众包、云外包、平台分包等新模式；通过互联网与大数据的创新与融合发展，衍生出服务型制造等新业态。同时，数据资源成为企业经营决策的新驱动，许多服务外包企业开始数字化转型，推动产品创新和流程改造，促进服务领域向数字化融合方向发展，实现数字化转型，进一步加快催生新模式新业态。

8.新冠肺炎疫情加速推动服务外包产业数字化升级

2020年突如其来的新冠肺炎疫情，给全球各国带来巨大冲击，不仅对全人类的生命健康安全构成威胁，也深刻改变着世界的经济、贸易、政治、文化、外交等方面，重塑全球发展格局。虽然在新冠肺炎疫情的影响下，世界经济的发展和交流合作低迷，服务业受到沉重打击，但客观上也促使新一轮数字经济、网络经济的创新发展，并在世界范围内得到更快的接受和普及。从用于疫情防控的人脸识别、轨迹追踪、红外监控、远程医疗、药物筛选、送药机器人等，到远程办公、在线教育、电子商务、智慧配送、在线娱乐、网络会展等，新冠肺炎疫情推动了生产办公方式、生活消费模式的新变化，在线经济等一系列新领域、新业态进一步给服务外包产业带来新驱动、新技术、新场景、新布局，加速推动其转型升级。

二、服务外包发展的新特征和新趋势

数字业务的持续加速，直接反应在基于云的 IaaS 和 SaaS 解决方案的快速增长，数字化转型已经成为全球范围战略布局的重心。数字经济和数字化技术加速了服务外包的数字化转型步伐，从目前显示的发展趋势来看，服务外包的数字化转型呈现以下核心趋势和特点。

1.数字化技术将成为服务贸易的新内核

数字技术被誉为"第四次工业革命"，而作为影响生产关系的关键生产力要求，数字技术已经成为各产业发展的底层基础，服务贸易更不例外。世界银行发布的《2019 年世界发展报告》指出，企业的运营边界不断扩展，企业不再是自己生产一切，而是将更多的任务外包给国外市场，建立全球交易网络。从单一的 IT 技术到如今数字技术的加码，服务外包早已不是单纯的 IT 技术外包服务，而是通过数据的流通、产业链数字化含量的提升、企业的数字化转型，提供综合型数字化的解决方案。

在人工智能、云计算、大数据、区块链、物联网、社交网络、5G、虚拟现实等一系列新技术的推动下，新技术研发和应用正在成为服务外包产业发展的重要基石。我国服务外包企业对技术创新重视程度日益加深，普遍将自主创新和研发、服务产品升级作为重要战略方向，服务外包加快从"成本节约"向"价值创造"转型。与此同时，服务外包也成为数字经济时代全球经济增长的重要动力。

2. 数字化转型成为服务外包的新市场

根据 ISG 大额合同统计，2018 年全球综合市场 ACV 增长了 18%，达到创纪录的 478 亿美元。即服务增长 43%，达到 218 亿美元，为历史新高，传统服务增长 2%，达到 260 亿美元。其中，亚太地区综合市场增长了 30%，达到 67 亿美元。对云服务的需求激增，将云服务市场规模推升至创纪录的 42 亿美元，增长 55%。基于企业对数字化转型不断增长的需求，全球范围内的企业都处于数字化转型的历史风口期，也将对全球服务外包市场规模的持续扩大产生积极影响。

在全球数字化转型的浪潮推动下，越来越多的国内企业加快了数字化转型的布局，同时基于"智能制造 2025"国策的不断推进，传统制造企业依靠区块链、人工智能、云计算等数字技术不断提升产业链各环节的数字含量，逐渐向流程自动化和跨产业协作发展，向产业链高端价值方向延伸。随着 5G 商用落地及运营商的布局加快，移动支付已经成为日常生活中不可或缺的部分，金融、保险、理财、生活缴费、消费出行，一部手机便可以处理，更高的带宽、更低的延时让生活更加智能化。这给越来越多的中小企业提供了更多发展机遇，利用大数据、人工智能等技术所搭建的大体量数字化平台，也为其他企业和机构的数字化转型提供了技术和资金支持。可以预见，"十四五"期间，由数字化转型驱动的服务外包业务规模增速将会给市场更多的惊喜。

3. 数字化渗透将不断丰富服务外包的内涵和外延

数字化技术不仅赋予了服务外包新的内核，在不断渗透和融合到各产业的过程中，也不断丰富着服务外包的内涵和外延。跨界融合和倍增创新不再是新鲜事件，数字化技术作为所有产业的共同底层基础，制造业服务化、服务业工业化、服务数字化、数字可贸易化交替迸发，服务供应商也迎来了数字化转型的重大机遇，全球服务市场的新一轮竞争与合作不断上演。

大数据技术的应用发展衍生出大数据挖掘、大数据分析等一系列外包服务业务；云计算技术实现了软件开发和信息技术服务的远程按需交付，基于云计算平台开发的服务产品将原先"一对一"服务转向"一对多"服务；智能语音技术正在重新塑造传统呼叫中心行业的业务形态，越来越多的人工智能技术实现对简单劳动力的替代。许多发包企业为了在新一轮产业竞争和市场竞争中抢占先机，纷纷运用新技术重构企业生产经营模式。据商务部统计，

2020年我国企业承接新一代信息技术开发应用服务合同签约金额比2019年增长约16.3%。技术创新成为引领新一轮服务外包产业革新和发展的核心引擎，并推动服务外包企业不断提高对技术的价值认识，不断增强知识产权保护意识和品牌意识，加快技术竞争和人才引进。

4.数字化发展将为服务外包提供新需求

嵌入各行业业务环节内生发展是服务外包的本质属性之一，因此，无论是技术、服务还是人力资源，必须应用于各种真实行业场景和业务中，以转化为市场发包需求和实际业务价值。尤其是随着数字技术的发展和在线新业务、新业态、新模式的不断涌现，各类行业应用场景不断丰富，推动我国服务外包企业将专业服务能力与具体的行业应用场景结合得更加紧密，力求在行业场景的实际创新应用中实现外包服务价值升级。

随着数字化技术向各行业的渗透应用和创新发展，各行业企业的数字化转型成为我国服务外包产业最大的业务来源。无论是机械、纺织、化工、能源等传统制造业，还是旅行、运输、金融、电信等现代服务业，都在加快建设数字化技术平台、信息管理系统、电子商务网站及开发APP应用软件，着力提高互联网营运能力和数据分析能力，数字化能力和在线转化率正在成为各行业的重要竞争力，并激发孕育大量外包服务需求。

近年来，制造业加快数字技术运用和数字化转型，激发了市场的发包需求。国内大型制造业企业竞相推出工业互联网平台，用于支撑企业柔性生产、产品个性化定制、产品运行过程监控和个性化服务，越来越多的制造企业将各项业务系统集成，构建私有云平台或依托公有云开展业务。智能制造、绿色制造、服务型制造的理念逐渐得到制造企业的接受和重视，构建适合行业特点的智能工厂、工业互联网解决方案等正在成为传统制造资源优化和产业链协同发展的利器，使与传统制造业融合发展的信息技术服务市场空间和规模不断扩大。据统计，2020年我国有98起工业互联网相关的投资事件，涵盖工业平台、工业软件、工业安全等领域，投资金额达123.6亿元。一方面，促进发包方对技术整合服务的重视，为了追赶技术变革，抢占行业领先地位，发包方通过提高谈判决策效率，尽快与专业服务商建立战略合作关系。另一方面，也促使服务外包企业加大数字化平台及服务能力建设投入，通过并购创新型企业、建立研发联盟等模式，提高数字化服务能力，从而呈现接发包双方共同推进数字化转型发展的新趋势。

5. 数字化竞争将重塑全球市场格局

从 2008 年全球经济危机开始，世界经济处于一个低迷的发展阶段，逆全球化、单边贸易主义的逐渐冒头和扩散，成为全球经济进一步发展的阻碍。但同时，数字技术的异军突起使全球市场卷入了数字经济的浪潮，新的经济形态对全球价值链提出了重构和重塑的需求。从服务需求来看，传统发达国家继续占据发包市场的主导地位，但新兴经济体发包潜力也正在加速释放，据博鳌亚洲论坛发布的《新兴经济体发展 2018 年度报告》显示，得益于外需的大幅增长和总体稳定的国内消费，2017 年新兴 11 国经济复苏势头良好，经济增量连续上升，远高于七国集团和欧盟。作为全球最大的新兴经济体，中国经济继续保持 6.9% 的中高速增长，对全球经济增长贡献了约 1/3。

从服务供给来看，越来越多的新兴经济体加入全球服务外包市场的竞争中，据麦肯锡发布的《变革中的全球化：贸易与价值链的未来图景》报告显示，中国和其他新兴经济体已经从过去几十年扮演的全球价值链的生产者角色，转变为拉动全球需求增长的新引擎。从市场主体来看，行业领军企业正加大研发投入，力争巩固优势地位，但新型领域的后起之秀也将逐渐打破现有的组织格局，竞争合作的形势将更加复杂。

三、服务外包发展的十四个"新"

综合以上分析，在数字化已上升至国家战略的前提下，在数字技术已成为所有产业共同的底层基础的条件下，中国服务外包在"十四五"时期的发展，应当重点抓住十四个"新"。

（一）新技术

大数据、物联网、区块链、AI、5G 等数字技术的蓬勃发展，让服务外包产业的技术底层也从互联网时代的 ICT 转向数字时代的 ICD（Internet/Cloud/Data），信息化和智能化将成为未来产业转型的主宰趋势，没有上云的企业、单位、机构将会被无情淘汰。

（二）新趋势

2017 年，全球 1000 强企业中有 67% 把数字化转型（DX）作为公司战略核心。数字化的转型会覆盖到企业的方方面面，如生产数据统计、业务推广、差旅报销、品牌宣传等，数字无纸化的解决方案将会全方面取代传统运营模式，从而大幅度降低企业经营成本，节省更多人力成本。

（三）新市场

2020年，我国数字经济总量达到5.4万亿美元，我国已经实现了连续3年的高速增长，预计在未来7年将平均增长30%。对于全球市场而言，到2025年，全球广义数字化增加值规模将增至45万亿美元，占全球GDP比重将增至45%，中国的数字化规模将达到全球的25%左右，这都将为中国服务外包带来更大更广的市场空间。

（四）新客户

从2020年IT市场规模来看，中国关键行业IT发展水平大体呈现三个阶段：整合阶段、转型阶段和创新阶段。大部分制造企业、政府机构和教育机构还处于整合阶段，少部分教育企业进入整合和转型的交汇期；能源、医疗、交通和金融整体处于转型期；而以技术作为绝对优势的互联网、零售和电信行业不断推陈出新。正因为不同行业处于数字化的不同阶段，转型的程度不同，所以会为服务外包企业提供更多新客户、新业务。

（五）新（外包采购）环境

传统的采购模式下，企业首先考虑的是价格和交付方式，其次考虑质量、数量和交货期等问题。传统的采购环境和采购模式，会造成信息不对称、质量把控不及时、合作关系不长久以及服务商响应需求延迟等问题。

数字技术的渗透不断催生出新的交付机制和创新议程，低成本创新、应用合理化、云计算和虚拟化都在不断挤压传统服务供应商的生存空间，新的外包采购环境给发包商提供了更多选择的机会，也给服务商带来了更多转型的考验。

（六）新需求

新的技术、新的市场、新的客户和新的外包采购环境，都对服务商的业务水平和范围提出了新的要求，数字化企业需要采取云软件公司一样的运营模式，在软件定义一切、一切都是服务、软件即品牌的时代下，企业需要提供超高可用性和可靠性的服务，创新产品的服务类型与模式，为客户提供操作更加简单的服务。

（七）新定位

服务外包企业即服务商应在数字时代，重新定位自己，争做数字化团队，从外包服务供应商的角色抽离，转变为解决方案供应商。无论是投资策略、交付管理、开发方法、IT 优先级、团队建设还是交付模式，都需要重新定位和打造，企业的服务驱动力也应从劳动力转变为创新力。

（八）新价值

对于服务外包企业来说，数字时代下所创造的一切价值，都应满足客户多变、个性、实时、按需、自服务和社交化等不同的需求，以打造全新生态为基本思路，在不断创造新价值的同时，为行业伙伴搭建合作共赢的新条件和生态环境。内部基础能力的数字化，加上外部数字化能力作为服务的按需提供，或成为最佳实现路径。

（九）新模式

随着数字技术向传统产业领域的不断渗透，我国的产业链也从附加值低端向高端发展和延伸，从传统的 IT 服务、咨询与解决方案到云计算与大数据应用服务的变化，是技术服务市场转型的明显趋势。交付模式也从单一走向多元。模式的创新不仅在交付区，客户关系同样也发生了变化，传统时代的客户合作模式将被 IT 服务 3.0 时代客户合作模式所取代。

（十）新能力

数字时代赋予了客户多样化、个性化的需求特征，同时也要求企业能够持续提升自己的服务能力，新能力的标准越来越高。从传统外包服务进化到数字化服务，创新则是新服务的第一判断标准。如何能做到人无我有、人有我优，除了数字技术的不断更新，技术辅助下的服务能力和品质也是核心内容。这就要求企业不断提升自己的多层次服务调度协调能力，包括产品创新管理、与客户合作关系的维护、与合作伙伴的全新生态系统管理以及员工和人才培养的能力等。

（十一）新人才

"十四五"时期，数字经济对人才提出了新的要求，即数字素养。据业内人预测，到 2020 年，全球对人工智能人才的需求将达到 1000 万人，人才缺口将达到 450 万人，因此具备三维领导能力的转型人才，将成为企业数字化转型的内生动力和关键要素。

（十二）新服务

数字化将以往无法离岸贸易的服务变得可贸易化，并不断创造全新的服务领域。云服务出现后，市场对其的需求出现了爆发式的增长，原本传统的 IT 运维服务因为云的出现，也可以提供远程的离岸服务。在传统 IT 服务外包时代，数据只是单纯的数字；数字时代下，数字内容成为可以交付、购买、销售的产品和服务。

（十三）新竞争

在服务产业的整体变革中，服务的产品化以及产品的服务化成为新时代服务产业发展的两大明显趋势。随着新兴技术与产业、企业的融合度加深，越来越多的传统企业向服务企业延伸，越来越多的服务企业将触角伸向传统领域，跨界、融合和竞争是数字时代下的全新关系。

（十四）新要素

数字化和国际化两大要素构成了未来我国服务外包产业竞争的主导要素。其中，数字化是指一切要素和内容都可以通过数字技术来包装和创新，数据内容也成为全新的产品和服务；同时，因为数据本身的无国界性、流动性和无形等特点，它又是最容易实现国际化的产品和媒介。数据集中了两大要素特点，同市场、人才、成本、政策和环境共同推动整体产业生态系统的搭建和优化，实现产业的升级及可持续发展。

专题三

2020 年中国服务外包交易指数报告

沙　琦[①]

在"十四五"发展阶段转换期，在新冠肺炎疫情、国际关系变化等的深刻影响下，我国经济社会发展呈现出新的阶段性特征，数字经济时代的服务外包发展已经进入"3.0 阶段"，也给我国服务外包产业转型升级提供了机遇。中国服务外包交易指数是我国服务外包交易情况和发展现状的晴雨表，自2014 年在第二届中国（北京）国际服务贸易交易会上首次发布《中国服务外包交易指数报告（2014 年）》以来，每年都公开发布一次，供政府主管部门和有关机构参考，已得到业内外同仁的关注。近年来，随着行业标准、服务标准的陆续出台，服务外包的发展正在趋向规范化、国际化和高端化，由于其应用领域广、专业技术强、发展速度快等特点，鼎韬产业研究院每年编制《中国服务外包交易指数研究报告》，用定量化的数字来描述，就是为了更确切地了解我国服务外包的发展现状和市场动态，为政府主管部门和有关机构、企业对服务外包的项目投资、产业研究、政策设计、市场分析等提供研究和决策参考。

一、交易指数的结构

《服务外包交易指数》包括交易总量与增长率、质量与效益、国际竞争力

---

① 沙琦：鼎韬产业研究院副院长，鼎韬咨询副总裁。

等三个大类指数。

用 A 表示外包交易指数结构，这里 A={A1、A2、A3}，记为 Φ（A）；其中 Φ（A1）为交易指数中"总量与增长率分类指数"，Φ（A2）为"交易质量与效益分类指数"，Φ（A3）为"交易国际竞争力分类指数"，A1、A2、A3 ∈ A，均称为交易指数集合 A 中的元素，这些元素又分别由若干具体指标组成。

服务外包交易指数中每个元素内指标的数据，基本来自商务部网站、国家《统计公报》以及国际著名咨询机构公开发布的数据和研究报告。通过数据收集与整理、指标赋权与数学建模以及运算分析等，得出当年我国服务外包交易指数的最终数值。这里通过计算，得出

$$\Phi（A）=\Phi（A1）+\Phi（A2）+\Phi（A3）$$

称为服务外包交易指数。

二、交易指数的指标设计

（一）指标设定

指标选取的原则有：一是结合国家鼓励发展的服务外包行业分类情况；二是指标数据的可获得性，可以基本来源于国家政府机构公开发布的数据；三是尽可能考虑能与国际发包商选择承接地的基本要素对接。

交易指数集 A={A1、A2、A3} 中各项指标，包括：

一级指标：总量与增长率、质量与规模、国际竞争力等三项指标；

二级指标：合同金额、执行金额、企业规模、经济贡献、国际竞争力、发展潜力、服务效率、新兴服务领域等八项指标；

三级指标：在岸、离岸金额及其增长率、企业总数、占国际服务出口比重、国际资质认证数、新增就业人员、新兴领域市场增速等四十项指标。

这里二级指标和三级指标分别是上一级指标的具体展开。

各级指标详见下表：

表 2.1　中国服务外包交易指数指标体系

一级指标	二级指标	三级指标
交易量与增长率	合同金额	在岸、离岸金额及增长率
	执行金额	在岸、离岸金额及增长率
规模与质量	企业规模	企业总数，每个企业规模（平均人数）以及完成在岸和离岸金额
	经济贡献	离岸执行额分别占外贸出口、服务出口、国民经济、全球离岸外包的比重及增长率
国际竞争力	国际竞争力	国际资质认证数、离岸外包占产业总额比重及增长率
	发展潜力	新增从业人数，大学生占比及增长率
	服务效率	人均完成在岸、离岸金额及增长率
	离岸新兴服务领域	BPO、KPO 在全行业占比以及同比增长率

（二）数据来源

凡可以直接收集到的指标数据都来自商务部或国家统计局于《国民经济统计公报》公开发布的数据。因统计时间区间的原因，报告中有个别数据暂未收集到，一般都通过该指标前五年增长率的平均取值来预测，待收集到确切的数据后再予调整更新。以 2020 年为例（以下类同），合同额（包括执行额）、就业人数、大学生人数、服务进出口、外贸出口、GDP 等都来自国家《2020 年统计公报》和商务部网站。为便于产业发展趋势的研究，传统的 ITO、BPO、KPO 离岸执行额及其增长率，根据商务部发布的数据，取（BPO+KPO）÷（ITO+BPO+KPO）的值作为指标"离岸服务外包新兴领域占比"的当年取值。

（三）指标权重

每个指标的权重赋值，采用德尔菲法（Delphi 法）和层次分析法（AHD 算法）相结合的方法，并进一步根据指数集 A 中各指标的重要性程度最终确定其对应的权重赋值。考虑到同口径比较，2020 年各指标的权重，与 2019 年完全相同，都是参照 2014 年交易指数发布以来，在征求业内专家和政府主管部门意见的基础上作了微量的调整。

为计算方便，设定 A1、A2、A3 中的指标权重之和为 1000。

若以 Ψ（Ai）表示指数 Ai 中有关指标的权数之和，即有

Ψ（A1）+Ψ（A2）+Ψ（A3）=1000

具体权重分配如下：

表 2.2 中国服务外包交易指数各项指标权重分配情况

一级指标	二级指标	序号	三级指标	单位	权重
A1 交易总量与增长率	合同与执行金额和增长率	1	合同总金额	亿美元	80
		2	同比增长	%	5
		3	执行总金额	亿美元	
		4	同比增长	%	
		5	离岸合同金额	亿美元	
		6	同比增长	%	……
		7	离岸执行金额	亿美元	
		8	同比增长	%	
		9	在岸合同金额	亿美元	
		10	同比增长	%	
		11	在岸执行金额	亿美元	50
		12	同比增长	%	5
A2 规模与质量	企业规模	13	企业总数	家	30
		14	同比增长	%	5
		15	企业规模	人/家	
		16	同比增长	%	
		17	企业年均完成合同	万美元	
		18	同比增长	%	……
	经济贡献	19	离岸占服务出口	%	
		20	同比增长	%	
		21	离岸占外贸出口	%	
		22	同比增长	%	
		23	外包占 GDP 比重	%	20
		24	同比增长	%	5

续表

一级指标	二级指标	序号	三级指标	单位	权重
A3 国际竞争力	国际竞争力	25	离岸占全球比重	%	15
		26	同比增长	%	5
		27	国际资质认证数	个	
		28	同比增长	%	
		29	离岸合同占外包比	%	
		30	同比增长	%	
	发展潜力	31	新增从业人数	万人	
		32	同比增长	%	
		33	大学生占比	%	……
		34	同比增长	%	
	服务效率	35	人均年度完成合同	万美元	
		36	同比增长	%	
		37	人均年度完成执行	万美元	
		38	同比增长	%	
	产业创新	39	离岸新兴业务占比	%	70
		40	离岸业务占比增长	%	10

汇总后即为：

表2.3　中国服务外包交易指数各项指标权重汇总情况

Ψ（Ai）	Ψ（A1）	Ψ（A2）	Ψ（A3）	合计
权重	430	210	360	1000

（四）数据的无量纲化处理

已选定的定量指标中，由于各个指标的计量单位不同，例如合同金额、企业规模、国际资质认证数、从业人员等，不能直接进行相互之间的运算，因此对原始数据必须进行"无量纲化"处理。其中有些指标如"合同金额""占出口比例"等数值越大越好，一般称为正向指标；如涉及成本等，则数值越小越好，一般称为逆向指标。

为体现产业导向作用，在一定报告期内（比如前 5 年内）的数据中选取最满意值，若是正向指标的最大值可记为 Xjmax，若是逆向指标的最小值可记为 Xjmin，以 Xjmax 和 Xjmin 作为参照，然后进行无量纲化的处理。这样对于第 j 个指标 Xj 经无量纲化处理后的数据 Xj/ 称为指标 Xj 的功效值。

对于正向指标功效值

$$Xj/=Xj/Xjmax \ 式（Ⅰ）$$

对于逆向指标功效值

$$Xj/=Xjmin/Xj \ 式（Ⅱ）$$

（j=1、2、3……40）

经上式处理后的功效值，若是非负正数，最终都会落在（0，1]区间内。实现了无论是正向指标还是逆向指标，都换算成统一的无具体量纲单位。此外，经过式（Ⅰ）或式（Ⅱ）处理后的功效值 Xj/ 越接近 1，表示与报告期内最满意的数值越靠近，即落在（0，1]区间内的功效值越靠近 1 越好。若报告期当年的 Xj=Xjmax 或 Xjmin=Xj，根据式（Ⅰ）或式（Ⅱ）就会出现 Xj/=1；若原始数据 Xj 出现负数或零（如增长率下降了），根据式（Ⅰ）或式（Ⅱ），此时就出现 Xj/ 为负数的情况；此时一般可取 Xj/=0，表示该指标在交易指数的整体运算中没有任何贡献。

通过上述数据无量纲化的处理后，每个三级指标 Xj 都由一个落在（0，1]区间内的非负功效值 Xj/ 与其一一对应。

（五）相关性分析

由于我国的服务外包较西方国家起步较晚，但发展较快，产业发展的稳定性、规范性以及行业标准还正在逐步完善中，一些指标之间的关系或关联度还不很确定，相互之间的规律性不显现。因此，对指标的相关性分析比较困难。在本研究报告中，暂设定与指标关联度最明显的"增长率（百分比）"的权数取值相对小一些，减小其影响。对于服务外包交易指数中指标相关性的完整分析，将根据产业发展的成熟度再进一步研究推进。

（六）交易指数的数学模型

交易指数集 A 的数学模型是由指数集内各元素所包含的指标功效值及其对应的权数，通过一定的乘数关系组合而成，即：

经确认的 40 个三级指标中功效值 Xj/ 及其与对应的权数 Cj 相乘，可以具体表示为：

$$（C1，C2……C40）（X1/，X2/……X40/）T$$
$$=C1X1/+C2X2/+……+C40X40/$$
$$=ΣCjXj/ 式（Ⅲ）$$

这里的 Xj/ 为第 j 个三级指标的功效值；

Cj 为第 j 个三级指标的权重。

（j=1、2、3……40）

注：式（Ⅲ）中（X1/，X2/……X56/）T 为（X1/，X2/……X56/）的转置矩阵。

上述的式（Ⅲ）也可表示为：

$$Φ（A）=Φ（A1）+Φ（A2）+Φ（A3）式（Ⅳ）$$
$$[0 ≤ Φ（A）≤ 1000]$$

式（Ⅲ）称为交易指数 Φ（A）的数学模型展开式，

式（Ⅳ）称为交易指数 Φ（A）的数学模型表达式。

这里 Φ（A）的最终结果即为服务外包交易指数点，简称服务外包交易指数。

（七）数学模型的运算

根据式（Ⅲ）（Ⅳ），可计算出报告期内的服务外包交易指数点 Φ（A）。

【案例】计算 2020 年服务外包交易指数 Φ（A）。

根据式（Ⅲ），交易指数点 Φ（A）计算列表如下：

表 2.4 中国服务外包交易指数计算结果

序号	三级指标	单位	数据 Xj	权数 Cj	功效值 Xj/	评价值 CjXj/
1	合同总金额	亿美元	2462.3	80	1.0	80
2	同比增长	%	4.5	5	0.17	0.84
3	总执行金额	亿美元	1753.5	80	1.0	80.0
4	同比增长	%	10.9	5	0.54	2.71
……						
11	在岸执行金额	亿美元	695.7	50	1.0	50
12	同比增长	%	7.3	5	0.24	1.2
总量和增长率交易指数 Φ（A1）=409.07						
13	企业总数	家	60750.0	30	1.0	30.0
14	同比增长	%	12.5	5	0.76	3.8
15	企业规模	人 / 家	192.9	30	0.89	26.6
……						
23	外包占 GDP 比重	%	1.2	20	1.0	20.0
24	同比增长	%	10.5	5	1.0	5.0
规模与质量交易指数 Φ（A2）=171.92						
25	离岸占全球比重	%	37.0	15	1.0	15.0
26	同比增长	%	9.2	5	1.0	5.0
……						
39	离岸新兴业务占比	%	56.1	70	1.0	70.0
40	离岸业务增长率	%	0.5	10	0.07	0.7
国际竞争力交易指数 Φ（A3）=300.5						
交易指数合计 Φ（A1）+ Φ（A2）+ Φ（A3）		881.49				

也即 Φ（A）= Φ（A1）+ Φ（A2）+ Φ（A3）

=C1X1/+C2X2/+……+C40X40/

=881.49

所以 2020 年的服务外包交易指数为：

Φ（A）=Φ（A1）+Φ（A2）+Φ（A3）

=881.49

业内不少同仁习惯上对于交易指数 ÷ 交易指数满分值即 881.49 ÷ 1000 的结果，称为当年服务外包产业满意度，也即 2020 年服务外包完成的满意度为 88.2%，相比 2019 年的满意度 90.5%，下降了 2.3 个百分点。

三、交易指数的分析

（一）2016—2020 年交易指数的轨迹

根据式（Ⅳ）：Φ（A）=Φ（A1）+Φ（A2）+Φ（A3）和以上阐述的原理和算法，2016 年至 2020 年我国的服务外包交易指数如表 3.1 所示：

表 3.1　2016—2020 年交易指数 Φ（A）汇总

	2016 年	2017 年	2018 年	2019 年	2020 年
Φ（A1）	396.85	414.25	411.83	418.10	409.07
Φ（A2）	195.94	189.85	192.89	192.25	171.92
Φ（A3）	318.29	323.77	312.73	294.90	300.50
Φ（A）	911.08	927.87	917.45	905.25	881.48
增长率 %	−0.3	1.8	−1.1	−1.2	−2.6

从图 3.1 可见，我国服务外包交易指数 Φ（A）和增长率波动幅度较大，自 2017 年度大幅度上涨之后，2018—2020 年连续三年下降，尤其是 2020 年的增长率下降幅度最大。这与新冠肺炎疫情全球蔓延，中美贸易摩擦等复杂的国际经济形势，以及我国宏观经济调控及产业发展政策因素有关。

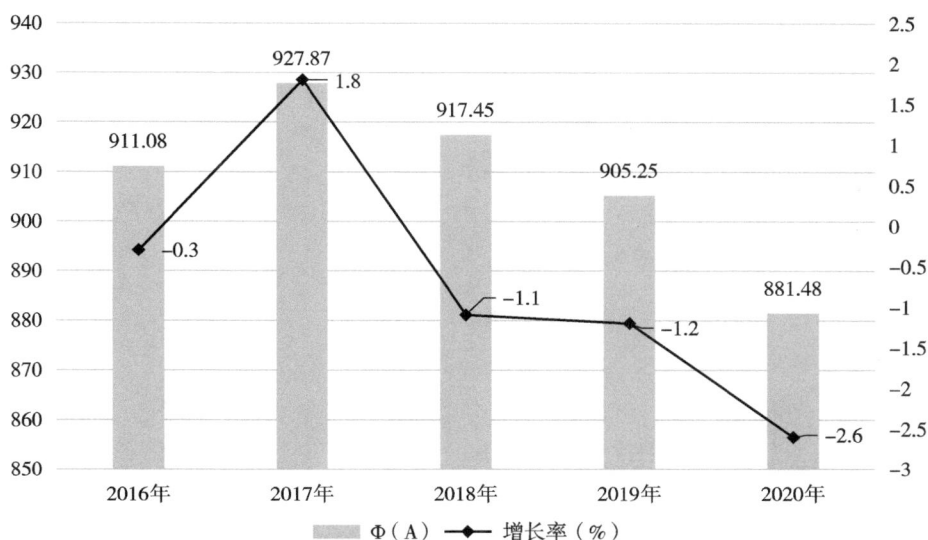

图 3.1 2016—2020 年的交易指数 Φ（A）轨迹图

（二）总量和增长率分类指数分析

总量和增长率分类指数 Φ（A1）反映了我国服务外包产业的发展规模及速度，其中包括当年合同和执行金额、在岸、离岸合同和执行金额以及各自增长率，共有 12 个三级指标组成，权数合计（即分类指数满值）是 430。

近五年的相关数据如表 3.2 所示：

表 3.2 近五年交易总量与增长率分类指数相关数据

	2016 年	2017 年	2018 年	2019 年	2020 年
Φ（A1）	396.85	414.25	411.83	418.10	409.07
增长率 %	−3.0	4.3	−0.5	1.5	−2.2

从图 3.2 可以看出，近五年来交易总量与增长率分类指数 Φ（A1）整体处于小幅波动。除了 2017 年和 2019 年出现了正增长之外，其他三年数据表现都不太好。2018 年数据的下滑可能与服务外包数据统计指标的调整有关。2019 年的交易总量与增长率分类指数 Φ（A1）为五年来最高，反映出我国服务外包产业正在稳步发展。2020 年在新冠肺炎疫情、国际贸易摩擦和产业技术变革等不利因素的影响下，服务外包产业规模依然实现增长，但是增速放

缓导致 Φ（A1）偏低。

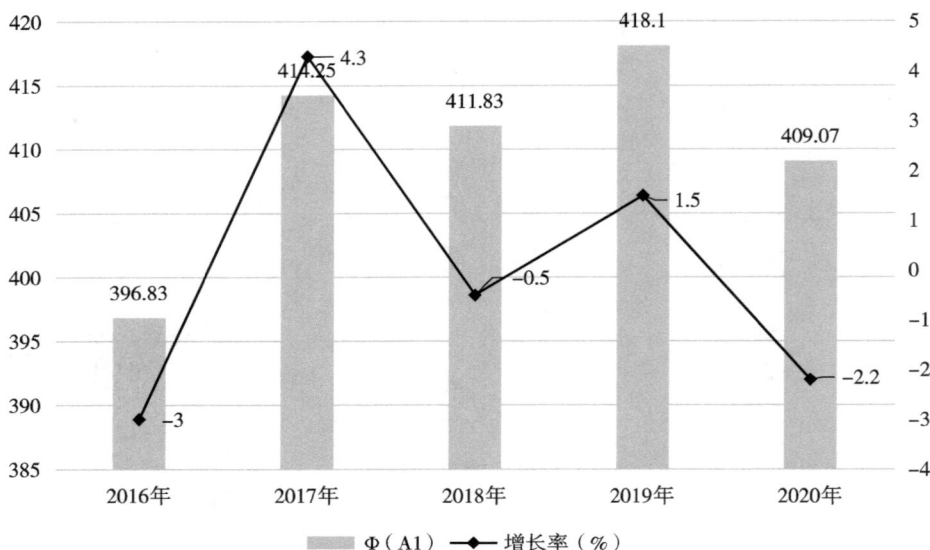

图 3.2　2016—2020 年的交易总量与增长率分类指数 Φ（A1）轨迹图

（三）质量与效益分类指数分析

1. 质量与效益总体情况分析

总量和增长率 Φ（A2）反映了企业发展水平及离岸业务在国民经济中的贡献比重，其中包括企业总数、每个企业平均员工数（规模），企业年均完成合同额、离岸外包占服务出口比重、离岸占我国外贸出口比重、外包占当年国际 GDP 比重等共 12 项指标，这些指标的对应权数合计（即分类指数满值）是 210。

近五年的相关数据如表 3.3 所示：

表 3.3　近五年质量与效益分类指数数据

	2016 年	2017 年	2018 年	2019 年	2020 年
Φ（A2）	195.11	189.85	192.91	192.25	171.9
增长率 %	5.3	−3.1	1.6	−0.3	−10.6

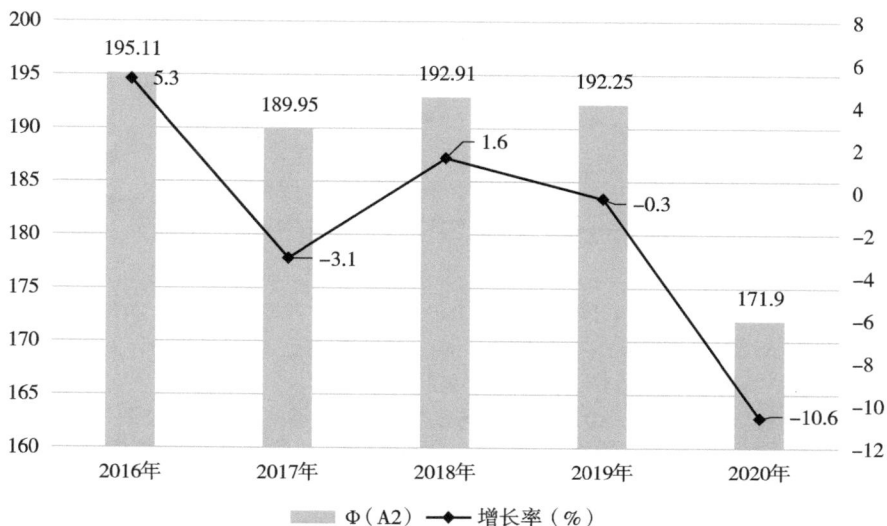

图 3.3 2016—2020 年的交易质量与效益 Φ（A2）轨迹图

从图 3.3 可见，2016—2019 年质量与效益分类指数处于相对稳定的状态，2020 年出现较大幅度下降。继 2019 年下跌 0.3 之后，2020 年继续下跌 10.6。主要原因一方面是新冠肺炎疫情对企业经营过程中的资金管理提出严峻的挑战；另一方面是国际贸易保护主义逐渐抬头，新冠肺炎疫情迫使采取无接触工作模式，加速倒逼传统企业进行数字化转型，企业经营压力进一步增大。但从长远来看，疫情过后重压之下的企业会有更好的发展前景。

2. 质量与效益中分类指标分析

质量与效益中各分类指标近五年的数据如表 3.4 所示：

表 3.4 近五年质量与效益中各分类指标数据

指标名称	2016 年	2017 年	2018 年	2019 年	2020 年
企业规模（满分 70）	64.1	61.5	67.4	68.8	54.7
企业年均合同（满分 50）	43.5	46.4	47.4	46.5	37.9
离岸占服务出口（满分 30）	30.0	25.2	23.8	23.9	26.2
离岸占外贸出口（满分 35）	35.0	35.0	30.6	31.7	28.1
外包占 GDP（满分 25）	22.5	21.8	23.7	21.5	25.0

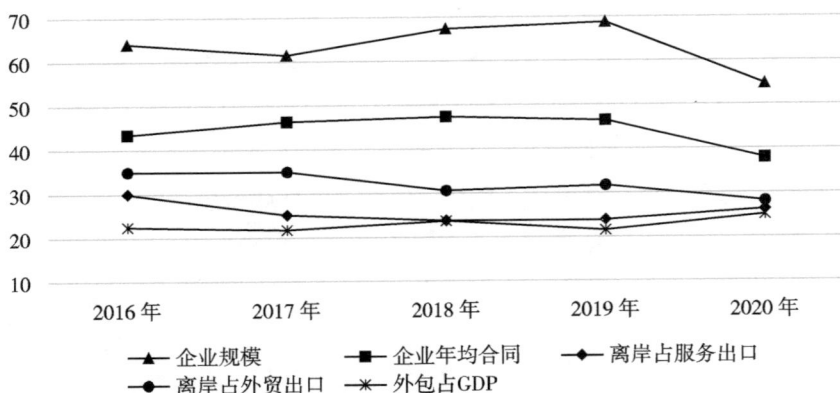

图 3.4　2016—2020 年质量与效益指标各分类指标发展轨迹图

从图 3.4 可见，在 2020 年交易质量与效益指标项下的各分类指标中，企业规模指标略有下降，虽然企业总数有所增长，但是企业规模和企业年均完成合同及增长率相对于 2019 年出现小幅下降，主要还是受新冠肺炎疫情的影响；经济贡献指标有所回升，离岸服务外包对服务贸易及经济增长的促进作用进一步显现，离岸服务外包占服务出口及外包占 GDP 达到近五年的峰值，尽管受到新冠肺炎疫情、国际政治和经济的紧张局势的影响，但仍然实现增长率上涨，离岸占外贸出口指标由于新冠肺炎疫情防控期间各国加强贸易管制，出现小幅下跌导致总分数偏低。

3. "离岸服务外包增长率" 延伸分析

表 3.5　2016—2020 年离岸外包等增长率情况　　　　（单位：%）

年份	2016 年	2017 年	2018 年	2019 年	2020 年
离岸外包增长率	8.9	14.7	9.8	9.3	9.2
服务出口增长率	−4.2	10.6	14.6	8.9	−1.1
货物出口增长率	−1.9	10.8	7.1	5	4

从图 3.5 可以看出，从 2016 年开始到 2020 年，三项指标呈现先上涨后下跌的走势。从 2016—2017 年，三项指标的增长率实现较大幅度上涨，从 2017 年开始（除了 2018 年服务出口增长率之外）三项指标的增长率逐步承压下跌，尤其是以旅游服务为主的服务出口增长率下跌幅度较大，主要原因是受到国际贸易局势的影响和全球新冠肺炎疫情的持续蔓延，等到这两方面因素

得到缓解，离岸外包及国际贸易或许能有所提升改善。

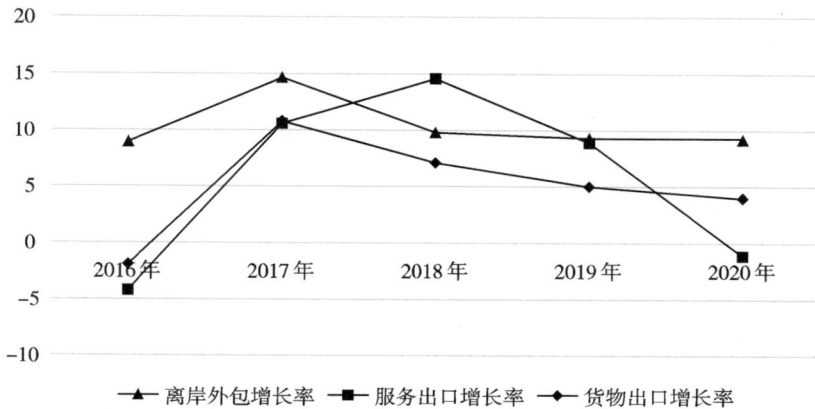

图 3.5　2016—2020 年离岸外包与服务出口、货物出口增长率轨迹图

4. "离岸外包占服务出口"情况分析

表 3.6　2016—2020 年离岸外包在服务出口中占比情况

年份	2016 年	2017 年	2018 年	2019 年	2020 年
离岸外包占服务出口	32.6	34.8	33.2	33.5	37.7
增长率 %	10.2	2.2	−1.6	0.9	12.6

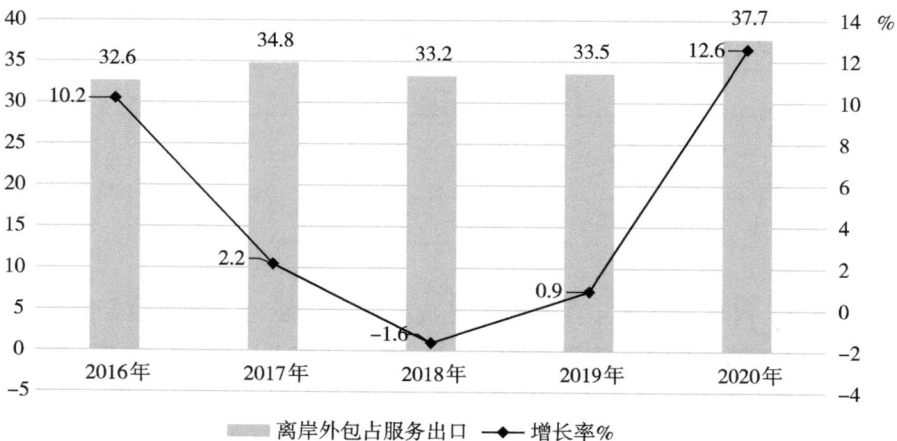

图 3.6　2016—2020 年离岸外包占服务出口比重轨迹图

从图 3.6 可见，离岸外包占服务出口的比重保持稳步增长的态势，但是

增长率波动幅度较大。增长率从 2018 年的最低点 –1.6 增长到 2020 年的 12.6，高于 2016 年的 10.2，处于近五年高点。在新冠肺炎疫情和国际贸易关系紧张的情况下，离岸外包占服务出口增长率依然取得快速增长，主要原因是我国"一带一路"倡议的持续推进，显示出离岸外包对服务出口的促进作用，更进一步凸显出服务数字化、线上交付在疫情下的发展优势。

（四）国际竞争力分类指数分析

交易指数中"国际竞争力"分类指数 Φ（A3）反映了我国服务外包产业在国际竞争中的影响力，其中国际竞争力包括离岸占全球比重、国际资质认证、离岸外包占全部外包比重以及各自增长率（权数满分 120）；发展潜力包括新增从业人员、大学生占比、人均完成合同额和执行额及其各自增长率（权数满分 160）；新兴业务包括离岸新兴业务占比以及增长率（权数满分 80）。

近五年的相关数据如表 3.7 所示：

表 3.7 国际竞争力指数 Φ（A3）中各分类指数 CjXj/ 综合分析

	2016 年	2017 年	2018 年	2019 年	2020 年
国际竞争力	105.1	107.2	107.9	85.3	90.3
发展潜力	148.6	141.8	133.8	136.39	139.5
新兴业务	64.6	75.0	71.0	72.7	70.7
Φ（A3）（满分 360）	318.3	324.0	312.7	294.9	300.5
增长率 %	0.0	1.8	–3.3	–5.7	1.9

从图 3.7 可见，近五年我国服务外包国际竞争能力 Φ（A3）波动服务较大，增长率创历年新高。在经历 2018—2019 年连续下滑后，2020 年平稳增长，并且增长率达到近五年峰值。说明了当前我国服务外包产业在国际市场上的综合竞争力有所提升，但还要突破技术、信息、信用等多方面因素的瓶颈，才能使离岸服务外包业务取得较大程度的发展。

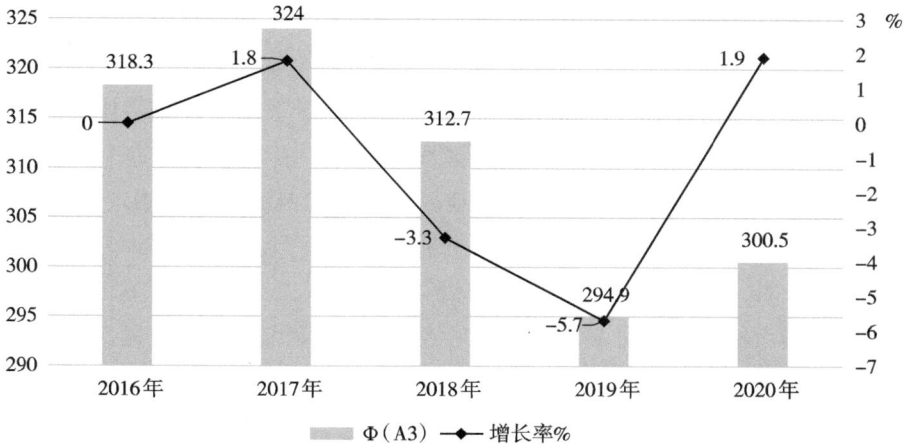

图 3.7 2016—2020 年外包国际竞争能力 Φ（A3）总体轨迹图

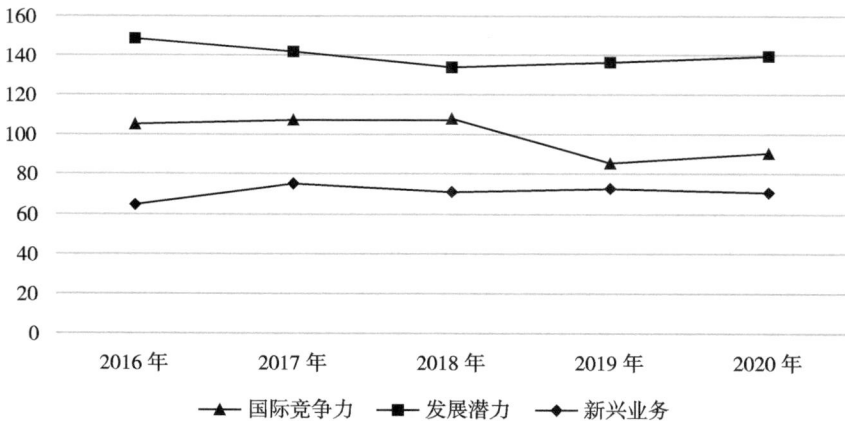

图 3.8 2016—2020 年外包国际竞争能力 Φ（A3）各指标轨迹图

从图 3.8 可以看出，近五年来我国服务外包的国际竞争力和发展潜力较为稳健，两项指标得分相比于 2019 年均有所上涨，呈现出发展向好的趋势。其原因一方面是我国持续推进"一带一路"建设，为离岸服务外包业务提供了重要支撑。另一方面，数字技术的发展推动服务外包转型升级，为大学生就业提供了新岗位和新渠道。新兴业务总值虽然增长但是增速放缓，主要原因是受到国际技术方面的影响，制约了新兴业务的发展。

四、交易指数研究中的启示

新冠肺炎疫情重创全球经济金融发展，全球经济深度衰退，国际贸易大幅萎缩，金融市场剧烈震荡。发达国家货币政策同步宽松，政府债务水平再创新高。单边主义、保护主义抬头，地缘政治风险再起，全球治理体系失序。在应对新冠肺炎疫情冲击和推动疫后重振中，数字新业态新模式充分展现了零接触、跨时空、敏捷性、普惠性的优势。随着大数据、云计算、人工智能等数字技术与垂直领域融合深化，数字经济发展空间进一步拓宽，数字贸易创新发展动力十足，前景广阔，潜力巨大。作为数字贸易的典型业态，我国服务外包已经成长为万亿元级产业，在稳外贸、稳就业和促进产业转型升级中的作用更加重要。

从2020年中国服务外包交易指数的各项指标分析中可以看出，服务外包交易指数呈现下降且增速放缓的趋势，但离岸服务外包在新冠肺炎疫情和国际贸易关系紧张的情况下，实现了不降反增的发展态势，显示出较好的发展韧性。服务外包的产业规模、企业总数、国际资质认证数、新增从业人数、离岸新兴业务占比等指标虽然数值增加，但是增速放缓，说明了服务外包产业发展进入了从数量的增长向高质量发展的瓶颈期。近年来，随着5G、大数据、云计算、人工智能等网络信息技术的发展，服务外包企业积极运用数字技术实现服务外包的转型升级，众包、云外包、平台分包等新模式不断涌现并快速发展。但是从目前的发展情况来看，服务外包市场仍存在接发包业务信息、企业信用、技术创新、企业成本等方面的障碍，以及资金、品牌、管理、人才、规模等方面的挑战。

2020年，为贯彻落实中共中央、国务院关于推进贸易高质量发展的部署要求，推动服务外包加快转型升级，商务部、发展改革委、教育部等八部门联合印发《关于推动服务外包加快转型升级的指导意见》（商服贸发〔2020〕12号）。《指导意见》提出六项主要任务，一是加快数字化转型进程，包括支持信息技术外包发展、培育新模式新业态、打造数字服务出口集聚区、完善统计界定范围。二是推动医药研发、设计、业务运营、会计和法律等重点领域服务外包发展。三是构建全球服务网络体系，主要从有序增加示范城市、加大国际市场开拓力度、评估优化出口信贷优惠措施等方面实施。四是加强人才培养，大力培养引进中高端人才，鼓励大学生就业创业，深化产教融合。五是培育壮大市场主体，创新金融支持手段，降低企业经营成本，积极培育国内市场，大力打造公共服务平台。六是推进贸易便利化，优化海关监管，拓展保税监管范围。到 2025 年，我国离岸服务外包作为生产性服务出口主渠道的地位进一步巩固，高技术含量、高附加值的数字化业务占比不断提高，服务外包成为我国引进先进技术提升产业价值链层级的重要渠道，信息技术外包（ITO）企业和知识流程外包（KPO）企业加快向数字服务提供商转型，业务流程外包（BPO）企业专业能力显著增强，服务外包示范城市布局更加优化，发展成为具有全球影响力和竞争力的服务外包接发包中心。到 2035 年，我国服务外包从业人员年均产值达到世界领先水平。服务外包示范城市的创新引领作用更加突出。服务外包成为以数字技术为支撑、以高端服务为先导的"服务 +"新业态新模式的重要方式，成为推进贸易高质量发展、建设数字中国的重要力量，成为打造"中国服务"和"中国制造"品牌的核心竞争优势。

随着全球经济进入数字经济时代和全球价值链分工的不断深化，数字技术越来越成为各产业门类共同的基础，泛数字化的趋势推动了企业商业模式的泛服务化，而泛服务化趋势则带来了泛外包化，为服务外包产业发展带来更大的市场空间。数字技术革命推动了数字贸易的兴起，一方面扩大了服务外包的内涵和外延，推动了全球泛外包化的趋势；而在另一方面则需要全新的贸易规则和服务形态。作为以信息技术为基础和实现手段的服务业态，数字技术革命为服务外包产业带来了全新的技术手段，服务外包的交易模式、交付模式和服务模式都正在出现全新的形态。

展望"十四五"，全球经贸环境的高度不确定性、区域化属性增强以及科技竞争愈演愈烈，使得离岸外包面临新的挑战。为应对逆全球化，中国进一步扩大开放，直指服务业的对外开放。在服务业开放过程中，全球服务外包企业必将加快进入中国市场的步伐，带来国际水平的管理、技术和解决方案，这就为国内企业在本土市场带来更多的竞争对手，单纯依靠国内市场相对封闭所获得的发展窗口正在关闭。双循环和科技创新战略为服务外包企业带来了国内市场的重大发展机遇。5G、新基建、信创、数字货币等全新产业的兴起，以及工业互联网和企业级服务市场的发展，都为中国服务外包企业提供了广阔的市场空间；与此同时，终端客户对于技术路线、服务内容、合作方式等全新的需求，数字化转型成为企业发展的核心主题，外包服务能够适应产业需求的变化成为中国服务外包企业发展的关键。

专题四

服务外包企业的数字化转型探索

李鉴诚 [①]

全球正迈向数字化新时代。世界经济论坛（World Economic Forum）在 2019 年发布的《A Brief History of Globalization》报告中提出，我们正进入一个被称为"全球化 4.0"的数字驱动的全球化新时代。在这个时代，通过数字功能和人工智能实现的数字产品和服务成为主要输出品。

数字时代正在或已经带来了产业本质的根本性变化。当逆全球化和数字经济同时出现在全球社会经济格局大变革中，作为市场活动的主体，企业究竟是维持原样，还是大刀阔斧地改变，这是个问题。随着数字化技术逐渐成为所有产业共同的底层基础，维持原本运营模式的企业或许终将被时代所淘汰，数字化转型或许是唯一的发展出路。

一、数字化转型的定义

目前全球对数字化转型并没有统一的定义，不同的公司对数字化转型有不同的定义。微软定义的数字化转型有四个方面：客户交互、赋能员工、优化运营、产品转型。而 IBM 认为是数字化转型、数字化重塑。华为对数字化转型的定义是，通过新一代数字技术的深入运用，构建一个全感知、全联接、全场景、全智能的数字世界，进而优化再造物理世界的业务，对传统管理模

---

① 李鉴诚：鼎韬产业研究院高级咨询师。

式、业务模式、商业模式进行创新和重塑，实现业务成功。麦肯锡将数字化转型分成六个方面：战略与创新、客户决策旅程、流程自动化、组织变革、技术发展、数据与分析。IDC 定义数字化转型为利用数字技术，来驱动组织的商业模式创新和商业生态系统重构的途径和方法。

不同的公司都是从它们自己的角度来定义数字化转型，从某种角度上来看，这些定义都是对的。从本质上，数字化转型的目的是实现企业的转型、创新和增长，而我们认为数字化转型一定是业务的转型，这是一个前提，同时技术是数字化转型的一个基石。数字化转型的核心是推动业务的增长和创新。

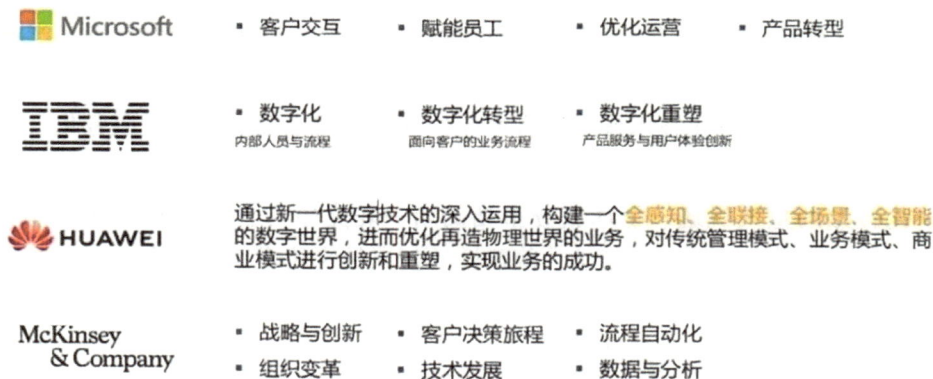

图 1.1　各公司对数字化转型的定义

二、服务外包企业数字化转型的趋势

（一）转型驱动：数字化转型已成为行业用户的核心战略

数字技术被誉为第四次工业革命，作为影响生产关系的关键生产力要素，数字技术已经成为各产业发展的底层基础，服务外包更不例外。世界银行发布的《2019 年世界发展报告》指出，企业的运营边界不断扩展，企业不再是自己生产一切，而是将更多的任务外包给国外市场，建立全球交易网络。从单一的 IT 技术到如今数字技术的加码，服务外包早已不是单纯的 IT 技术外包服务，而是通过数据的流通，产业链数字化含量的提升，企业的数字化转型，成为提供综合型数字化的解决方案。

整体提升打下基础。智能化运营与数字化创新这两大能力相辅相成，共同演进，推动企业实现业务的快速转型。

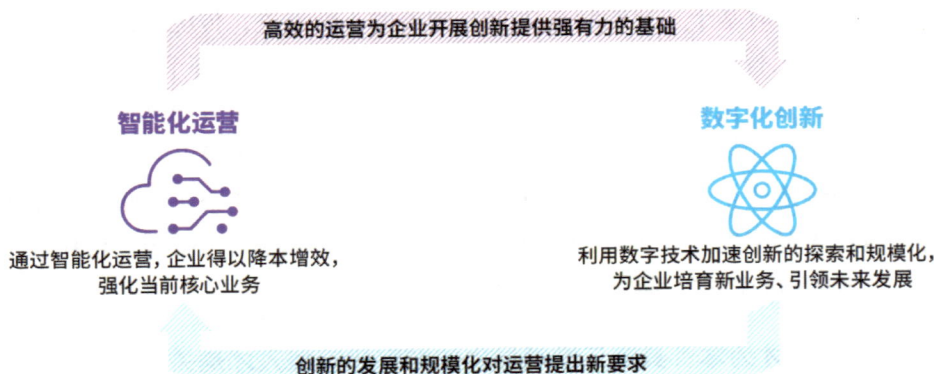

高效的运营为企业开展创新提供强有力的基础

智能化运营

通过智能化运营，企业得以降本增效，强化当前核心业务

数字化创新

利用数字技术加速创新的探索和规模化，为企业培育新业务、引领未来发展

创新的发展和规模化对运营提出新要求

图 3.1　核心数字化能力：智能化运营 + 数字化创新
资料来源：埃森哲中国企业数字化转型指数。

智能化运营能力主要包括数字渠道和营销的能力、智能驱动的服务、智能支持与管控三方面；数字化创新能力主要包括产品与服务创新、数字商业模式、数字创投与孵化三方面。如图：

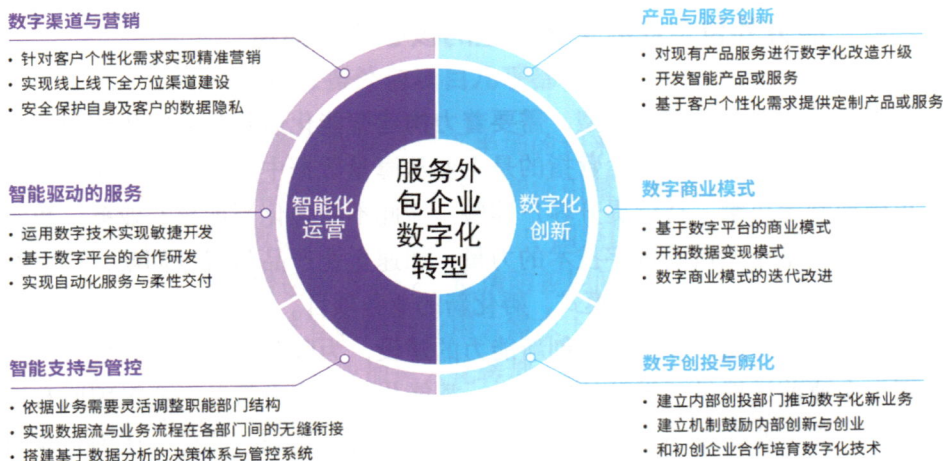

数字渠道与营销
- 针对客户个性化需求实现精准营销
- 实现线上线下全方位渠道建设
- 安全保护自身及客户的数据隐私

智能驱动的服务
- 运用数字技术实现敏捷开发
- 基于数字平台的合作研发
- 实现自动化服务与柔性交付

智能支持与管控
- 依据业务需要灵活调整职能部门结构
- 实现数据流与业务流程在各部门间的无缝衔接
- 搭建基于数据分析的决策体系与管控系统

服务外包企业数字化转型

智能化运营　数字化创新

产品与服务创新
- 对现有产品服务进行数字化改造升级
- 开发智能产品或服务
- 基于客户个性化需求提供定制产品或服务

数字商业模式
- 基于数字平台的商业模式
- 开拓数据变现模式
- 数字商业模式的迭代改进

数字创投与孵化
- 建立内部创投部门推动数字化新业务
- 建立机制鼓励内部创新与创业
- 和初创企业合作培育数字化技术

图 3.2　服务外包企业数字化转型的六个核心方面
资料来源：埃森哲中国企业数字化转型指数。

四、服务外包企业数字化转型的核心内容

（一）建立愿景

首先要建立一个愿景，打造以应用场景为核心的路线图，建立企业数字化转型的愿景非常关键。企业要有一个大的愿景，比如要变成一个数字化原生企业。数字化原生企业这个名词可能比较难理解，它主要包括几个方面：企业创新速度会更快、以客户为中心、把数据和技术作为整个企业创造价值的生命线，以及不断拥抱风险。愿景是服务外包企业数字化转型和业务发展的出发点。

（二）利用数字技术并建立数字平台

服务外包企业需要充分利用数字技术并建立数字平台。云计算、大数据、移动社交、人工智能、机器人、区块链、3D打印等新技术，每一块新技术跟业务相结合，都会有不同价值产生的可能。通过这些新技术可以打造一个以智能为核心的平台，比如通过集成服务、开发服务，中间是一个数据，把它串起来，对内产生洞察，对外产生行动。

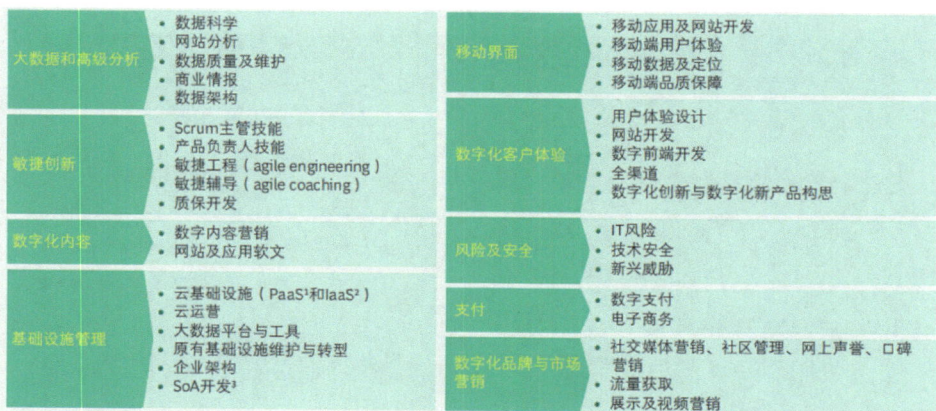

大数据和高级分析	• 数据科学 • 网站分析 • 数据质量及维护 • 商业情报 • 数据架构	移动界面	• 移动应用及网站开发 • 移动端用户体验 • 移动数据及定位 • 移动端品质保障
敏捷创新	• Scrum主管技能 • 产品负责人技能 • 敏捷工程（agile engineering） • 敏捷辅导（agile coaching） • 质保开发	数字化客户体验	• 用户体验设计 • 网站开发 • 数字前端开发 • 全渠道 • 数字化创新与数字化新产品构思
数字化内容	• 数字内容营销 • 网站及应用软文	风险及安全	• IT风险 • 技术安全 • 新兴威胁
基础设施管理	• 云基础设施（PaaS[1]和IaaS[2]） • 云运营 • 大数据平台与工具 • 原有基础设施维护与转型 • 企业架构 • SoA开发[3]	支付	• 数字支付 • 电子商务
		数字化品牌与市场营销	• 社交媒体营销、社区管理、网上声誉、口碑营销 • 流量获取 • 展示及视频营销

来源：BCG分析。
[1] PaaS = 平台即服务。
[2] IaaS = 基础设施即服务。
[3] SoA = 服务导向型架构。

图 4.1　服务外包企业需要在九个方面获得数字化技能
来源：波士顿咨询公司（BCG）。

（三）建立数字化转型相匹配的转型战略

建立数字化转型相匹配的转型战略，在数字化转型过程中会分成四类不

同阶段：

在数字化转型初期，更多是探索和发现，定义数字化转型愿景和使命。主要是从管理层面进行必要的组织调整，以形成公司高层对数字化转型的共识。

在数字化转型的初始阶段，应遵循重点突破的原则。BCG 定义为数字化机会主义阶段。企业应遵循"百花齐放"的原则。企业应在亟需变革的重要环节内部部署数字化专家，如规模较大、影响力较高的业务单元等。这些专家会在企业内部积极助推数字化技术的采纳与应用，为数字化转型的顺利实施打好基础。

当数字化举措在组织内部迅速普及升温时，应通过一个强大的数字化部门来对之加以掌控，需要成立数字化转型的办公室，对各项数字化举措进行集中管理，并通过规模化效应来提升数字化工具和流程的经济性。该部门应负责领导转型项目的进程，确保各方之间的高效合作，对项目执行进行管理，以及避免过度占用公司资源。已经有很多企业专门设置了一个 CDO 职位，该职位的核心是建立治理结构，确定整个企业数字化转型的优先顺序。BCG 定义为数字化集中主义阶段。

数字化机会主义			数字化集中主义			数字化行动主义		
			数字化卓越中心			数字化卓越中心		
业务单元1	业务单元2	业务单元3	业务单元1	业务单元2	业务单元3	业务单元1	业务单元2	业务单元3
数字化	数字化	数字化	数字化	数字化	数字化			
优点： • 在企业内部积极助推数字化技术的采纳与应用，为数字化转型的顺利实施打好基础 • 帮助企业迅速制胜 缺点： • 对核心业务以外的创新具有一定的局限性 • 形成以业务单元为中心的思维方式，造成客户体验不连贯			优点： • 大规模构建数字化工具、流程与人才资源 • 责任与掌控权十分明确，并带来高度专业的知识与经验 • 带来一体化、标准化的端到端客户体验 缺点： • 需要强大的执行力度来助推变革 • 需要强大的数字化领导人 • 卓越中心与各业务单元之间需始终保持紧密合作，才能确保数字化变革举措的有效执行			优点： • 集中管理数字化政策，以此来确保品质与规模 • 把数字化举措的执行权完全交付给各业务单元 • 在企业层面上部署统一并富有凝聚力的数字化策略 • 让首席执行官成为企业的数字化转型领导人 缺点： • 每个业务单元内都需要许多深谙数字化技术的人才资源		

图 4.2　数字化转型不同阶段的转型战略

资料来源：波士顿咨询公司（BCG）。

当数字化转型在各业务单元内生根发芽，成为一大核心战略后，开始把数字化嵌入到了所有业务部门，IT 人员渗入到了不同的业务部门中，进而加快实施企业范围内的数字化转型。开始成立新的业务单元，这个业务单元的目的是要创造新的产品和服务，创造新的商业模式，未来在市场上起到颠覆的作用，这块需要人力资源高管考虑战略性、长期性。BCG 定义为数字化行动主义阶段。

（四）开发新的数字化转型相关的 KPI

有了组织架构，如果没有 KPI 跟进，就难以持续推进，因此，我们需要把 KPI 重新建立起来，开发新的数字化转型相关的 KPI。

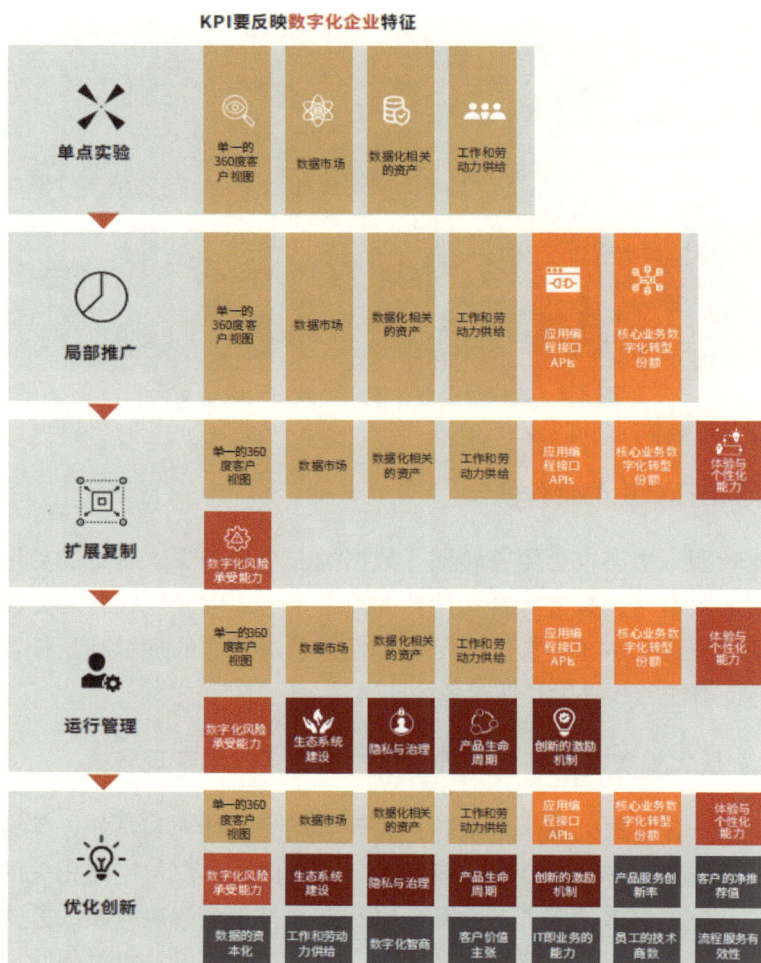

图 4.3　不同阶段的企业数字化转型 KPI
资料来源：IDC& 华为《数字平台破局企业数字化转型》白皮书。

（五）做好人力资源本身的转型，创建数字化企业文化

人力资源转型的战略重点包括与战略一致的人才、数字人才的招聘、数字员工的敏捷性、组织的敏捷性、差异化员工薪酬、与战略一致的绩效等六个方面。

同时需要建立企业的数字文化，包括客户至上，敢于尝试，灵活敏捷，携手并进和不懈创新等五个方面。

客户至上	雇用在年龄、技能和生活方式等方面与未来客户相仿的人才	拉近开发人员与客户之间的距离（例如安排开发人员在网点工作），以此来促进交流互动	新员工入职后，先安排其在各部门第一线参与工作
敢于尝试	每季度举办一次创新论坛，介绍行业趋势和新项目	调拨专项预算用于创新项目	举办创新开放日活动，鼓励全员提供创意、参与创新
灵活敏捷	以站立会议的形式来讨论新进展	通过缩小传统团队架构的规模来凸显变革	明确扩大基层员工在项目决策与审批过程中的应负责任
携手并进	创造轻松友好、互帮互助的工作氛围	对奖惩结构进行调整，突出团队表现的重要性	解雇始终不愿与他人合作的员工
不懈创新	定期举办企业内部创新竞赛，如"创意日"等	允许为创新编外项目留出专用时间	在高管的日程中留出"开放时间"，每季度举办全员大会

图 4.4　创建让企业在竞争中胜出的数字文化

来源：波士顿咨询公司（BCG）。

（六）选择合适的合作伙伴

企业转型，生态也会跟着转型。数据的安全性保障、系统的易用性、实施与部署的容易性，是选择合作伙伴的前三个考虑因素。同时需要评估合作伙伴的国际视野和本土经验、技术先进性以及对行业的理解和最佳实践、开放生态与创新能力和提供长期服务的能力等。

（七）从大处着眼：逐步升级企业的商业模式和变现模式

在阶段一，多数公司是把服务作为现有产品的补充和延伸，其提供的服务的目的是提升客户的黏性。在阶段二，则会围绕客户与产品相关的运营环节的需求，推出更多的服务，并且可以和产品打包成解决方案的方式，为客户提供"一站式"服务。比如企业会为一些高价值的设备提供保险服务和融资服务，为客户提供运营咨询服务（例如米其林的车队管理服务，GE 的机队

运营优化服务）。其变现模式是通过服务赚取收益。在阶段三，随着企业提供的服务的规模越来越大，围绕企业的生态系统越来越完善，收集到的数据越来越全面，企业提供的服务可以超越现有的产品甚至是行业领域。

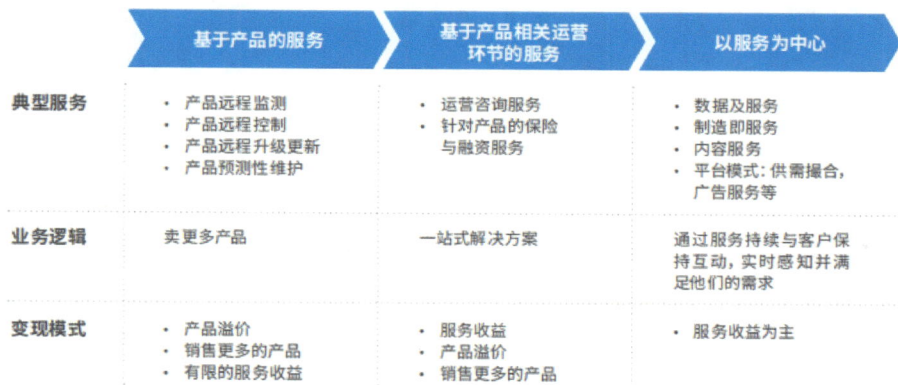

	基于产品的服务	基于产品相关运营环节的服务	以服务为中心
典型服务	• 产品远程监测 • 产品远程控制 • 产品远程升级更新 • 产品预测性维护	• 运营咨询服务 • 针对产品的保险与融资服务	• 数据及服务 • 制造即服务 • 内容服务 • 平台模式:供需撮合,广告服务等
业务逻辑	卖更多产品	一站式解决方案	通过服务持续与客户保持互动,实时感知并满足他们的需求
变现模式	• 产品溢价 • 销售更多的产品 • 有限的服务收益	• 服务收益 • 产品溢价 • 销售更多的产品	• 服务收益为主

图 4.5　服务外包企业逐步升级的数字化商业模式

（八）从小处着手：建立数字化转型的尝试—反馈—改进螺旋

目前试水智能服务的企业多是在做概念验证，如何走向规模化应用是一大挑战。企业要根据实际需求，在不断地尝试—反馈—改进的螺旋中探索"数字化服务"的价值所在，从概念验证逐步走向规模化应用。在这个过程中，数据量、合作伙伴，应用场景都会逐步丰富起来，螺旋体量会逐渐变大，源于服务的收入也会水涨船高。

选择一个业务部门进行试点，以便于管控进度、快速推进和衡量收益；同时将构建自动化能力的团队和执行其他相关服务的团队安排在同一地点协同工作，以最大化地实现知识的重复利用；建立自动化任务列表，梳理自动化的步骤以促进重复利用，最终实现系统自动开展任务的自动化。

（九）组织再造：优化数字化流程，重新平衡工作量

随着万物互联、软件定义、数据驱动、智能主导的趋势更加明显，内外部环境的变化会推动企业组织的构成形态、管理机制、运行方式等产生深刻变革，呈现出开放、扁平、柔性等基本特征。

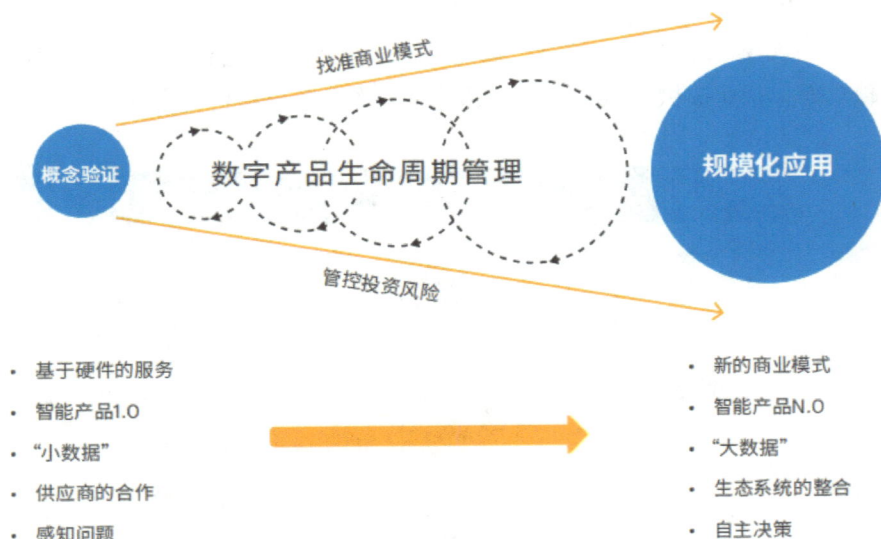

- 基于硬件的服务
- 智能产品1.0
- "小数据"
- 供应商的合作
- 感知问题

- 新的商业模式
- 智能产品N.0
- "大数据"
- 生态系统的整合
- 自主决策

图 4.6　从概念验证到规模化应用模型

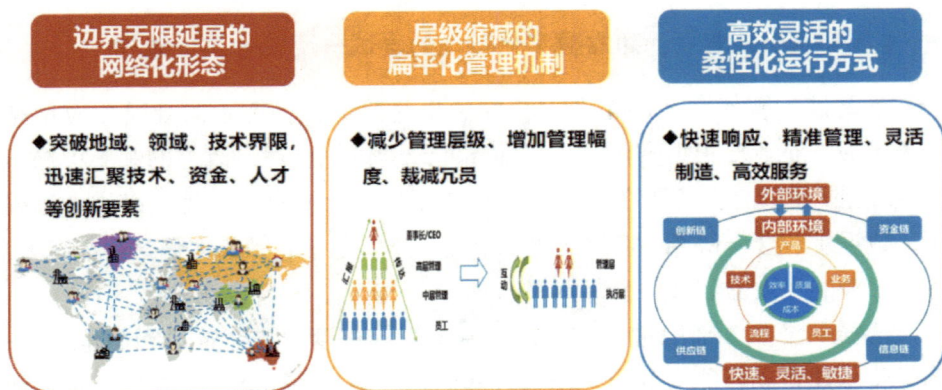

图 4.7　企业组织形态基本特征

　　低效的流程将影响自动化的实施效果。并且，企业需要构建具备适应性、灵活性和延展性的信息平台，重新思考智能自动化时代下的工作方式。

图 4.8　数字化企业需要采取云软件公司一样的运营模式

重新设计工作流程，实现人类与数字劳动力之间的有效协作；持续评估自动化的任务与活动，识别利用人工智能技术重新设计工作流程的潜在机会；利用自动化平台与自动化项目实现企业的数字化重塑。

图 4.9　服务外包企业争取成为数字化团队

（十）构建四大核心体系，协同推进企业数字化转型

客户解决方案体系（又称业务模式和客户价值层面）：通过个性化、定制化、功能增强、物流优化、营收模式创新以及设计和应用创新，企业竭尽所能地为客户或消费者提供与众不同的产品和服务。在该生态体系中，外部企

和发展。服务的产品化带来传统服务正在演变成为电子服务产品，而数字化将以往无法离岸贸易的服务变得可贸易化，并带来了全新的服务模式和竞争对手。以钉钉为例，从一个简单应用软件逐渐扩展功能成为一站式服务解决方案的典型。

（四）平台化的企业

数字化生态的核心就是要消灭"中间商"，而构建一个将需求端和供求端无缝衔接的平台，才能实现更高效的链接。整合资源的能力决定了企业发展的空间。无论是以海尔COSMO为代表的工业互联网平台，还是以阿里、京东为代表的零售平台，抑或滴滴等用车服务平台，以"互联网"等新兴技术为基础底层的平台化企业，通过整合资源和服务，将多种渠道打通甚至砍掉，零距离接触用户，这种种行为对仍然困守某种服务的传统企业和经济模式来说，实现了明显的降维打击。当传统模式下的中间渠道都归纳成一个平台时，渠道商才应该担心自己的未来。

（五）数据化的产业

在数字经济的大背景下，我们看到数据日益成为重要的战略资产，美国认为大数据是"未来的新石油"，是"海陆空之外的另一种国家核心资产"。近年来随着大数据技术与传统行业的不断融合，虚拟货币、在线支付等多样生活生产模式不断涌现，数据就如同农业时代的土地、劳动力，工业时代的技术和资本一样，成为数字经济时代的重要且最核心的生产要素，驱动创新的生产方式向各个领域扩展。大数据作为数字经济时代最具标志性的新兴技术之一，正在用其独有的技术能力驱动产业业务能力的转型和升级，个性化的产品和高效的流程优化用户体验。3D打印本质上是制造的数据化，未来的贸易市场，得数据者将赢得更广泛的市场空间。

（六）关注新技术带来的新机遇

随着5G商用落地及运营商的布局加快，移动支付已经成为日常生活中不可或缺的组成部分，金融、保险、理财、生活缴费、消费出行一部手机都可以处理，更高的带宽、更低的延时让生活更加智能化。这给越来越多的中小企业提供了更多发展机遇，利用大数据、人工智能等技术所搭建的大体量数字化平台，也为其他企业和机构的数字化转型提供了技术和资金支持。2011年电子商务服务带来了网购，2012年移动互联网服务将网络从PC端扩展到移动终端，2013年大数据服务使产品和服务推送更加精准，2015年的智能硬件，2016年的"互联网+"到2018年的人工智能带给了产业无数可能和发展机遇。数字化与产业深度融合后，又有什么样的机遇等着我们发现？

（七）全球化的视角

毫无疑问，从2008年全球经济危机开始，世界经济就处于一个低迷的发展阶段，逆全球化、单边贸易主义的逐渐冒头和扩散，成为经济全球化的阻碍和现实困难。但同时，秉持着机遇和挑战并存的原则，我们看到数字技术的异军突起使全球市场卷入了数字经济的浪潮，新的经济形态对全球价值链提出了重构和重塑的需求。据麦肯锡发布的《变革中的全球化：贸易与价值链的未来图景》报告显示，中国和其他新兴经济体已经从过去几十年扮演的全球价值链的生产者角色，转变为拉动全球需求增长的新引擎。从市场主体来看，行业领军企业正加大研发投入，力争巩固优势地位，但新型领域的后起之秀也将逐渐打破现有的组织格局，竞争合作的形势将更加激烈。

数据无边界，数字技术更没有国界的限制，成为数字化企业更要拥有全球化的视角，将企业业务向全球市场拓展，企业通过兼并重组等方式形成包括技术、品牌、标准、渠道等在内的综合优势，提升组织运营的国际化水平和对价值链、供应链、服务链的掌控能力。通过建设全球服务交付中心，积极构建全球服务交付网络，开展更高水平的国际服务合作。中小企业走"专精特新"道路，提高中小企业服务专业化和规范化水平，推动大中小企业群体性"走出去"，参与全球价值链分工体系。这不是跨国企业的专利，而是属于所有数字化转型企业的未来。

（八）成为行业专家

基于数字和数据的归纳和整合，任何企业都有可能成为行业专家。只有比客户更了解客户，才能成为合作伙伴关系下的创新服务商。由于技术人员缺乏、高成本、人员损耗等因素，如今公司所需的技术专家不容易寻求或难以留住。因此公司需要一个伙伴，不仅可以理解他们的需求，也可以预见解决问题的相关因素并达成商业目标。这就需要一个非传统外包服务商，它可辽宁、浙江、河南、湖北、重庆、四川、陕西自贸试验区。2018 年，国务院批准建立海南全岛为海南自由贸易港。2019 年，国务院批准建立山东、广西、江苏、河北、云南、黑龙江自贸试验区。2020 年，国务院批准建立北京、湖南、安徽自贸试验区。至今，我国自贸试验区格局已经由点到线，由线到面初步形成了一个由南到北、由东至西，由沿海到内陆的"雁阵"格局。

自贸试验区不限于传统海关特殊监管区域的做法与内容框架，是党中央、国务院在新形势下全面深化改革和扩大开放的战略举措，以建设国际最高标准、最高水平的自由贸易区为目标，以制度创新为核心，通过投资、金融、贸易、政府管理等制度创新，建立与国际通行规则相衔接的投资贸易制度体系，加快政府职能转变、构建开放型经济新体制，形成可复制、可推广经验。

（一）创新的负面清单管理模式

"负面清单管理模式"是指政府规定哪些经济领域不开放，除了清单上的禁区，其他行业、领域和经济活动都许可。在上海自贸试验区建立之前，中国对外商投资采用正面清单模式。负面清单管理模式具有"法无禁止即可为"的特性，这种特性具有诸多优点。一是限制了政府的自由裁量权，二是大大激发了市场主体的活力，三是促进了政府行政行为的公开化和透明化，四是使得政府对市场主体的监管更为高效。简政放权、市场更为活跃，监管由传统的事前监管转换为事后监管，且自 2013 年在上海开始实施负面清单管理模式以来，负面清单越来越短，越来越多的数字贸易领域的行业不再出现在负面清单上，使得数字贸易领域的准入门槛大大降低。简政放权后的营商环境也大为优化，与简单的对数字贸易领域行业进行税赋减免相比，对数字贸易领域的外商投资更具有吸引力。

（二）创新的行政体制

设立自贸试验区之前，我国吸引外资主要通过运用税收、信贷、外汇、土地等优惠政策。对生产要素的直接优惠有利于吸引外商投资，但是国家权力对市场的过多干预，难以充分发挥市场对资源配置的作用，且企业进入耗时长、程序复杂。一方面大大增加了企业的成本，另一方面也增加了政府的监管成本。自贸试验区通过简政放权，积极与国际投资规则接轨，进行行政体制的创新，增强了行政的公开透明度，将事前监管变成事后监管，既激发了市场的活力，也降低了政府的行政成本。基于政府数字化的推动，政府能够提供一站式服务，企业注册方便快捷，且数字化政务平台的利用使得所有信息可溯源可追踪。

（三）相对独立的数据流动模式

数据本地化存储与数据跨境流动相对，是指一国政府制定政策或规则，限制数据流出国境。对于大多数数据，我国采取了数据本地化存储的要求。2021 年 9 月 1 日起施行的《中华人民共和国数据安全法》，将数据分为了国家核心数据、重要数据和一般数据。法律规定国家核心数据的跨境流动应遵循更严格的审查规则。重要数据的跨境流动应遵循法律法规确立的出境安全审查规则。一般数据在遵循平等互惠等原则基础上基本可以实现自由流动，但是对于一般数据内部，又规定"对影响或者可能影响国家安全的数据处理活动进行国家安全审查"。因此，尽管新实行的《中华人民共和国数据安全法》已经一定程度上放宽了对我国数据流动的要求，但是由于对部分数据的定义存在概念模糊的问题，使得数据跨境流动仍然存在一定的障碍。数据跨境流动的障碍使得数字贸易发展受到极大的限制，但是各自贸试验区均在积极探索相对独立的数据流动模式，通过分层级、分批次、点对点的模式逐步放开数据的跨境流动。在自贸试验区内的数字贸易领域企业，比其他地区的企业更容易获得数据跨境流动的权利，基于大数据获得更高的利润。

（四）特殊的制度创新任务

与传统的开放地区吸引外资的目的不同，自贸试验区承担着更为重要的制度创新任务。党的十九大报告强调，要赋予自贸试验区更大改革自主权，故自贸试验区通过简政放权、放管结合、优化服务的手段，在投资、贸易、金融、事中事后监管等多方面进行了大胆探索。特殊的制度创新任务，使得自贸试验区能够大胆地根据数字贸易的特点进行制度创新探索，急数字贸易之所急，解数字贸易之所需，更为精准地为数字贸易的发展提供相对应的制度环境和营商环境。

二、数字贸易在自贸试验区的发展——以京、沪、浙自贸试验区为例

自 2013 年我国建立第一个自贸试验区至今，我国自贸区已形成了从南到北、从东到西、从沿海到内陆的"1+3+7+1+6+3"的开放新格局。党的十九大报告也提出要建设网络强国、数字中国、智慧社会，推动互联网、大数据、人工智能和实体经济深度融合，发展数字经济、共享经济，培育新增长点、形成新动能。为贯彻落实中央精神，各自贸试验区对标国际高标准数字贸易规则，积极推出数字贸易发展行动方案，加快形成数字贸易开放创新体系。其中，北京、上海、浙江自贸试验区的数字贸易产业基础好、政策优势大，为发展数字贸易采取了诸多措施，本文以北京、上海、浙江自贸试验区为例，对其数字贸易发展现状进行解读。

（一）数字贸易在北京自贸试验区的发展

1. 北京自贸试验区发展数字贸易的措施

北京市高度重视数字经济发展，制定并发布了《北京市促进数字经济创新发展行动纲要（2020—2022 年）》《北京市关于打造数字贸易试验区的实施方案》《北京国际大数据交易所设立工作实施方案》，并推进了北京市数据跨境流动安全管理试点相关工作安排。本部分将重点解读《北京市关于打造数字贸易试验区的实施方案》（以下简称《方案》）。

（1）引导国内外数字贸易领域高端团队和原始创新项目在京落地。

《方案》提出了诸多有关产业集聚、贸易自由化、贸易便利化的措施，有利于推动北京成为数字贸易发展的示范区。第一，北京数字贸易试验区的建设立足三个基点，打造数字经济和数字贸易开放格局，为数字贸易发展提供良好的政策优势。第二，北京自贸试验区积极推动知识产权保护及证券化融资，降低企业融资成本。第三，试点放宽增值电信业务等相关领域外资准入资质，推动允许外商投资国内互联网虚拟专用网业务（外资股比不超过 50%）政策落地，且内部实施更为优惠的税收政策，探索研究鼓励技术转移的税收政策，适当放宽享受税收优惠的技术转让范围和条件。第四，鼓励数字龙头企业、产业联盟等牵头成立相关领域发展基金，引导国内外数字经济和数字贸易领域高端团队和原始创新项目在京落地转化和发展。

（2）鼓励各类要素有序流动。

对于数字贸易来说，最为重要的要素便是数据、资金及人才。第一，北京自贸试验区积极探索试验区内跨境数据安全有序流动的发展路径。积极争取试验区内跨境数据流动政策创新。推动数字证书和电子签名的国际跨境互认，搭建"外网"环境，逐步实现数字服务领域的资质互认、市场相互有序开放。第二，积极试点开展本外币合一银行账户体系，提升跨境资金流动自由度。第三，加大对紧缺急需型人才的引进和服务，综合运用人才引进、积分落户、居住证、住房、子女入学等相关政策，吸引国内外数字领域优秀人才集聚。健全国际人才全流程服务体系，构建"落地即办"的外籍人才服务工作网络，加快国际人才社区建设。

（3）加快推进新基建措施。

数字贸易的发展对基础设施的建设提出了高要求，在政策支持下，自贸试验区具有一定的基建优势。北京自贸试验区推动一批物联网、5G、区块链、人工智能等领域的数字化智能化新基建，搭建一批新兴数字技术的联合研发和生态孵化平台。积极创新数字经济和数字贸易技术基础供给，加快区块链等技术在政务服务、生活服务、金融服务、城市管理、公共安全等领域的赋能提升，推动数字贸易领域区块链技术的应用，提高交易主体、交易内容的可信度，确保交易高效透明、过程可溯。

2. 北京自贸试验区发展数字贸易的成就

（1）一批全国首家或首个标志性项目在北京落地。

外资准入门槛的进一步降低，为北京数字贸易的发展营造了更为优良的营商环境，使北京落地了一批全国首家或首个标志性项目。例如全国首家外商独资货币经纪公司上田八木、首家外商独资保险资管公司安联保险、首家外资全资控股持牌支付机构等获批展业，全国首个国际研究型医院破土动工，德勤大学首次进驻中国、落户北京[1]。

（2）数据要素汇聚得到进一步发展。

得益于北京市对数据的重视，数据要素汇聚北京得到了进一步发展。一是物流数据依托区块链得以共享。北京国际贸易"单一窗口"区块链智能单

---

① 北京"两区"建设一周年"成绩单"出炉！已落地实施 207 项.［EB/OL］.（2021-09-17）［2021-09-18］.http://www.cnr.cn/jingji/2014jingji/djbd/20210917/t20210917_525604919.shtml

力和服务质量。探索建设虹桥商务区至国际通信出入口局的国际互联网数据专用通道，优化网络构架，减少跳转层级，积极推动建设快速响应的国际通信服务设施。第二，上海自贸试验区重视数字核心技术，积极采取措施攻坚"卡脖子"技术，对新片区内符合条件的从事集成电路、人工智能等关键领域核心环节生产研发的企业，自设立之日起 5 年内减按 15% 的税率征收企业所得税，实施境外人才所得税税负差额补贴政策。

2. 上海自贸试验区发展数字贸易的成就

（1）投资环境进一步优化。

在政策的支持下，上海自贸试验区内投资环境进一步优化，代理记账许可审批改革取得明显成效，率先建立健全《浦东新区代理记账行业综合监管办法》及配套制度，依托代理记账行业综合监管平台，实现可视化、智能化、协同化、精准化的全过程闭环监管，改革后由原来 3 个工作日压缩至 0.5 个工作日，部分变更和备案事项实现即到即办，审批效率全市领先[1]。

（2）数字贸易创新创业中心初具规模。

得益于较低的投资门槛以及较为宽松的营商环境，数字贸易创新创业中心初具规模，电子商务、金融服务业、国际物流服务业、电竞服务业均取得重大进展。例如，梦饷集团在洋山港落地全球网红直播产业基地，打造具有国际影响力的离岸贸易、离岸电商、离岸数字和离岸金融业务；交银金融科技有限公司借助金融科技手段改进金融服务供给质量和结构，开展金融科技服务出口；"运去哪"作为创新的一站式国际物流在线服务平台，为中国企业打造更加便捷、更加可靠的跨境物流服务[2]；上海拥有一批承载电竞产业发展的国际水平赛事平台和载体，以 78.7 分摘得"电竞城市发展指数"综合排名第一。

（3）创业汇活动助力人才引进。

海外人才大量流向上海自贸试验区。自 2016 年起，海外人才上海自贸区云 + 创业汇活动已成功举办 4 届，共吸引来自欧洲、亚太、北美的 30 多个国家和地区的近 2300 个项目参与其中，大批优秀海外项目代表受邀赴自

---

① 上海自贸试验区：凤凰展翅东海飞 . ［EB/OL］.（2021-04-08）.https：//baijiahao.baidu.com/s?id=1696424708506923503&wfr=spider&for=pc.

② 上海打造数字贸易国际枢纽港 . ［EB/OL］.（2020-09-07）.http：//www.comnews.cn/article/hzlt/202009/20200900060218.shtml.

贸试验区对接交流。浦东打开全球便捷通道，助力双循环互动，让海外人才欣然而至。

（4）数据流动模式进一步创新。

一是浦东金融数据港开港，把原来的数据仓库变成数据工厂，再将数据工厂建设成为数据交易市场。二是全国数据交易联盟成立，且上海数据交易所正在筹备，将围绕上海大数据产业发展，打造国际领先的数据交易市场，吸引数据资源拥有方、数据技术开放方、数据应用方等大数据产业链各环节，在交易平台进行市场化合作。

（5）数字新基建及数字核心技术产业得到快速发展。

在政策支撑与多家龙头企业带领的背景下，上海自贸试验区的数字新基建及数字核心技术产业得到快速发展。第一，临港新片区集成电路产业呈现爆发式的增长态势，目前亿元以上规模集成电路企业在临港新片区已经集聚100多家，遍及集成电路的芯片设计、设备制造、关键材料、封装测试等各个领域。第二，片区投资超百亿元的集成电路项目也获得重大突破。比如，积塔半导体已经点亮，格科半导体已经实现了结构封顶，闻泰科技厂房已经开建。第三，上海自贸试验区的"金桥样本"已由"加工"升级为"智造"，正向着有全球影响力的"智造创新集聚区"迈进。2020年3月12日，金桥在上海率先打造的"金桥5G产业生态园"开园。

（三）数字贸易在浙江自贸试验区的发展

1.浙江自贸试验区发展数字贸易的措施

（1）放宽数字贸易领域投资和经营限制。

第一，建立国际投资"单一窗口"，进一步减少或取消外商投资准入限制，进一步放宽数字贸易领域投资和经营限制。第二，允许外资企业申请电子商务行业相关的特殊许可资质，放开对外资股比条件限制。第三，允许面向港澳的信息通信高级工程师等水平评价类职业资格认可。第四，支持符合条件的港澳银行业、保险企业在浙设立分支机构，支持境外发起的私募基金参与数字贸易企业融资。

（2）鼓励各类要素有序流动。

第一，浙江自贸试验区在促进数据流通方面做出积极努力。积极探索数字贸易标准体系建设。构建兼顾安全和效率的数字贸易规则，简化数据要素流动管理程序，试点数据跨境流动，建设国际信息产业和数字贸易港，探索建立以软件实名认证、数据产地标签识别为基础的监管体系。构建安全便利的国际互联网数据专用通道。第二，建设金融科技中心，支持人民银行数字货币研究所在杭设立金融科技中心，积极争取开展央行数字货币（DC/EP）试点，探索建设法定数字货币试验区。第三，出台更加开放的引进高端人才停居留政策和出入境便利举措，探索整合外国人工作许可和工作类居留许可，便利外国人来华就业，支持优秀外国留学生在数字贸易领域创新创业。

（3）重视数字核心技术和基础设施建设。

《浙江省数字贸易先行示范区建设方案》提出加快建设数字贸易新基建。一是加快新型互联网基础设施建设，实现5G网络全覆盖；二是加快智算中心建设，推进算力基础设施建设，重点聚焦云存储、分布式处理等业务，创建区域级数据中心集群和智能计算中心；三是加快"数字港口"建设，改造升级港口，提升港口设施数字化水平；四是加快数字物流设施建设，提升港口设施数字化水平。相较于其他自贸试验区，浙江自贸试验区对数字贸易的新基建的重视程度更高。

2. 浙江自贸试验区发展数字贸易的成就

（1）口岸通商环境优化。

浙江自贸试验区积极创建全国最优全球前列的口岸通关环境。率先开展国际航行船舶进出境"一单四报""4+1"模式等创新，进出境通关21个业务环节全流程100%全覆盖。船舶进出境申报数据项减少2/3，通关时间从16小时缩减到2小时。企业申报审核批准整流程由4小时缩短至1分28秒。

（2）要素流动进一步畅通。

一方面，浙江自贸试验区加快建设新型数据要素市场，申请数据知识产权保护试点；持续推动知识产权质押融资，上半年实现专利质押120件、质押金额18.74亿元；获批长三角唯一中国物联网产业知识产权运营中心。另一方面，数字金融也取得重大进展，支持跨境支付企业创新发展，乒乓获得卢森堡颁发的EMI（电子货币机构）牌照；加快外汇NRA账户（境外机构境内外汇账户）不落地结汇等各项跨境金融创新业务落地，其中贸易外汇收支便利化，为区内11家企业办理600余笔跨境收支业务、涉及金额9亿美元以上；本外币合一银行账户体系试点落地当天，就有首批5家区内企业成功办理。在人才引入方面，杭州对人才在住房补贴、医疗服务、子女教育等方面提供支持。2020 年，杭州新引进 35 岁以下大学生 43.6 万人，人才净流入达到全国第一，已经形成了相对稳定的人才结构。

（3）数字新基建快速发展。

浙江是国家数字经济创新发展首批试验区，浙江新型基础设施建设基础比较好。在全国率先开展 5G 商用网络建设，截至 2020 年 6 月底，浙江已经建成的 5G 基站超过 5 万个。5G 示范应用在高清视频、智慧交通、智慧医疗、工业互联网等 10 多个领域开展了 140 多项场景应用，并呈现出加速扩展和深度发展的态势。定下到 2022 年，浙江新型基础设施建设投资规模比 2019 年增长两倍以上，建成 5G 基站 12 万个以上，大型、超大型云数据中心 25 个左右，率先完成双千兆宽带网络布局，实现重点领域基础设施智能化水平提升 20% 以上，培育形成 10 个以上产业示范基地，培育形成 100 家以上标杆企业，新建成 100 家以上高能级创新平台的目标。

三、自贸试验区数字贸易发展存在的问题

尽管与国内其他区域相比，自贸试验区已经是国内数字贸易政策高地，具有较好的政策环境，也在努力与国际高标准的数字贸易规则进行接轨，但不可否认的是，我国数字贸易的顶层设计仍然不够完善，存在诸多问题。

（一）负面清单模式不够完善

自 2013 年我国推出负面清单模式至今，负面清单内容不断减少，但涉及数字贸易领域的娱乐业、新闻业以及电信业，我国开放程度仍然有限，且负面清单管理模式仅应用于对外开放领域，并未应用到其他领域。负面清单中对数字贸易行业的限制仍然较大，且对部分准入行业的描述较为模糊，给了政府一定的模糊解释权，这并不利于相关领域外商进驻自贸试验区。

（二）数据流动不规范

尽管我国积极推动数据流动与国际高标准接轨，比如 2021 年 9 月 1 日起施行的《中华人民共和国数据安全法》对数据进行了分类，并针对不同类型的数据的流动做出了相应的规定，但是由于对部分数据的定义存在概念模糊的问题，使得数据跨境流动仍然存在一定的障碍。且本身我国存在跨国企业

数据传输速度慢等问题，而数字贸易领域的企业的大部分活动都需要依赖数据流动来进行，所以数据流动障碍是较为致命的障碍。尽管自贸试验区采取了一定的措施来改善数据跨境流动的问题，但是由于试验范围较小，目前并未有大规模进行复制推广的相关经验，所以数据流动障碍大仍然是目前限制数字贸易发展的最大障碍之一。另外，数据的国内流动也存在一定障碍，比如大量数据只能沉淀在体制内和企业内，数据整合共享能力较差，未能充分发挥数据的真正价值。

（三）数字治理体系的法规制度不完善

与传统行业相比，数字贸易对知识产权和数据安全的重视程度更高。尽管我国高度重视数据安全和知识产权，且目前自贸试验区内已经积极采取各种措施来完善相关方面的法规制度，但是整体来说，我国目前的数字知识产权和数据安全仍然比较缺乏保障。对于数字知识产权侵权行为没有明确的法律界定，对于数据的归属者边界也难以确定，容易产生纠纷。传统企业的数字转型作为数字贸易中至关重要的一部分，也并非所有企业都能享受到有效的政策法规保证。

（四）高层次数字贸易人才支撑不足且分布不均衡

目前，计算机、互联网、物联网专业成为大学热门专业，使得基础互联网人才增多，但是高端的技术人才、拥有跨界复合背景的人才仍然处于短缺状态。互联网公司、互联网企业数量激增，但在推动工业企业数字化转型的背景下，了解工业知识、流程和业务的互联网人才较少。尽管各自贸试验区均出台积极的人才政策吸引人才，但这类高端人才大都集聚到北京、上海、杭州和深圳这类数字经济本身较为发达的城市。全国工业企业面临数字化转型的阶段，高层次数字贸易人才分布不均衡也不利于数字贸易的进一步发展。

四、自贸试验区数字贸易未来发展的政策建议

由上一部分我们可以看出，我国自贸试验区为推动数字贸易的发展出台了一系列政策措施，但对于国际上最为关注的跨境数据流动、知识产权等议题，仍然主要处于规避状态。如何面对与国际主流规则具有矛盾的议题成为

数字贸易发展最该关注的问题。为了促进中国数字贸易规则与国际高标准的数字贸易规则对标接轨，我们要积极发挥中国自贸试验区制度创新功能，对目前国际社会上先进数字贸易部分规则进行压力测试和风险测试。自贸试验区数字贸易的尝试可以从以下几个方面进行。

（一）完善顶层设计，构建闭环政策体系

各地积极学习数字贸易发展较好的北京、上海、浙江及广东等地区及其自贸试验区内关于数字贸易发展的先进政策经验。进一步做到简政放权，提高负面清单质量，及时根据国情与不断变化的国际环境进行调整。对于国际国内争议较大的领域和行业，在不侵犯国家核心利益的基础上，对各行业门类进行重新分析和评估，在自贸试验区内部大胆放开试验。比如 2020 版负面清单规定非公有资本不得从事书报刊、影视片、音像制品成品等文化产品进口业务，是否可以由禁止类转入许可准入类，降低进入门槛的同时，加强事中事后监管，比如允许外资进入此类文化产品进口业务，但是对文化产品也制定相对应的负面清单，此外，进口时必须要将进口内容逐个输入政务系统内部，以便做到追根溯源。对于数字贸易的引入、落地、激励、监管等各环节均出台相应的政策支持或限制，完善顶层设计，构建完整的闭环政策体系，为数字贸易领域企业提供一条龙的政策服务，让数字贸易企业敢来、敢动、敢发展。

（二）循序探索合理的数据流动模式

首先要以立法的形式明确数据的所有权、使用权和流转权，确定相关的数据跨境传输标准。明确数据产权归属以及交易规则，对不涉及国家机密的数据可以进行合理定价，规范交易；对于政府数据，则可以通过实行政府数据开放共享"负面清单"管理，释放出一部分数据的内在价值。

其次要基于国家体系和个人体系积极建立和完善数据安全评估体系，需要针对个人数据、企业数据及政府数据进行分类保护。国家层面，采用沙盒监管模式，在一定区域内对部分优质企业开放非涉及国家安全数据的跨境流动权限，并进行分类监管。依托区块链技术，建立数据工厂，对数据进行加工和交易。制定明确的量化模式，对企业的跨境数据流动行为的合规性进行评价。私企层面，可以采取引入企业间协议以及标准合同等方式搭建合作渠

道。若进行沙盒试验的效果较为显著，则可逐步构建跨境数据流动规则，不断扩大国际合作范围。依托重大国家战略，不断打开局面，逐步拓展与美国、欧盟等区域的数据跨境流动。

（三）完善知识产权相关规则

一方面，要不断完善知识产权相关立法，对人民群众进行知识产权法的普及，明确知识产权的归属，加大对知识产权侵权行为的惩罚，加大对侵犯知识产权行为举报的奖励。自贸试验区要持续引进并接受关于知识产权的相关规则，在区内观察相关规则取得的成效，而后有选择地推广至全国，持续提高我国知识产权保护工作的水平，实现从知识产权引进大国向知识产权创造大国转变。另一方面，要不断完善知识产权交易流程。通过对接银行、担保机构、数据公司等多方主体，利用大数据、区块链等技术手段，采集企业生产、经营链上的各类数据，由区块链存证平台发放存证证书，将数据转变成可量化的数字资产。

（四）推动数字技术赋能传统产业

积极推动数字技术赋能传统产业，加快传统产业数字化转型。首先要加快高端数字贸易人才的引进和培育。一方面，各地自贸试验区要积极出台人才引入政策。对高端人才的住房、子女就学等配套服务给予保障。另一方面，自贸试验区要积极与各高校进行合作，推动产学研结合，培育具有复合背景的高端人才，为传统产业的数字化转型提供人才基础。要深挖传统产业的数字转型空间。对于制造业，要积极构建工业互联网网络，促进制造业向智能化、数字化转型。对于服务业，要加强互联网与生活性服务业的深度融合，赋予旅游业、教育业等服务业新的生机。对于农业，要积极推动农业的智能化发展，一是推动农业、林业的智能监控与检测；二是推动畜牧业的智能化发展，打造数字牧场。推动数字技术与传统产业的深入融合，推动数字贸易在各产业的深化发展。

参考文献

［1］WEBERRH.DigitalTradeinWTO-law-takingStockandlookingAhead［J］.

SsrnElectronicJournal，2010，5（1）：1-24.

［2］熊励，刘慧，刘华玲.数字与商务［M］.上海社会科学院出版社，2011：3-5.

［3］马述忠，房超，梁银锋.数字贸易及其时代价值与研究展望［J］.国际贸易问题，2018（10）：16-30.

［4］周念利，陈寰琦.数字贸易规则"欧式模板"的典型特征及发展趋向［J］.国际经贸探索，2018，34（03）：96-106.

［5］国莎莎.全球数字贸易规则形成中的分歧与中国的应对策略［D］.吉林大学，2020.

［6］王娟.论CPTPP数字贸易规则及对中国的影响［D］.山东大学，2020.

［7］董静然.数字贸易的国际法规制探究——以CPTPP为中心的分析［J］.对外经贸实务，2020（05）：5-10.

［8］钊阳，桑百川.对标高标准国际经贸规则优化外商投资制度环境［J］.国际贸易，2019（10）：19-26.

［9］李猛，史小今.海南自由贸易港数字经济创新发展的国际经验借鉴与路径探索［J］.国际贸易，2020（12）：58-66+74.

［10］蓝庆新，窦凯.美欧日数字贸易的内涵演变、发展趋势及中国策略［J］.国际贸易，2019（06）：48-54.

［11］刘毅群，章昊渊，吴硕伟.美欧数字贸易规则的新主张及其对中国的启示［J］.学习与实践，2020（06）：49-56.

［12］宗良，林静慧，吴丹.全球数字贸易崛起：时代价值与前景展望［J］.国际贸易，2019（10）：58-63.

［13］王拓.数字服务贸易及相关政策比较研究［J］.国际贸易，2019（09）：80-89.

［14］郑伟，钊阳.数字贸易：国际趋势及我国发展路径研究［J］.国际贸易，2020（04）：56-63.

［15］贾怀勤.数字贸易的概念、营商环境评估与规则［J］.国际贸易，2019（09）：90-96.

［16］王树柏，张勇.外贸企业数字化转型的机制、路径与政策建议［J］.国际贸易，2019（09）：40-47.

［17］吴伟华.我国参与制定全球数字贸易规则的形势与对策［J］.国际贸易，2019（06）：55-60.

［18］徐金海，周蓉蓉.数字贸易规则制定：发展趋势、国际经验与政策建议［J］.国际贸易，2019（06）：61-68.

［19］韦大宇，张建民.中国跨境电商综合试验区建设成果与展望［J］.国际贸易，2019（07）：18-24.

行业篇

专题一

信息技术服务外包发展现状及趋势

邓 丽 [①]

一、2020 年全球及中国信息技术外包发展

（一）全球信息技术外包市场

从全球角度，一般以 IT 服务市场作为一个整体来研究信息技术外包行业趋势。例如 Gartner 将 IT 服务行业划分为 7 部分，分别为 IT 咨询、IT 实施、管理应用、IaaS 和 IUS、硬件支持、基础设施管理和业务流程外包（BPO）。

通过对过去 10 年的历史数据研究，我们发现全球企业 IT 支出增速和当期宏观经济增速基本同步，因此信息技术外包市场的增长与全球经济增速正相关。

新冠肺炎疫情对经济的影响是负面的，全球产业链、供应链受到重大冲击，业务停滞，资金链缩紧，成本控制成为众多企业生存的战略选择。尽管疫情造成全球 IT 服务市场规模的下降，但随着全球各国经济刺激政策的出台和经济复苏，2021 年全球 IT 服务重拾增长。

据 Gartner 数据，2021 年全球 IT 支出总额 4.2 万亿美元，同比增长 9.5%。IT 服务市场达到 1.2 万亿美元，增长 11.2%。2022 年全球 IT 总支出预计将达到 4.5 万亿美元，比 2021 年增长 5.5%。其中 IT 服务支出 1.3 万亿美元，相比2021 年增长 8.6%。

---

① 邓丽，鼎韬产业研究院高级咨询师。

表 1.1 全球 IT 支出预测（百万美元）

	2020 Spending	2020 Growth (%)	2021 Spending	2021 Growth (%)	2022 Spending	2022 Growth (%)
Data Center Systems	178,836	2.5	196,142	9.7	207,440	5.8
Enterprise Software	529,028	9.1	600,895	13.6	669,819	11.5
Devices	696,990	-1.5	801,970	15.1	820,756	2.3
IT Services	1,071,281	1.7	1,191,347	11.2	1,293,857	8.6
Communications Services	1,396,334	-1.5	1,451,284	3.9	1,482,324	2.1
Overall IT	**3,872,470**	**0.9**	**4,241,638**	**9.5**	**4,474,197**	**5.5**

资料来源：Gartner。

（二）中国信息技术外包市场

相对海外市场，国内受新冠肺炎疫情影响较小，据 Gartner 数据，2021 年中国 IT 支出增长 6.56% 至 5005 亿美元，其中 IT 服务市场规模达到 737 亿美元，增长 17.65%。预计 2022 年中国 IT 支出将增至 5427 亿美元，同比增幅达 7.89%。其中，软件是 2022 年增长最快的细分领域，预计同比增长 18.83%，达到 264 亿美元。

表 1.2 中国 IT 支出预测（百万美元）

	2021年支出	2021年增长率(%)	2022年支出	2022年增长率(%)	2023年支出	2023年增长率(%)
通信服务	206,154	3.24	215,669	4.09	226,573	3.98
数据中心系统	44,241	9.86	47,844	7.60	51,323	6.18
设备	154,306	3.99	166,816	7.56	169,004	0.28
IT服务	73,699	17.65	86,007	16.11	101,657	16.99
软件	22,109	18.06	26,405	18.83	31,050	16.39
共计	500,508	6.56	542,741	7.89	579,607	5.70

资料来源：Gartner。

根据工业和信息化部发布的《2021 年软件和信息技术服务业统计公报》，

2021 年，全国软件和信息技术服务业规模以上企业超 4 万家，累计完成软件业务收入 94994 亿元，同比增长 17.7%，两年复合增长率为 15.5%。

图 1.1　2014—2021 年软件业务收入增长情况

资料来源:《2021 年软件和信息技术服务业统计公报》。

软件业务出口保持增长。2021 年，软件业务出口 521 亿美元，同比增长 8.8%，两年复合增长率为 3.0%。其中，软件外包服务出口 149 亿美元，同比增长 8.6%；嵌入式系统软件出口 194 亿美元，同比增长 4.9%。

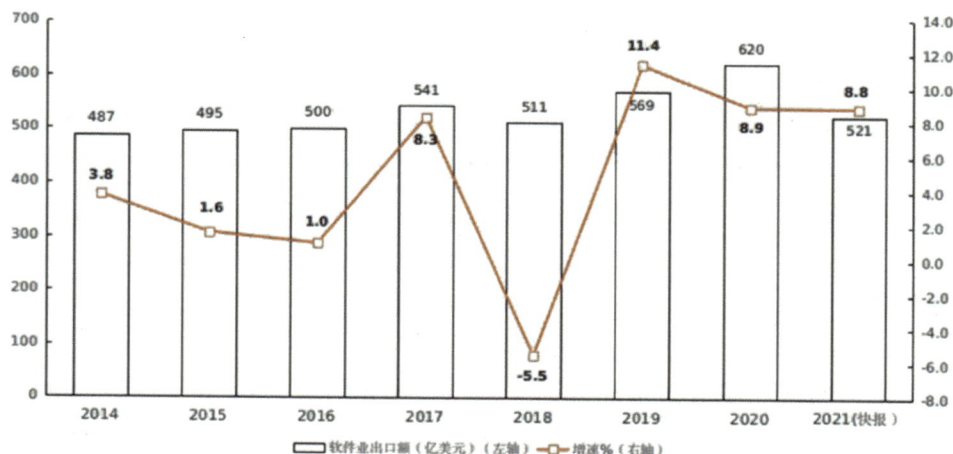

图 1.2　2014—2021 年软件业务出口增长情况

资料来源:《2021 年软件和信息技术服务业统计公报》。

（三）中国 IT 外包市场的主要特征

1. 中国 IT 服务市场的特殊性使得本土企业有无可比拟的竞争优势

IT 服务的咨询、实施、运维等全流程都需要基于客户当地的语言和业务实践进行，而中国企业客户复杂的业务、多变的需求、与国外不同的消费习惯（更愿意为服务付费）、重定制化，都需要 IT 服务商对行业有深刻的理解和对国内客户需求的准确把握。在这一点上，国外的 IT 服务龙头在进军国内市场上容易"水土不服"。

2. 本土企业 + 跨国企业需求持续增长，市场空间仍广阔

在国家政策的大力支持下，产业升级和各行业信息化建设不断推进，一方面，中国本土企业接受 IT 服务的程度不断提高；另一方面，随着中国市场的壮大，越来越多的跨国企业将其与中国相关的服务外包到中国来执行。软件外包需求得到大量释放，国内外包业务保持较快增长。

3. 国内 IT 服务提升空间依然明显，面临进一步整合的机会

Gartner 数据显示，2021 年全球 IT 服务支出 1.2 万亿美元，中国 IT 服务支出约 737 亿美元，占比 6.2%，与 2020 年占比 5.2% 相比，呈小幅增长态势，与中国 GDP 在全球超过 18% 的占比相比，仍有较大的提升空间。随着客户对接包企业行业经验、服务能力、技术水平、供给规模的要求逐步提高，行业内较大规模企业的发展趋势将显著优于中小企业。

4. 软件和 IT 外包行业将日趋集中

规模较大企业可通过在异地建立开发基地提高交付能力，以更好地服务于异地客户和开拓异地市场，同时通过在国内外证券市场融资，进一步提升企业规模和竞争力。而中小企业因规模较小、品牌影响力小、技术成熟度较低，在服务能力方面无法满足客户持续增加的订单要求。加之人力成本不断上升等因素影响，其经营会受到较大影响。因此，软件外包与服务行业将日趋集中。

5. 新一代信息技术带来弯道超车契机

国内 IT 服务商将直接受益于新一代信息技术的迅猛发展。以 5G、人工智能、物联网、云计算、区块链、大数据等为代表的新一代信息技术成为弯道超车的引擎，尤其在 5G 等领域，以华为为代表的高科技企业后来居上。并且信息技术作为研发投入最集中、创新最活跃、应用最广泛的领域，会辐射

带动 IT 服务市场增长，国内 IT 服务商是直接的受益者。

二、服务外包的时代性变革：从 IT 外包到云服务

（一）云服务成为全球 IT 服务市场最大的增长极

1. 云服务市场逆势增长

传统 IT 向云迁移是大势所趋。云计算采用虚拟化技术大幅提高服务器、存储的利用率，具有弹性配置、按需服务、价格低廉、运维简单等优势。与全球 IT 支出下滑相对的是，全球云服务支出在云需求的带动下逆势增长。

根据 Gartner 的调查数据显示，目前使用云服务的企业中，有接近 70% 的企业计划增加云服务支出。2021 年全球终端用户在公共云服务上的支出达到 3049.9 亿美元，较 2020 年增长 18.4%。预计转移到云的 IT 支出比例将加速增长，到 2024 年，云服务预计将占全球企业 IT 支出总额的 14.2%，高于 2020 年的 9.1%。

信息技术咨询公司（ISG）数据显示，2020 年前 9 个月，基于云计算的服务市场〔包括云基础设施服务（IaaS）和云应用（SaaS）〕的全球年度大额合同（500 万美元以上）增长了近 15%，达 244 亿美元，主要来自云基础设施服务，其增长了近 20%，达 178 亿美元。同期，在美洲，云服务大额合同增长了 40%，达 133 亿美元，云基础设施服务增长 58%，达 89 亿美元。

表 2.1　全球公有云服务最终支出预测（百万美元）

	2019 年	2020 年	2021 年	2022 年
云业务流程服务(BPaaS)	45,212	44,741	47,521	50,336
云应用基础架构服务(PaaS)	37,512	43,823	55,486	68,964
云应用服务(SaaS)	102,064	101,480	117,773	138,261
云管理和安全服务	12,836	14,880	17,001	19,934
云系统基础架构服务(IaaS)	44,457	51,421	65,264	82,225
桌面即服务(DaaS)	616	1,204	1,945	2,542
总市场	242,696	257,549	304,990	362,263

资料来源：Gartner。

中国信息技术服务加快云化发展。中国公有云市场正进入一个新的发展阶段，未来有望看到越来越多的企业级用户将核心应用向云上迁移，以实现

全面数字化转型。与此同时，AI、IoT、5G 等 ICT 技术的飞速发展也正为云计算市场带来巨大的发展机遇。

根据工业和信息化部发布的《2020 年软件和信息技术服务业统计公报》，电子商务平台技术服务收入 9095 亿元，同比增长 10.5%；云服务、大数据服务共实现收入 4116 亿元，同比增长 11.1%。

中国信息通信研究院发布的 2021 年《云计算白皮书》显示，2020 年中国云服务市场规模达到 2091 亿元，增速 56.6%。Gartner 预测，到 2023 年中国云服务市场规模将达到 3670 亿元。而 IDC 的预测更加乐观，中国云计算市场规模将在 2022 年突破 3400 亿元，5 年的复合增长率在 40% 以上。从云计算 IaaS 和 PaaS 整体市场份额来看，阿里、腾讯、华为、金山和中国电信天翼云占据了 80.2% 的市场份额，市场集中度逐年提升。从 IaaS 市场来看，公有云市场趋于成熟。对于 SaaS 云服务而言，以金蝶和用友为首的云服务应用软件近年发展势头迅猛，平均年营收增幅可达近 30%，未来发展潜力巨大。

2. 疫情进一步加速企业云化趋势

通过这次疫情，一方面，企业意识到了通过数字化、云化实现业务弹性、提升运营效率的极大可能性；另一方面，面对欧美市场民粹主义的不断抬头以及强工会保护政策，当前的经济困境亦为企业提供了通过云化、数字化代替劳动力的良好借口。上述因素均意味着，疫情后企业云化、数字化进程将明显加快。

企业正加速将 IT 服务转移到云服务平台。信息技术咨询公司（ISG）报告显示，疫情暴发后，美国企业与疫情相关的劳动力、供应商和客户关系以及业务运营中断，总体上加速了企业数字转型，包括加速了企业的云应用。基于云的服务在美国急剧增加，企业正加速将 IT 服务转移到像亚马逊云服务（AWS）这样的超大规模云服务平台上。

ISG 报告指出，过去许多美国企业将其大规模、复杂和定制的软件环境部分保留在本地，但疫情促使企业将大部分应用程序和数据库转移到 AWS 等云平台上。许多外包企业不仅帮助客户用云技术，还帮助他们完善数字化战略，重点是改善和优化业务成果。此类咨询服务使客户对变更管理、设计思维和新运维技术产生兴趣。报告还指出，美国企业越来越重视大数据分析和机器学习等人工智能应用，随着企业对包括物联网数据在内的更广泛数据的应用，越来越多的客户也正在寻求能够满足其需求的云数据服务提供商。与此同时，美国企业希望服务提供商为其提供一系列与 AWS 相关的新功能和服务，比如云安全服务。

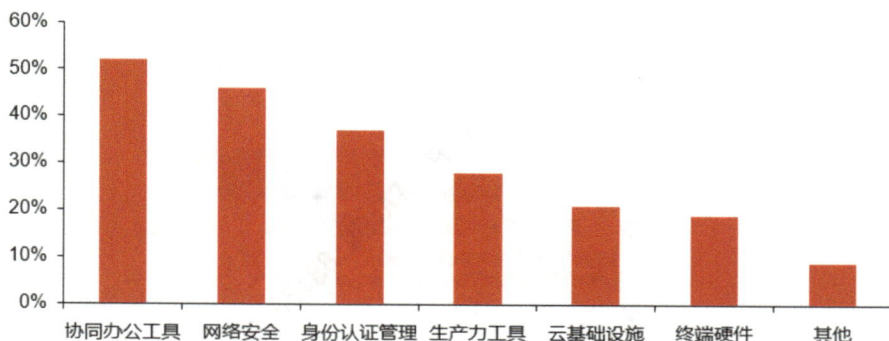

资料来源：AlphaWise，中信证券研究部。

图 2.1 欧美中大型企业 CIO 调研：预计 IT 开支会永久增长的领域（2020Q4）

在线上消费、在线娱乐、在线办公等的需求激增局面下，新冠肺炎疫情显著加速了企业数字化转型进程。根据知名云通讯公司 Twilio 对 2569 名大型企业高管的调查，有 97% 的人认为新冠肺炎疫情加速了企业数字化进程，平均来说这一进程被加速了 6 年，其中，在日本、德国和新加坡这一进程提前了超过 7 年。

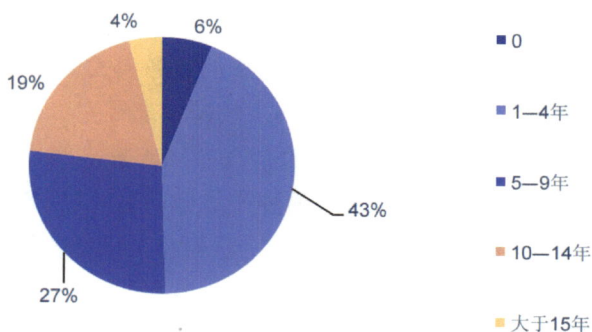

图 2.2 被调查者认为疫情使公司数字化转型进程加速的年份
资料来源：Twilio。

（二）云服务的核心特征和趋势

1. 云计算的本质是 IT（包括软件和硬件）的服务化

基于云计算的服务，即云服务本质上就是将传统的 IT 产品运算能力通过互联网以服务的形式交付给用户。因此云服务首选就是 IT 服务在新技术基础上的一个全新的形态。

面向企业IT服务的几种模式

1 本地管理（软硬件产品销售）：传统IT
- 所有软硬件都在客户自有机房中，客户自行管理；软硬件商负责销售和实施，不负责管理和维护

2 IDC（数据中心托管）
- 带宽、存储、服务器由IDC机房管理，但所有软件都需要企业客户自行管理

3 IaaS（基础设施即服务）：云计算
- IDC机房利用虚拟化技术，将硬件资源虚拟化成多个虚拟机，客户租用虚拟机，弹性大、成本低，但虚拟机上运行的所有软件都需客户自行管理

4 PaaS（平台即服务）
- PaaS服务商除提供IaaS服务之外，还为客户安装和管理操作系统、中间件、数据库、运行环境，客户可以直接在PaaS上开发和测试云端应用

5 SaaS（软件即服务）：大数据是核心
- SaaS服务商直接提供面向终端用户的应用，包括2B和2C应用；一切软硬件均由服务商管理和维护

图 2.3 IT 服务的几种模式

2. 云服务正在取代 IT 外包，成为全新的服务模式

随着国内基础设施即服务层（IaaS）的建设部署完毕，平台层（PaaS）和应用层（SaaS）的发展会引致大量的新产品和新服务。未来，随着云计算、物联网、大数据、人工智能等技术的逐步成熟落地，融合这些技术的云计算平台将成为主流的分析和服务基础设施，从而将 IT 服务领入云端层面。

（1）云服务正在取代传统 IT 服务，成为信息技术外包的主流模式。

云化的临界点已经出现。IDC 数据表明，2019 年，全球云基础设施支出首度超过非云支出。全球范围内的 IT 基础设施，传统非云支出占比将从 2018 年的 52.6% 跌落至 2022 年的 42.4%。2025 年，49% 的全球已存储数据将驻留在公有云中。

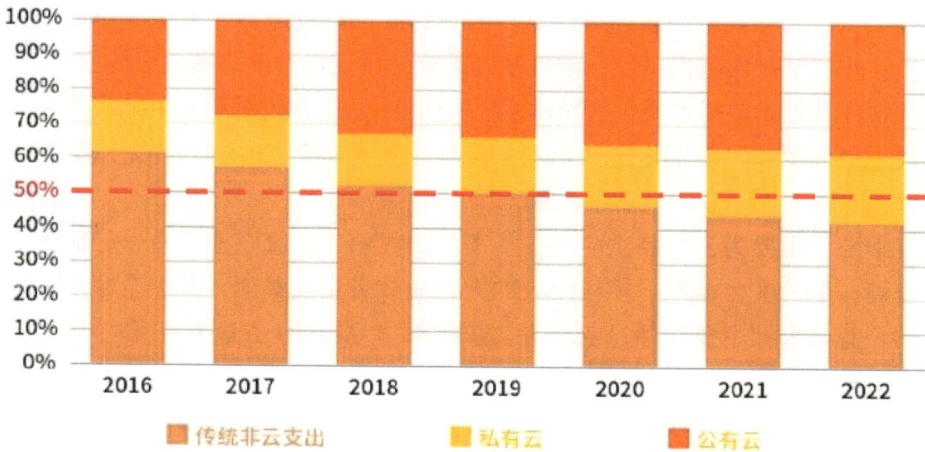

数据来源：IDC 2019 https://www.idc.com/getdoc.jsp?containerId=prUS44670519
In 2018, total spending on IT infrastructure products (server, enterprise storage, and Ethernet switch) for cloud environments reaches $65.2 billion with YOY growth of 37.2%.

图2.4　全球 IT 基础设施支出对比

云计算代表对传统 IT 投入的替代且全球渗透率不断提高，据高盛数据，2021 年云渗透率达到 15.3%，也可预示全球 IT 景气周期拐点。

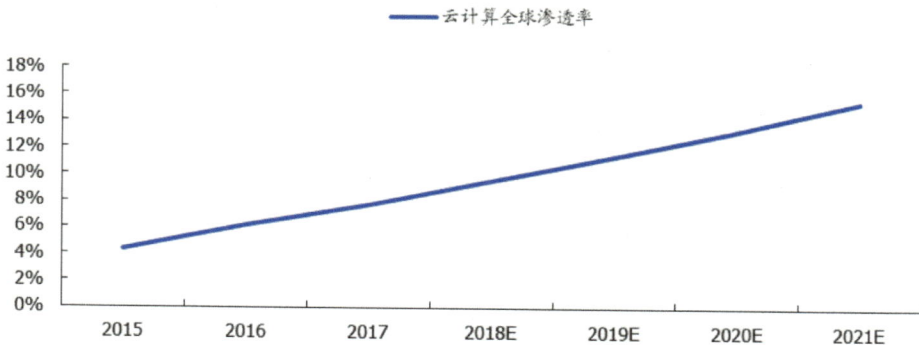

图2.5　全球云计算渗透率及预测

资料来源：高盛。

（2）取代传统 IT 外包模式，云服务正在形成全新的 IT 服务产业链。

云计算产业链较短，简单来说，主要包括：硬件、软件和服务。上游硬件基础设施——中游云服务供应商——下游多样化的云服务模式，而上游的硬件基础设施是云计算发挥作用的前提条件，因而也是整个产业链的基础和核心。

上游：云计算基础设施提供商。云计算的基础设施提供商主要可以分为三类：软件基础设施提供商、硬件基础设施提供商以及网络基础设施提供商。其中软件基础设施提供商包括操作系统（OS）、数据库、虚拟化、信息安全等厂商；硬件基础设施提供商包括芯片、服务器、储存等厂商；网络基础设施提供商包括网络设备和电信运营等。

中游：主要为云服务供应商。从国外的成熟云计算企业来看，云服务的供应商一般为实力雄厚、规模较大的大企业或者企业集团，其中全球规模较大的公有云公司主要包括：亚马逊 AWS、微软 Azure、谷歌 GCP 和中国的阿里云、腾讯云等。

下游：云计算延伸产业及增值服务。处于云计算产业链下游的延伸产业及增值服务商主要包括云计算规划咨询服务商、云计算实施 / 交付 / 外包服务商、云计算系统集成服务商、云计算运维服务商、行业解决方案提供商、云计算终端设备提供商等。

上游软硬件提供商

硬件提供商
服务器：浪潮信息、中科曙光
网络设备：星网锐捷、新华三
储存设备：美光、希捷

软件+服务提供商
IDC：宝信软件、光环新网

中游云服务提供商

SaaS： 行业应用软件提供商，如金蝶、用友、广联达

PaaS： 应用运营平台开发测试部署，如阿里

IaaS： 云IT基础设施服务商，如阿里

云管理服务

下游各行业/领域客户

从行业角度分
电信：中国移动、中国联通
金融：中国银行、中信证券
零售：沃尔玛、家乐福
食品：蒙牛、五粮液

从产品角度分
包括ERP/CRM/HRM/OA等产品

图 2.6　云计算行业产业链

数据来源：前瞻产业研究院。

在整个云计算产业链上，产业中游和下游就是典型的云服务产业链。目前云计算生态链主要有六大参与者：云设备提供商、云系统构建商、云应用开发商、云服务运营商、云服务部署 / 交付商、云服务销售商和最终用户。ICT 产业内的几乎所有企业都已不同程度涉足云计算领域，如运营商、IT 厂商、通信厂商、IT 服务提供商、电信服务提供商、软件厂商、系统厂商等纷纷推出云计算战略。云计算市场的产业链顺序一般为：软硬件提供商→系统集成商→数据中心运维商→云计算服务提供商→云用户。

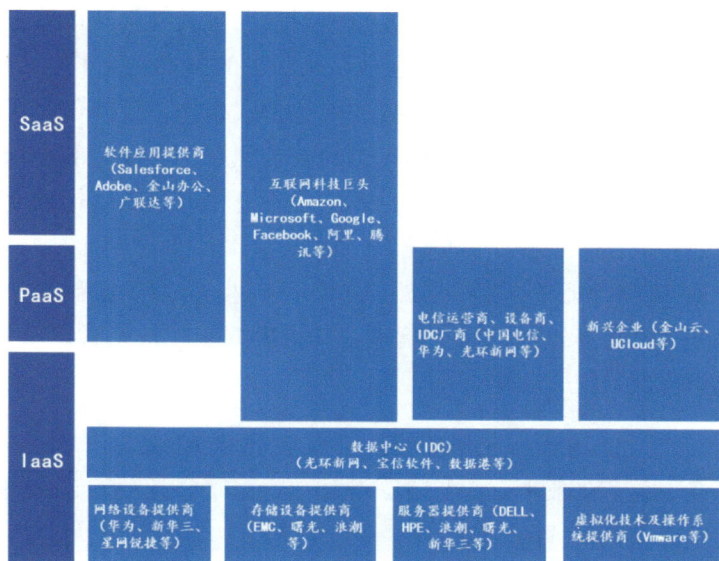

图 2.7　云服务产业链

　　云服务正在对传统 IT 服务形成替代效应。我们可以从下图中看到云服务产业链对整个 IT 服务产业链的替代。

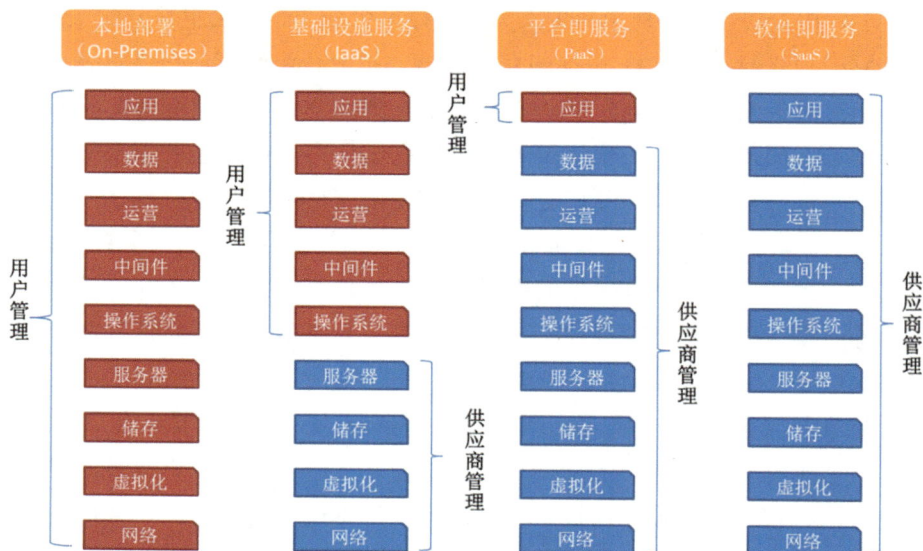

图 2.8　不同层级的云服务

注：红色为传统 IT 服务产业链环节，蓝色为云服务产业链环节

云服务模式下外包客户可以在任意位置使用各种终端获取服务，这过程中无需了解应用运行的具体位置，企业购买服务的方式发生了根本性的改变，这是对传统外包模式的颠覆。与传统的外包模式相比，云外包模式下企业的经营更加网络化，更加依赖于外部资源的整合利用，个性化的需求能得到更好地满足，新的服务和技术将促使企业的业务流程、组织结构和业务模式发生根本的变化。

基于云的技术和云的理念，与互联网、移动、大数据等新兴技术的进一步融合，将改变服务外包的商业模式、交易模式、交付模式以及定价模式。新一代外包呼之欲出。

表 2.2 云服务与传统外包服务模式的比较

	云计算模式	完全外包模式	混合模式	私有模式
资产归属	服务提供商（外部）	服务提供商（外部）	企业（内部）	企业（内部）
运营管理	服务提供商	接包方	接包方+企业	企业
资源使用	多个租户、资源共享	单个/多个	单个	单个
收入模式	按量付费、现用现付	人天、项目、绩效	人天、项目、绩效	-
网络环境	互联网	互联网+VPN	企业内网	企业内网
部署效率	按需使用，即用即安	提出需求+定制开发	提出需求+定制开发	提出需求+定制开发

资料来源：联想研究院、国泰君安证券研究整理

3.云服务对市场的影响：IT 支出的蛋糕不会缩小，但会重新分配

应用和数据是企业 IT 系统的有效载荷。对于企业而言，提供具有竞争力的产品与服务是其生存和发展的立命之本。围绕此目的，企业需要不断优化内部管理、流程体系、文化建设等。而信息化作为一种为企业带来业务效率和用户体验提升的工具，得到企业的不断重视，带动企业 IT 支出的增长。但从本质上而言，企业最终希望获得的是支撑或指导业务、流程、管理的应用，以及基于企业内部和外部数据的挖掘所带来的生产力提升。因此对于企业信息系统而言，应用是有效载荷，其余为支撑，而应用通常以软件和服务的形式体现。

服务器－客户端 IT 模式下创新投入受到制约。在服务器－客户端 IT 模式下，企业对于支撑环节的高投入不可避免。在产业链中，支撑环节的核心硬件与核心软件具有极高的技术壁垒，市场集中度极高，垄断厂商已经掌握议价权，Intel、Oracle、微软、VMware 就是此间的最佳代表。开源化对于打破垄断起到了积极作用，但无论是 Openstack 还是 Linux，其开源产品无法直

接商用。要么，企业自身投入团队基于开源架构进行二次开发，要么企业购买商业化的开源社区产品来代替垄断企业的产品，企业在管理和维护上都需要投入巨大人力和物力。

企业为 IT 基础设施与应用维护支出了太多太多，为创新支出得太少。企业的 IT 支出由基础设施建设支出、现有应用维护支出、创新应用的开发支出 3 大类型组成。据统计，在传统服务器加客户端的模式下，企业 IT 支出中的 89% 被基础设施建设、现有应用维护占用，企业在创新应用开发上的支出仅为 11%。以我国为例，IT 支出中硬件支出占到 80% 左右。

因此在云服务模式下，企业将更多地为创新而投资。

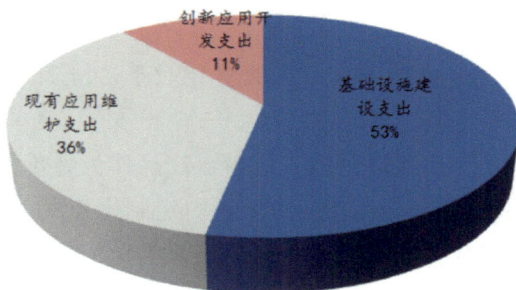

图 2.9 企业 IT 支出比重

资料来源：微软。

三、云重构 IT 服务模式，软件与外包殊途同归

从 IT 技术角度而言，当前全球已经全面迈入云计算时代，随着云计算的推广，从其按需分配、弹性配置等特点以及服务费的模式等角度来看，计算、存储和网络等资源借助云计算已然如同水、电等资源一般，成为社会性的基础资源，其给全社会带来的是信息技术的普及、效率的提升，是当前社会进步的基础支撑。

在这样广泛的变革和重构中，IT 服务行业首当其冲，迎来发展机遇和挑战，最大的挑战在于互联网厂商凭借技术、资金和客户优势冲击传统 IT 市场，而机遇在于云模式覆盖了增量的小微企业即长尾市场，有望大幅提升 IT 信息的渗透率。

当前，云计算已经逐步发展为 IT 服务公司的核心业务，已经度过了早期的布局阶段向成长期迈进。云计算革新了传统 IT 企业基础设施的使用方式，用户可以像使用水和电一样，便捷低成本地按照自身需求使用计算机资源，从而企业可以提高效率，增强创新力，传统 IT 市场空间向云模式的转移将会给云计算市场带来巨大的成长空间。

云计算转变了以往卖设备、卖软件、卖"人头"的简单商业模式，开始转向卖服务。行业的整个生态圈，包括客户，代理商，供应商都是云计算平台的客户，云计算平台可以提供持续不间断的服务，从而催生云存储，云应用，云网络，云安全等服务的需求。

（一）云服务相对传统 IT 服务是一场商业模式的革命

云是 IT 架构演进的必然方向，云服务相对于传统 IT 服务而言，本质是一轮基于新兴技术的 IT 领域商业模式的变革。

传统的 IT 服务中，出售硬件时，以单台产品作为计价销售单位，软件则以许可证授权的方式使用，或以项目方式进行定制化开发（外包）。

传统 IT 产业链主要为企业服务，企业最终为他们的客户服务；整条产业链主要承载物流，一个是从芯片到电脑硬件、基础软件到应用软件的物流，一个是企业产品到最终用户的物流。外包产业链上除了价值流，一个很明显的特征是信息流成了连接产业链的纽带。

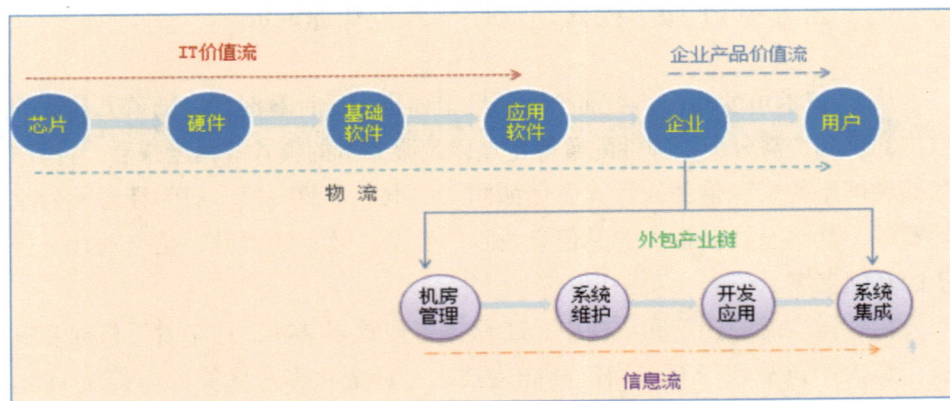

图 3.1　传统 IT 服务行业产业链

到了互联网阶段，IT 的价值主要通过芯片、硬件、基础软件、平台软件传导到互联网运营商，最后到消费者；流量——广告变现模式，迫使互联网企业大规模扩展用户流量，系统开始超负荷运载，硬件、存储及计算资源成本被重视。

进入数字经济时代，互联网运营商巨头开始采用虚拟化技术，将物理计算资源转化为弹性资源池，满足自身需求的同时，开始向个人和企业出售计算资源和存储资源，孕育云计算诞生。

在云模式下，则是以服务交付的模式，由一个可配置的共享资源池组成，该池内提供网络、服务器、存储、应用程序和服务等多种硬件和软件资源，如同水电煤一样根据需求灵活地按使用量计费，实现 IT 领域商业模式由"卖盒子/授权"向"服务订阅"的变革。

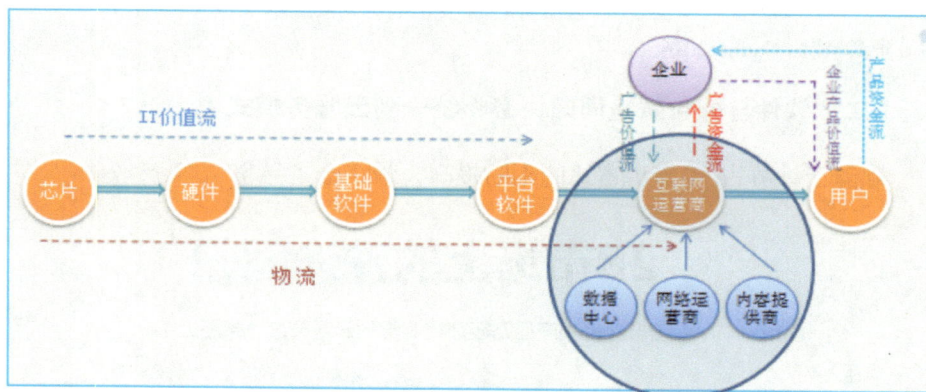

图 3.2 互联网时代 IT 服务的产业链

企业上云可以降低信息化建设成本（节省将近 80% 的 IT 费用）、优化运营管理流程、创新业务发展模式，快速获取数字化能力，运用大数据分析帮助企业优化人力资源管理、供应链管理等，将传统基于经验的模糊决策变为基于数据的精准决策，实现产业链协调的开放式创新，提高企业综合竞争实力。

根据 Gartner 的研究，无论是企业软件还是 IT 服务，最终都会统一到云服务的框架中。

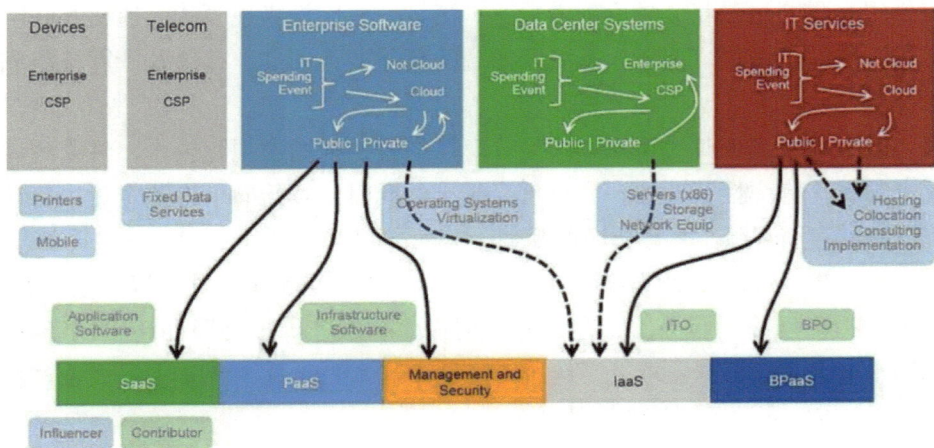

图 3.3　云服务对 IT 支出的影响系统图

资料来源：Gartner2016。

（二）软件与外包殊途同归，必将统一到云服务模式中

随着云计算占 IT 支出占比的不断提高，最终会主导整个 IT 产业。

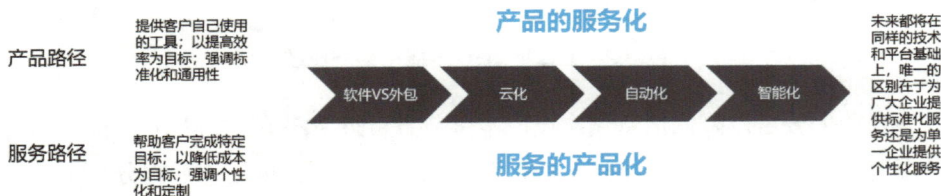

图 3.4　软件与外包的殊途同归

我们可以将云计算的发展分为三个阶段：

第一阶段：替代服务器和传统 IDC，此时云计算在 IT 支出占比小于 10%，这一时期云服务商主要通过价格战来"圈地"，行业整体毛利率不高。

第二阶段：逐步替代软件和软件渠道，此阶段云计算在 IT 支出占比大于 10%，小于 35%，云服务的客户达到一定规模，SaaS 逐步替代传统软件销售，利润来源多元化、毛利率快速提升。

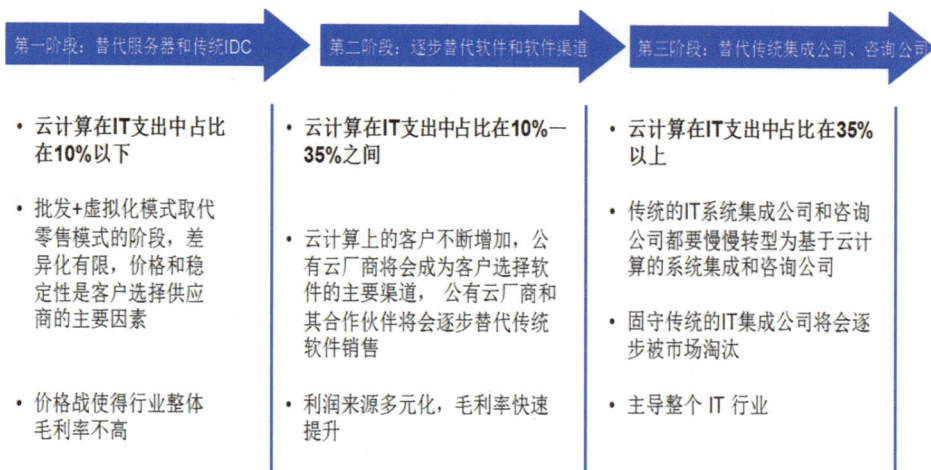

第一阶段：替代服务器和传统IDC	第二阶段：逐步替代软件和软件渠道	第三阶段：替代传统集成公司、咨询公司
• 云计算在IT支出中占比在10%以下	• 云计算在IT支出中占比在10%—35%之间	• 云计算在IT支出中占比在35%以上
• 批发+虚拟化模式取代零售模式的阶段，差异化有限，价格和稳定性是客户选择供应商的主要因素	• 云计算上的客户不断增加，公有云厂商将会成为客户选择软件的主要渠道，公有云厂商和其合作伙伴将会逐步替代传统软件销售	• 传统的IT系统集成公司和咨询公司都要慢慢转型为基于云计算的系统集成和咨询公司 • 固守传统的IT集成公司将会逐步被市场淘汰
• 价格战使得行业整体毛利率不高	• 利润来源多元化，毛利率快速提升	• 主导整个IT行业

图 3.5　云服务替代传统 IT 服务的三个发展阶段

第三阶段：替代传统集成公司、外包服务公司和 IT 咨询公司，此阶段云计算在 IT 支出占比大于 35%，基于云计算的系统集成和咨询公司逐步替代传统 IT 服务商，云计算开始主导整个 IT 行业。

在国内及全球大部分 IT 市场上，云计算的支出占比都在不断提高，2020 年全球云计算对 IT 市场的渗透率为 7.1%，中国云计算服务市场的渗透率为 4.6%，均低于 10%，仍处于发展的第一阶段。

1. 云服务改变了产品标准化的软件和客户定制化的外包之间的 tradeoff

软件供应商为了提高 LTV 势必少不了越来越多的定制化，与此同时外包服务商出于降低边际成本的考虑一直都尽量追求标准化。传统 IT 架构下，基于业务需求的"烟囱式"系统建设模式不仅重复建设多，而且开发周期长，交付效率低，维护成本高，若要涉及系统间的集成和协作，交互成本更加高昂，不利于业务的沉淀和持续发展。云架构下，不同的应用甚至同一应用中的不同服务可以在相对独立的环境下开发、测试和运行，方便进行软件全生命周期管理，有利于促进软件开发聚焦于业务逻辑，提升研发效率和创新水平。

2. 云原生技术重构 IT 运维和开发模式

随着企业业务互联网化发展，快速迭代（敏捷、持续交付）、永远在线（高可用）、高并发（弹性伸缩）等成为 IT 系统的典型需求。容器、微服务、

DevOps 工具等云原生技术的逐步成熟使得 IT 系统的可拓展性不断加强，通过系统分层解耦、横向扩展的方式，复杂的项目需求被更快速地实现，底层基础资源调用的效率被提升，云原生容器架构的优势日益突出。

传统 IT 架构：基于传统技术栈构建的应用（APP），每一次的开发需求都牵一发而动全身，要涉及对底层基础资源（Server、Host OS）的一次次重新分配，重复建设较多且易冗余浪费。

传统的虚拟化架构：主要是基于硬件抽象层虚拟化 hypervisor 技术，创建环境和部署应用的移植性较差。在虚拟机上每部署发布一个新应用都需要运行一个完整的操作系统（Guest OS）以及附带的依赖环境。

容器架构：使用容器技术（Docker Engine）将微服务及其所需的所有配置、依赖关系和环境变量打包成容器镜像，可轻松移植到全新的服务器节点上，而无需重新配置环境，能够有效解决跨云环境一致性问题，缩短应用交付周期，消除组织架构协作壁垒。同时，不同的微服务之间松耦合，易于管理和便于监测，应用可以随时处于待发布状态。

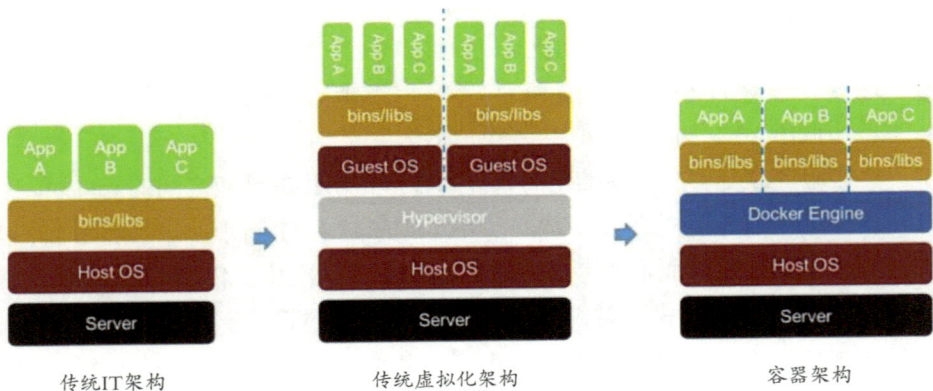

图 3.6　传统 IT 架构、虚拟化架构以及容器架构的对比

3. 软件和服务交付方式的变革

容器技术改变了 IT 的部署架构，微服务架构改变了软件和外包服务的交付方式，云原生技术带来的不仅是 IT 软硬件部署模式的变化，还变革了软件和外包对硬件的依存模式，云架构下，应用的可移植性增强，微小服务开发的独立性和灵活性大幅提升，软件的设计不会再跟底层基础设施产生直接的绑定，公有云、私有云、混合云环境并不会对微服务架构的应用软件的功能

产生影响。应用移植性增强后其实是降低了用户的转换成本，因而生态成为软件企业竞争的一个新因素，协同的价值开始凸显，海外巨头纷纷收购布局，但这些连同商业智能一齐在数据价值发掘的本质上殊途同归。

4. 云将软件和服务集成在一起，形成了全新的 IT 服务模式

以 Slack 为例。Slack 创立于 2009 年，2019 年 6 月在纽交所 DPO（直接上市不融资），被誉为"史上发展最快的办公软件"。Slack 提供的职场通信不仅是即时的，还可共享任何历史时期分享出来的对话、信息、项目、数据等信息流。同时，用户还可以通过 Slack 的集成功能集中收取其他应用程序上的工作通知、对接其他办公应用，省去了在不同应用程序间切换的精力。Slack 简化了用户工作流程，增加了人们在沟通上的有益回报，实质性地提高了工作效率。

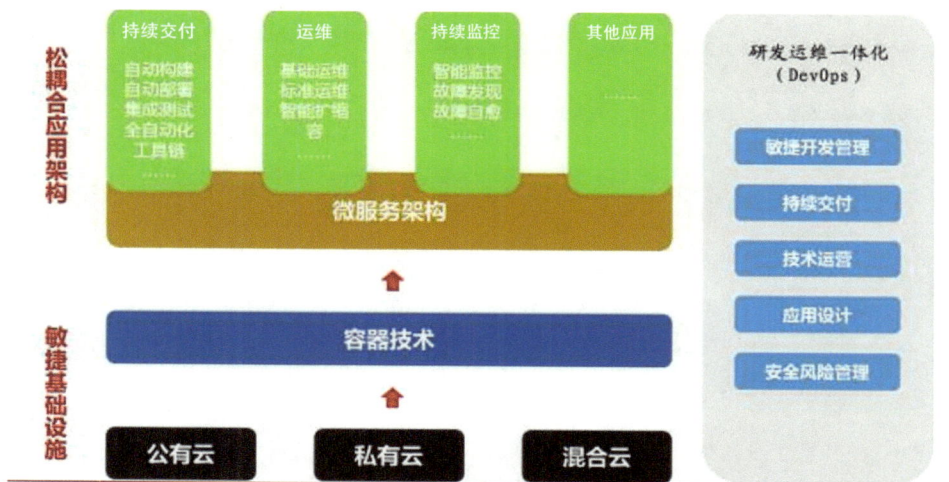

图 3.7 云原生技术部署架构图

资料来源：中国信通院。

Slack 的崛起表征 B 端协同生态价值的凸显。云实际上是降低了用户转换成本从而降低了用户黏性，但我们可以看到同当初 C 端移动互联网应用讲求客户体验和黏性一样，B 端企业的信息化服务竞争也逐步纳入了生态因素。以职场即时通信功能为基础的协同办公软件 Slack 的崛起是一个重要的信号，协同的价值开始凸显。

表 3.1　Slack 带来多部门办公效率的实质提升

部门	Slack 提供的功能	应用效果
客户支持部门	快速定位客户问题并给予团队支持 集成 Zendesk、ServiceNow 等第三方客户服务软件 利用集体知识库，减少解决问题的时间 支持团队共享宝贵的客户反馈和见解	平均工单处理时间缩短 31% 定位工单解决方案正确率提高 8%
营销部门	提供指导营销工作、评价活动交付结果和共享结果的中心 集成 Hootsuite、Brand24 等社交媒体管理平台 与代理、客户或承包商共享一个工作通道，以进行实时协作 客户反馈不再限于信息孤岛，而进入可见和可操作的渠道	市场营销活动执行速度提升 16% 营销活动策划耗时减少 8%
IT 部门	从 Slack 信息中心接受即时的常规求助及紧急求助 为公司用户建立常见问题解决教程资源中心，线上解决技术问题	减少 32% 的邮件堆积 用户满意度增加 10%
人力资源部门	通过无缝交流缩短招聘流程 集成 Hired、Lever、Zenefits 等 HR 追踪管理软件	招聘新员工总体用时减少 3%

表 3.2　Slack 具有传统邮件无法比拟的协作功能优势

办公协作活动	传统电子邮件	Slack
团队/项目信息获取	新加入者无法快速获得历史信息	提供基于团队/项目的渠道，渠道内历史记录持久有效且支持共享
团队/项目信息存储	有效信息不成系统地分散在单个收件箱中	提供以项目为单位的文件整合功能，大大提高搜索与调取相关信息的效率
调用其他办公工具	静态工具，无法与其他工具直接集成	用户可以共享和聚合来自其他软件的信息，并在众多第三方应用程序中推进工作流，其中超过 1500 个应用程序列在 Slack 应用程序目录中。

专题二

我国研发服务外包行业发展现状及趋势

马晓琨 [①]

一、我国研发服务外包行业发展现状

（一）我国研发外包服务行业蓬勃发展

商务部数据显示，2019 年在信息技术研发服务方面，我国承接信息技术研发服务外包执行额 569.1 亿美元，承接离岸信息技术研发服务 71.3 亿美元。在生物医药研发外包服务方面，我国企业共承接医药和生物技术研发外包合同额 93.1 亿美元，同比增长 23.1%；执行额 71.3 亿美元，增长 13.0%。其中，承接离岸合同额 76.2 亿美元，增长 27.3%；离岸执行额 57.8 亿美元，增长 13.0%（图 1.1）。2020 年由于新冠肺炎疫情在全球蔓延，全球各国医疗服务需求猛增，拉动我国医药和生物技术研发外包保持快速增长，2020 年 1—10 月，我国承接医药和生物技术研发外包离岸执行额 345.5 亿元，同比增长 27.1%。未来随着国际医药研发外包服务中心转移至亚洲，中国拥有优质的投资环境、人才储备和产业政策，加之国内新药研发热潮的兴起，预计国内医药研发外包仍将保持 20% 以上的增长速度。

---

① 马晓琨，中国科协战略发展部调查处处长。

图 1.1　2014—2019 年中国 CRO 接包规模及增长

数据来源：中华人民共和国商务部。

离岸研发服务外包增长趋势分化。2019 年，世界经济增速放缓，贸易保护主义、单边主义加剧抬头，全球服务外包遭受巨大冲击。受到 2019 年软件研发服务外包需求减少的影响，2019 年我国企业承接 ITO 离岸信息技术研发服务 343.6 亿美元，增长 –0.1%。在 KPO 领域研发服务外包领域，我国承接 KPO 研发服务外包 130.4 亿美元，增长 10.3%，连续三年保持两位数增长。

在岸研发服务外包规模扩大。2019 年，中国经济稳中向好、长期向好的基本趋势没有改变，全年 GDP 增长 6.1%。5G、人工智能、区块链、大数据、云计算等数字技术广泛应用，与实体经济深度融合，激发新业态，国内需求加速释放，推动在岸服务外包平稳增长。2019 年，中国企业承接 ITO 和 KPO 在岸研发服务合同额金额超过 250 亿美元。

（二）新技术渗透融合传统研发外包领域

近年来信息网络技术得到了空前发展，新技术不断涌现，使研发外包的广度和深度得到不断拓展、深化和创新[①]。医药研发外包同样也深刻受到新技术的影响，比如基因（用于诊断）和细胞（用于治疗）等新技术及其衍生技术。许多研发服务外包企业纷纷围绕新技术转型升级，如浙大网新聚焦云服

---

①　季成，徐福缘，贾雷，朱华燕 . "十三五"时期中国研发外包的发展战略与对策［J］. 中国科技论坛 .2015（06）：55–59.

务与大数据，根据核心能力和深入垂直行业解决方案积累，帮助传统行业变革整体业务流程。生物医药研发领域的睿智化学从单一的合成化学，发展到后来的代谢、大分子，再到如今炙手可热的转化医学研究，不断尝试融合新技术、扩大了研发服务业务范围。

（三）研发外包企业与客户之间的合作关系更加紧密

在当前服务外包深化发展的大背景下，发包方更加重视利用外包实现自身业务流程的调整和转型，更加希望服务外包企业能够提供创新有效的解决方案和咨询服务，在这种需求的推动下，服务外包企业与客户之间通过股权、业务深度合作等方式重塑"与客户成为战略伙伴"的模式。上述现象也深刻地体现在研发外包服务领域，一些医药研发外包企业与制药企业等客户正在形成战略联盟，共同分担风险共享收益。调研发现，药明康德在一些项目中改变了之前的外包模式，和国内的药厂客户共同以项目成立团队或公司，结成更加紧密的合作关系，在初期药明康德以成本价合作，后期可以和客户分享研发成果收益。科文斯公司和客户之间已经转为一揽子战略合作，有的业务甚至涵盖整个医药研发流程，而且合同期限比较长。

（四）并购和跨界融合提升研发服务外包企业竞争力

近几年，在研发外包领域出现了许多并购案例，在软件研发外包领域，博彦科技、软通动力、中软国际、浪潮集团等企业接连开展并购，其密度和规模远超过以往。2015 年 5 月博彦科技收购美国高端商业 IT 服务公司 PDL 公司，提升公司在商业智能服务领域和商业大数据挖掘、分析及应用领域的能力。2019 年 6 月浪潮集团并购甘肃睿慧电子，签约仪式在天水嘉孚酒店举行，这标志着甘肃浪潮睿慧大数据服务有限公司正式成立，通过合作并购持续推动天水市云计算、大数据、智慧城市建设事业发展。在医药研发外包领域的领先企业，通过兼并收购，实现能力互补和融合发展，提供新药研发全方位一站式服务，为了充分适应国际医药市场的竞争形势，我国医药企业要通过海外并购来提升其全球市场空间。药明康德自 2011 年开始涉足临床业务，先后收购 Medkey（津石）、合作成立康德弘翼进行早期尝试。2017 年，药明康德又通过杠杆收购美国 RPG100% 股权，不仅提高了国际多中心临床试验（MRCT）服务能力，又通过借鉴国际 CRO 公司的服务经验，促进其在临

续表

时间	政策	相关内容
2020.01	《关于推动服务外包加快转型升级的指导意见》	加快数字化转型进程，支持信息技术外包发展，培育新模式新业态。推动重点领域发展，发展医药研发外包，扶持设计外包，推动会计、法律等领域服务外包，支持业务运营服务外包。构建全球服务网络体系，有序增加示范城市，加大国际市场开拓力度。加强服务外包人才培养

二、我国研发服务外包对国民经济的贡献

促进就业创业。服务外包是吸纳大学生就业的蓄水池。截至 2019 年底，服务外包产业从业人员共 1172 万人，其中大学（含大专）以上学历 750.1 万人，占从业人员总数的 64%。2020 年末，全国软件和信息技术服务业从业人数 704.7 万人，比上年末增加 21 万余人，同比增长 3.1%（图 2.1）。从业人员工资总额 9941 亿元，同比增长 6.7%（图 2.2）。

图 2.1　2013—2020 年软件业从业人员数变化情况
数据来源：商务部、工业和信息化部。

图2.2　2019—2020年软件业从业人员工资总额增长情况
数据来源：商务部、工业和信息化部。

推动制造业向高价值领域延伸。制造业服务化、服务外包化已经成为制造业高质量发展的重要趋势。《中共中央关于制定国民经济和社会发展第十四个五年规划和二〇三五年远景目标的建议》提出，推动现代服务业与先进制造业、现代农业深度融合，加快推进服务业数字化。随着中国对专利技术保护力度的加强，对制造业转型升级的引导推动，中国制造企业对研发设计、管理咨询等生产性服务的需求将越来越大。2015—2019年，中国企业承接制造业研发服务外包增长8.6倍，年均增长57.3%，推动我国制造业向高附加值领域延伸。

为服务出口注入新动能。近年来，中国离岸服务外包加快向产业链高端延伸，生物医药研发外包、集成电路设计、系统解决方案等高附加值外包业务增长迅速，成为服务贸易高质量发展的重要推动力。信息技术外包（ITO）和知识流程外包（KPO）保持较快增长，2020年离岸执行额分别为3204.1亿元和2921.4亿元，同比分别增长10.7%和17.9%；业务流程外包（BPO）离岸执行额1176.5亿元，同比下降0.6%。数字化程度较高的集成电路和电子电路设计业务离岸执行额490.9亿元，同比增长41%；知识密集的医药和生物技术研发业务离岸执行额488.1亿元，同比增长25%。

三、我国研发服务外包部分重点领域——软件外包与服务行业

（一）全球软件外包与服务行业发展现状

1. 全球软件外包服务市场规模巨大

在信息技术领域新技术、新应用和新模式以及外包服务供应链全球化不断深入的推动下，全球软件与信息服务外包产业持续增长。根据 Gartner 统计数据，2019 年全球 IT 服务支出为 10300 亿美元，同比增长 3.6%，经过多年发展，全球 IT 服务支出呈现稳步上升的趋势，全球信息技术投资市场容量巨大。

2. 全球软件外包服务产业形成专业化分工格局

软件外包与服务已成为当今全球新一轮产业革命和产业转移中不可逆转的趋势。随着以服务业转移为主要特征的新一轮全球产业结构调整，全球软件外包服务市场的规模在不断扩大。从全球范围看，美国、日本、欧洲等发达国家和地区一直占据着软件产业的主导地位，这些地区日益高涨的人力资源费用使当地企业的软件外包需求大幅增加，成为软件外包的主要需求市场。因发展中国家在税收、人力成本等方面较发达国家具有优势，因而发展中国家为主要接包商，目前已形成了以印度、中国、马来西亚等国为主要接包方的市场格局。

3. 全球软件外包与服务行业产业链不断升级

信息技术和网络技术的发展使得软件外包与服务行业所需的技术水平逐渐提高，全球软件外包与服务的内容也在不断拓展。一方面，云计算、电子商务、移动互联网、物联网、大数据与商务分析等新兴领域的软件服务外包细分市场将不断涌现。另一方面，跨国企业将更加关注软件外包服务商的丰富行业经验、稳定服务、为企业带来持续价值等能力。因此，随着全球软件外包服务内容纵深拓展，全球软件外包与服务行业产业链不断升级。

（二）我国软件外包与服务行业的发展现状

1. 我国离岸软件外包与服务市场高速成长

随着中国软件与服务外包产业环境的不断完善以及本土服务商水平的日渐提升，软件与服务外包市场持续为中国的产业转型升级提供动力。2019 年，

我国软件与外包服务出口 180 亿美元，比上年增长 46.3%，保持高速增长状态。国内经济稳步增长、内需市场持续扩大和国际市场有效拓展是该行业快速发展的主要因素。

2. 产业结构持续优化

从业务构成来看，随着服务商专业能力的不断提升，中国软件与服务外包产业在国际产业链中的地位不断提高，其业务从最初的软件代码编写、软件测试等低端、低附加值业务，逐步向行业应用开发、产品研发、咨询服务、解决方案等转移。

从企业及人员方面看，2019 年，全国规模以上软件和信息技术服务业企业数量达 36958 家；共完成软件业务收入 72072 亿元，比上年增长 16.4%。从业人员结构持续优化，2019 年，软件研发人员 262 万人，占软件和信息技术服务行业全部从业人员的比重达 38.7%。

从研发投入方面看，2019 年，我国软件业投入研发经费 7336 亿元，比上年增长 17.1%，较上年提高 5.6 个百分点，研发投入增长较快；研发投入强度（研发经费占软件业务收入比重）达 10.2%，比上年提高 0.1 个百分点。

从区域分布来看，我国东部地区软件业稳步发展，中西部加快增长。2019 年，东、中、西和东北地区的软件业务收入占比分别为 78.7%、5.5%、12.7% 和 3.1%。东部地区软件业务收入比上年增长 15.2%；中部和西部地区软件业增长较快，软件业务收入分别比上年增长 20.6% 和 28.4%；东北地区软件业务收入呈下滑态势，占比下降 0.5 个百分点。

3. 国内外包需求日益旺盛，金融外包业务比重提升较快

伴随着国内产业升级和各行业信息化建设不断推进，软件外包需求得到大量释放，国内外包业务需求保持较快增长。原因在于，一方面，中国本土企业接受 IT 服务的程度不断提高；另一方面，随着中国市场的壮大，越来越多的跨国企业将其与中国相关的服务外包到中国来执行。近年来随着我国金融行业的不断发展，其对软件与信息服务外包的需求也快速增加。同时，出于业务发展和成本控制的考虑，国际金融外包也呈现向亚太地区转移的集中趋势，我国正在逐步成为全球金融外包服务中心。

图 4.1 2014—2023 年全球 CRO 行业规模及增速

数据来源：Frost&Sullivan。

（二）中国 CRO 行业发展现状

1. 中国 CRO 行业规模高速增长

中国 CRO 行业保持迅猛增长势头。根据 Frost&Sullivan 数据，2014—2018 年中国 CRO 市场规模由 20 亿美元增长至 58 亿美元，年均增速达 30.5%，远高于全球 CRO 市场规模增速。受益于全球医药外包订单向亚太转移，中国工程师红利及医药改革红利，中国 CRO 行业仍处于重要发展期，Frost&Sullivan 预计，2019—2023 年中国 CRO 行业市场规模年均增速将在 30% 左右，2023 年中国 CRO 行业市场规模将超过 200 亿美元，占全球 CRO 行业市场规模的比例超过 20%。

中国医药研发支持增长迅速，推动中国 CRO 市场规模扩大。近年来中国医药研发支出增长较快，根据 Frost&Sullivan 数据，2014—2018 年中国医药研发支出年均增速高达 16.1%，远高于同期全球医药研发支出增速。Frost&Sullivan 预计，2019—2023 年中国医药研发支出增速将进一步提高，年均增长 23.6%，2023 年中国研发支出将接近 500 亿美元。随着国家和企业对创新药的重视，国内药物发现和临床 CRO、临床前 CRO 市场规模将持续扩大。

2. 中国 CRO 接包持续增长

据商务部统计，2019 年中国企业共承接医药和生物技术研发外包合同额 93.1 亿美元，同比增长 23.1%；执行额 71.3 亿美元，增长 13.0%。其中，承接离岸合同额 76.2 亿美元，增长 27.3%；离岸执行额 57.8 亿美元，增长 13.0%。中国医药和生物技术研发服务接包以离岸为主。2019 年，离岸医药和生物技术研发服务外包执行额占全部医药和生物技术研发服务外包执行额的比例达 81.1%。其中，中国香港和美国是中国医药和生物技术研发服务发包主要来源地，两者合计占离岸医药和生物技术研发服务外包执行额的 54.8%。

3. 政策、人才、资本市场助推中国 CRO 行业进入黄金发展期

政策鼓励创新药研发，大力推动医药研发外包。近年来国家加大了对创新药研发的重视程度，出台《关于深化审评审批制度改革鼓励药品医疗器械创新的意见》等多项政策鼓励新药研发，提高新药审评效率，缩短新药上市时间；出台《国家组织药品集中采购和使用试点方案》等政策整顿仿制药市场，取消医药加成，解除医院与药品销售的利益绑定，降低仿制药价格，推动了仿制药行业向创新方向转型。

国内工程师红利带来成本优势。CRO 行业属于人才密集型行业，需要化学、医学、药学、生物统计学等各领域的专业人员提供服务。中国医药研发领域人才资源储备丰富，根据教育部统计，2019 年国内毕业研究生 63.97 万人，其中，毕业博士生 6.26 万人，毕业硕士生 57.71 万人，各类留学回国人员总数为 58.03 万人，较上一年度增加 6.09 万人，增长 11.73%，工程师红利使中国人力成本相比发达国家有显著优势。从人均成本来看，昆泰（IQVIA）等国际 CRO 巨头企业人均成本在 80 万元 / 人 / 年以上，国内主要 CRO 上市企业人均成本明显较低，药明康德、康龙化成、泰格医药人均成本分别为 31、30、35 万元 / 人 / 年。从新药研发不同阶段成本支出来看，根据上海医药研究中心数据，在化合物筛选、临床前与临床试验各阶段，国内试验成本仅有发达国家试验成本的 30%—60%，能够大幅节约研发支出。

科创板为生物医药企业融资提供支撑。当前中国资本市场具备较为完善的结构，二级市场、一级市场融资渠道为不少优秀的医药生物企业提供大量的资金支持，截至 2019 年底，在科创板上市的医药生物类企业共计 14 家，合计募资金额 134 亿元；港股上市 35 家医药类企业，其中制药企业有 11 家，医疗保健提供商与服务企业 7 家，35 家企业首发募集金额合计达 670 多亿港

元。生物医药企业是研发投入的主力军，良好的融资环境推动国内 CRO 企业需求持续增长。

（三）中国 CRO 行业发展趋势

1. 制药企业和 CRO 合作关系深化，CRO 企业加速纵向一体化发展 [①]

随着药物开发成本的提升、回报率的下降以及临床试验要求越来越复杂，制药企业和 CRO 合作渐渐加深，逐步形成战略合作伙伴的关系模式，通过战略合作，CRO 公司能满足药企端到端的业务需求。在这种背景下，CRO 公司逐步通过并购纵向一体化扩大自己的业务覆盖范围，也会通过横向并购增加全球的地域间的覆盖。同时，日趋复杂的药物研发开始逐渐要求药企和 CRO 具有一定的信息收集、数据分析能力，CRO 企业开始进行数据科技上的投资。

2. 生物医药研发外包增长空间巨大

当前，中国以抗体、细胞治疗为代表的生物药产品增长迅速，生物制药产业得到高度重视，医药研发需求巨大，医药研发外包企业成为研发环节不可或缺的构成。特别是随着新一轮药审改革、仿制药一致性评价的推进，生物医药研发外包在岸业务将迎来新一轮增长。此外，从全球市场来看，药品监管严格、创新药研发成本上升等因素给跨国制药企业带来较大压力，外包服务比例有望增加，预计 2020 年药企研发外包比例有望超过 80%，中国生物医药研发外包合同签约增长有望达到 15% 以上。

3. 合作模式由单纯委托执行转向合作开发战略型伙伴

20 世纪 80 年代，CRO 的职责主要是执行制药公司提出的临床要求，这种关系是单向的、一次性的、交易性的。21 世纪以来，CRO 与制药企业合作程度加深，CRO 由之前"纯粹的执行"开始逐渐成为药企的发展伙伴，更多地参与到新药的研发进程中。在研发过程中，药企与 CRO 不断深入地合作与探讨，互相渗透互相影响，职能边缘变得模糊，CRO 实现了与药企的深度绑定，主观能动性大大增强。如药明康德开始探索"风险共担、利益共享"的创新商业模式，通过对上游医药企业提供投资、技术、销售等支持，建立更为密切的战略合作关系。

---

① 张璐瑶，王海量，周林风，李文璐 . 行业高增长期，产业链延伸及信息化是重要发展方向 ［EB/OL］．（2020-09-23）［2021-07-06］．https://pdf.dfcfw.com/pdf/H3_AP202009281417971544_1. pdf?1601322152000.pdf.

五、我国研发服务外包发展趋势

（一）新技术加速拓展研发服务外包领域

人工智能拓宽服务外包产业领域。根据 Gartner 报告，2018 年全球人工智能市场规模将高达 1.2 万亿美元，比 2017 年增长 70% 以上，预计 2020 年全球人工智能市场规模近 2 万亿美元。人工智能的发展迅速，对服务外包产业发展规模的影响既有替代效应，也有增量效应。替代效应体现在人工智能将代替人力的服务外包，尤其是对于简单、高频的服务内容，人工智能无论是在成本还是服务质量上都表现得更好。增量效应体现在人工智能拓宽服务外包领域，在上游人工智能芯片领域，人工智能芯片需要衍生出对人工智能芯片研发设计的需求。

云计算是信息技术外包增长的重要动力。随着更多的企业和政府上云，云计算服务外包仍处于高速发展阶段，预计到 2023 年，全球云计算服务外包规模将达到 1720 亿美元，年均增速达 21.5%。未来基于云计算服务平台的产品和技术研发服务将成为发展重点。Gartner 公司的预测表明，到 2023 年，大多数企业将使用两个以上的集中式应用程序，这将提升其在技术外包方面的需求。

（二）研发服务外包新业态新模式层出不穷

企业发包动因从需求侧向供给侧转移。服务外包的发展可以分为三个阶段：第一阶段是发达国家利用发展中国家廉价劳动力，将企业非核心业务外包，发展中国家以承接离岸服务外包方式参与到全球服务业分工之中，此阶段企业发包动因是节约成本，接发包企业关系以发包方为主导，服务外包业务技术含量及附加值均较低；第二阶段是服务外包企业专业化水平提高，不断向产业链高端延伸，服务外包企业更加强调"咨询与 IT 服务"，以高端咨询服务带动 ITO 和 BPO 业务发展，同时加大研发投入，KPO 业务增长迅速，此阶段企业发包动因是效率提升，运用信息技术加快企业数字化转型，研发服务外包增多，服务外包业务技术含量及附加值较高；第三阶段是新兴技术重构企业生产经营模式，企业竞争更加激烈，发包企业为了在新一轮竞争中抢占先机，加强与服务外包企业合作，接包企业参与到新产品研发、生产方式变革、业务运营模式转变等发包企业经营全过程，此阶段企业发包动因是价值创造，接发包企业形成战略联盟，服务外包引领创造服务需求。

众包模式不断向新领域扩展。众包是由特定主体通过平台发布需求交由多数人处理，选择"最优解"的方式帮助企业完成某种特定任务，众包模式能有效降低企业成本，最大化利用社会智力资源。目前，众包平台大多集中在软件开发与测试、产品设计、系统解决方案等领域，随着共享理念深入，众包模式向更多领域渗透，比如人工智能领域，数据是人工智能发展的基础，人工智能企业往往需要大量数据进行前期理论认证，采用众包方式进行数据标注的模式逐渐兴起，典型企业包括蚂蚁众包等。

专题三

金融服务外包发展现状及趋势

李 林[①]

根据鼎韬研究测算，2020 年，中国证券 IT 外包收入总额为 54.54 亿元，资管 IT 外包规模约为 29.76 亿元，银行 IT 外包市场规模为 583 亿元，保险 IT 外包市场规模为 72 亿元，总体测算 2020 年中国金融 IT 外包市场规模为 739.3 亿元。

按照下游客户类型的不同，金融 IT 大致可分为银行 IT、证券 IT 以及保险 IT。证券 IT 行业相对集中，银行 IT 市场相当分散，而保险 IT 市场目前规模尚小。

需要特别说明的是，近年来大资管（包括基金公司、券商资管、保险资管、信托等）概念深入人心，随着资管行业的快速发展，资管 IT 也正逐渐成为一个独立的细分领域。国际上一般将资管 IT、财管 IT、经纪 IT 等归类为资本市场 IT，部分国内机构（如恒生电子）也开始使用同样的分类方法，但资本市场 IT 及证券 IT 内涵相差无几，因此我们不做区分，仍采用传统的证券 IT 的提法。

---

① 李林：鼎韬产业研究院高级咨询师。

表 1.2　2020 年全球银行和证券业 IT 支出

单位：亿美元	2019 开支	2019 增幅	2020 开支	2020 增幅	2021 开支	2021 增幅
内部服务	920.43	2.1%	878.71	-4.5%	889.99	1.3%
软件	1008.22	11.8%	1005.80	-0.2%	1120.16	11.4%
IT 服务	2045.36	5.0%	1955.76	-4.4%	2098.12	7.3%
硬件设备	332.16	5.9%	291.99	-12.1%	306.73	5.1%
通讯服务	772.85	1.3%	729.46	-5.6%	761.31	4.4%
数据中心系统	312.18	1.0%	277.57	-11.1%	301.89	8.8%
总计	5391.21	4.9%	5139.28	-4.7%	5478.20	6.6%

数据来源：Gartner。

图 1.3　2019—2022 年全球银行 IT 支出情况（单位：10 亿美元）

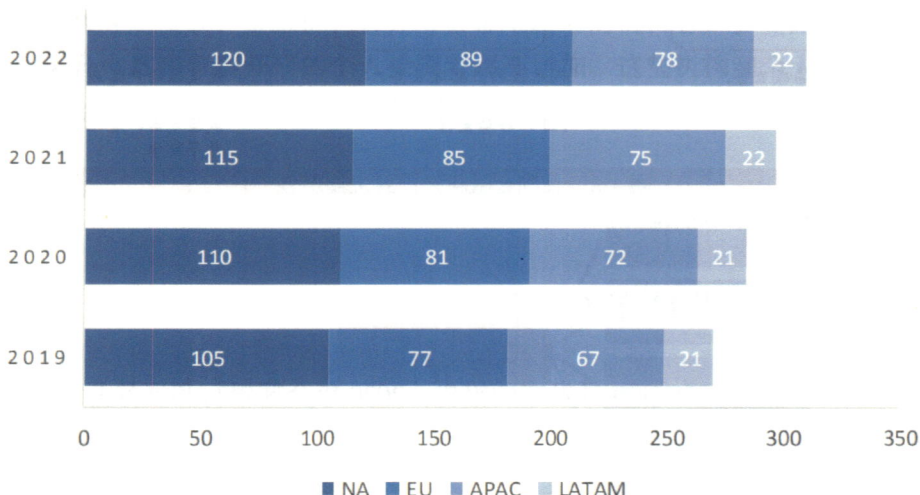

（二）全球证券 IT 和保险 IT 市场支出规模大致相同

结合 Celent 的数据，2020 年全球银行 IT 支出预计为 2840 亿美元，可以推算 2020 年全球证券 IT 和保险 IT 支出约为 2300 亿美元。

同时根据 IDC 预测，到 2021 年全球金融机构 IT 支出中约 60% 为银行 IT 支出，资本市场 IT 支出与保险 IT 支出相当。因此鼎韬推算 2020 年全球保险 IT 支出规模与证券 IT 支出规模大致相同，大致分别在 1150 亿美元水平。

（三）全球金融 IT 的主要参与者：四类服务商同台竞技

第一类是金融机构的 IT 自研部门；第二类是大型金融 IT 厂商，如 FIS、SS&C、NRI、Broadridge、Finastra 等，其中前 4 家上市公司的资本市场 IT 收入已经达到 10 亿美元级，往往同时布局卖方与买方业务；第三类是金融资讯数据服务商，如 Bloomberg 和 Refinitiv；第四类是一些中小型金融 IT 厂商，公司整体收入体量为数亿美元不等，一般在某一细分领域具备优势，如 Fidessa主要服务卖方，SimCorp、Charles River、ITG 专注于买方业务。

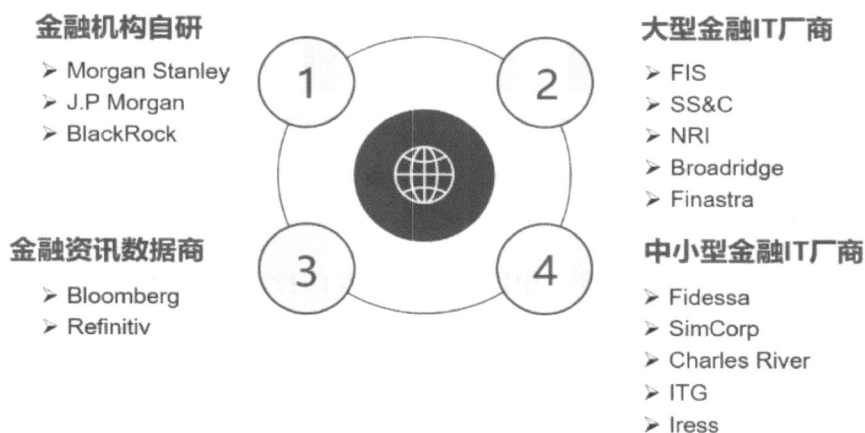

金融机构自研
➢ Morgan Stanley
➢ J.P Morgan
➢ BlackRock

大型金融IT厂商
➢ FIS
➢ SS&C
➢ NRI
➢ Broadridge
➢ Finastra

金融资讯数据商
➢ Bloomberg
➢ Refinitiv

中小型金融IT厂商
➢ Fidessa
➢ SimCorp
➢ Charles River
➢ ITG
➢ Iress

图 1.4　资本市场 IT 行业共有四类玩家同台竞技

二、中国金融 IT 市场格局

（一）中国银行 IT 市场快速增长

赛迪顾问《2020 中国银行业 IT 解决方案市场份额分析报告》和《2019年中国银行业 IT 解决方案市场预测报告》显示，2019 年我国银行业整体 IT投资规模达到 1459.13 亿元，同比增长 22.8%。

根据 2018 年 IDC 做出的预测，中国银行业整体 IT 市场规模 2022 年将达到 1513.9 亿元，2018—2022 年年均复合增长率 8.1%。

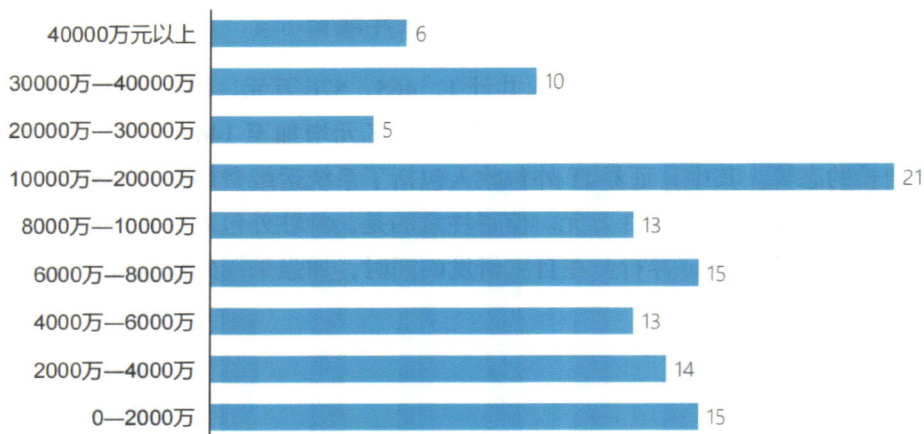

图2.4　2019年证券公司IT投入分布（单位：家）

数据来源：证券行业协会。

（三）资管行业（买方）市场规模快速发展

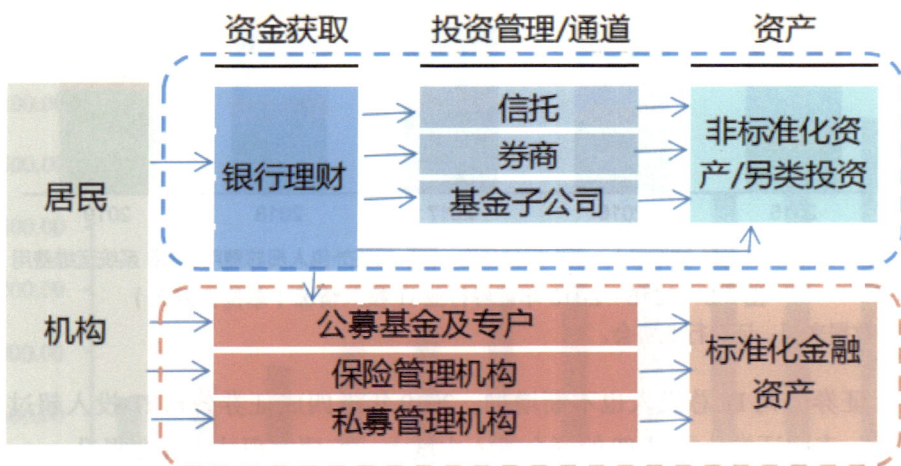

图2.5　我国资产管理行业主要组成

　　根据资产管理行业策略咨询公司 Casey Quirk 的研究，中国是唯一一个资产管理规模逾数万亿美元且过去五年仍以每年超过30%的速度吸纳新资金的市场。在资管规模放大的带动下，资管机构的信息化需求高涨，叠加资管政策（如资管新规）影响，资管IT市场快速发展。

麦肯锡预计到 2025 年，中国资管市场整体管理规模将从 2020 年上半年的 116 万亿升至 196 万亿，2019—2025 年均管理资产增速将超过 9%。以公募基金为代表的主动管理先发优势类机构将保持 14% 以上的年化增长率，其中公募基金将以 18% 的年复合增长率领跑市场增量管理资金净流入。

根据 Casey Quirk 的预测，2019 年中国将成为仅次于美国的第二大资产管理市场，到 2030 年中国的资管规模将从 2016 年的 2.8 万亿美元跃升至 17 万亿美元，CAGR 约 13.8%。

目前对于资管 IT 市场没有全行业的统计，但是由于资管类型金融机构没有政策强制要求 IT 投入，再加上前期禁止外部接入导致私募基金等机构的 IT 需求被抑制，我们认为资产管理 IT 支出占营收的比例均应低于证券公司，在 3% 以下。

（单位：万亿美元）

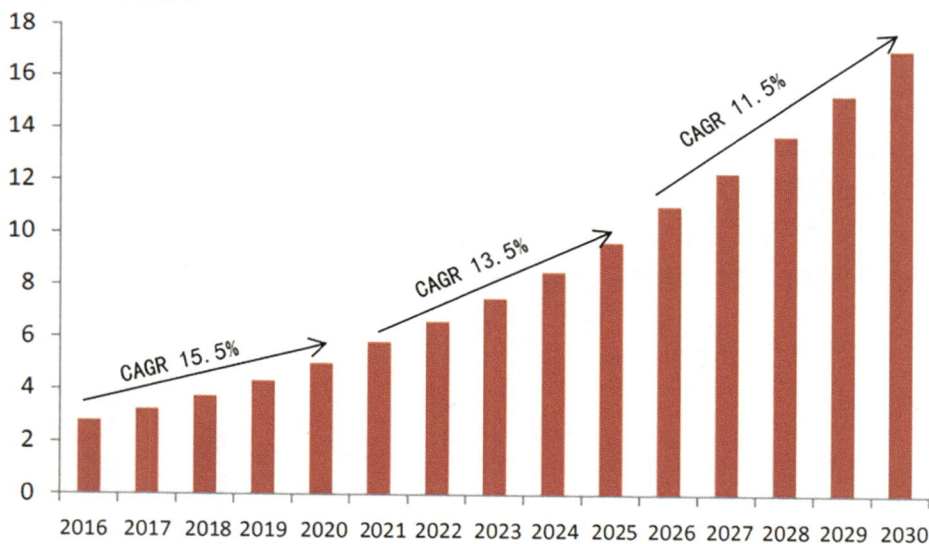

图 2.6 中国资产管理规模预测（2016A—2030E）
来源：Casey Quirk。

根据安永《2019 年全球资产管理行业报告》，2018 年各样资产加权得出的单位规模收入为 46 个基点，即 0.46%。以 2020 年上半年的 116 万亿作为基数，可推算出中国资产管理行业收入规模约为 5336 亿人民币，假定以证券 IT 投入比例的一半，即 1.5% 为投入比例，可得 2020 年中国买方 IT 市场规模约为 80 亿元。

（四）保险 IT 起步虽较晚，但增速最快

相比证券 IT 和银行 IT，保险 IT 起步略晚，"十一五"末期整个保险行业的信息化工作才全面起步。但受益于国内保险行业的快速发展，保险公司在业务体量增加的同时加大了对信息科技的投入力度。

保险 IT 与银行 IT 类似，也可以分为硬件和解决方案两个细分门类。而解决方案则与银行 IT 一样，分为：核心业务系统类、渠道类与管理类等三大类解决方案。

核心业务系统解决方案包括产品定义、承保打印、核保、保全变更、理赔、再保、保费收集、财务接口以及批处理等功能；渠道类解决方案包括渠道营销、呼叫中心、电子商务、银保系统等功能；管理类包括企业资源管理、客户关系管理、风险管理、商业智能、财务管理和影像管理等功能。

根据艾瑞的数据，2019 年国内保险公司的 IT 投入达到 319 亿元，预计到 2022 年将达到 534 亿元，年复合增速接近 20%。根据赛迪顾问《2019 中国保险行业 IT 解决方案市场份额分析报告》和《2019 年中国保险行业 IT 解决方案市场预测报告》，2019 年中国保险行业 IT 解决方案市场总规模达到 90.03 亿元，比 2018 年增长了 23.3%；2019 年我国 GDP 同比增长 6.1%，保险行业 IT 解决方案市场规模增速显著高于国内总体经济增速。

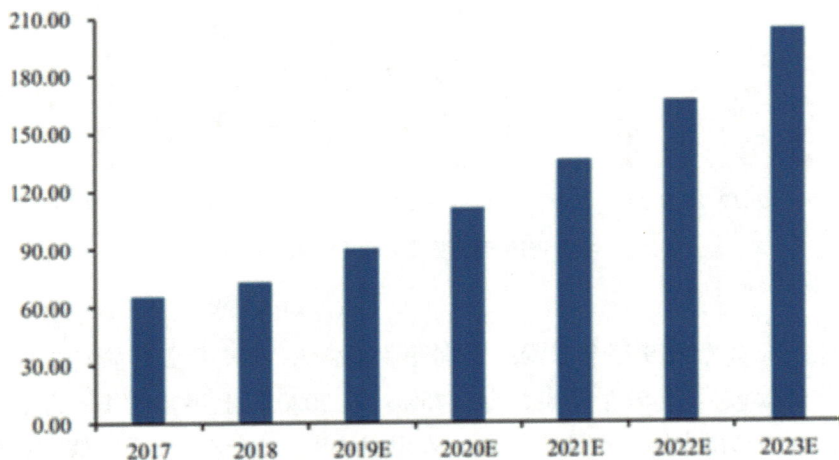

图 2.7　2017—2023 年中国保险行业 IT 解决方案市场规模（单位：亿元）

IDC 预计，到 2023 年中国保险行业 IT 解决方案市场规模将达到 204.74 亿元，2019 到 2023 年的年均复合增长率为 22.8%，市场规模仍将保持高速增长，发展前景广阔。

我们按照中国银行 IT 解决方案市场中，服务占到整体市场规模的 80% 同样比例，可以推算 2019 年中国保险 IT 外包市场规模约为 72 亿元，到 2023 年预计增长到 164 亿元规模。

（五）金融外包增长迅猛，产业规模不断扩大

根据中国服务外包研究中心《中国服务外包发展报告 2019》，2019 年中国企业承接金融服务外包合同额 57.7 亿美元，同比增长 33.5%，占服务外包合同额的 2.5%；执行额 40.9 亿美元，增长 30.7%，比服务外包执行额增速高 21.7 个百分点，占比 2.6%。

离岸合同额 9.0 亿美元，同比增长 34.7%；执行额 7.4 亿美元，增长 16.0%，比离岸服务外包执行额增速高 6.7 个百分点。2019 年，中国企业承接金融 ITO 执行额 10.7 亿美元，同比增长 51.9%，占金融服务外包的 26.2%；BPO 执行额 27.9 亿美元，增长 22.2%，占比 68.3%；KPO 执行额 1.8 亿美元，是上年的 2.3 倍，占比 4.5%。

图 2.8　2015—2019 年中国金融服务外包市场规模及增速
数据来源：据中国服务外包研究中心、商务部数据测算。

根据鼎韬研究测算，2020 年中国金融外包市场规模约为 739.3 亿元：
（1）证券 IT 外包收入包括了系统运维费用和常驻外包人员总费用，总额

为 54.5373 亿元，占整体证券 IT 投入的 37.2%。

（2）资管 IT 外包收入以证券 IT 同样比例测算，约为 29.76 亿元。

（3）我们以银行 IT 解决方案市场中的服务收入作为银行 IT 外包收入，2020 年银行 IT 外包市场规模为 583 亿元。

（4）保险 IT 外包市场规模参照银行 IT 相同比例，为 72 亿元。

三、中国金融 IT 市场的主要特征

（一）进入壁垒高、客户黏性强、偏定制化，先发优势明显

金融机构在筛选金融 IT 厂商时，对后者的信誉、项目经历、双方的历史合作等极其看重，因此该行业进入壁垒极高。同时由于金融 IT 系统的复杂性，系统的改动往往牵一发而动全身，且系统的运维保障又依赖于跟金融 IT 厂商的长期、持续地互动与合作，因此双方合作一旦达成，金融机构一般不会更换供应商，除非出现了重大事故或者有较为迫切的新需求。对核心系统供应商更是如此，国外巨头如 FIS 跟客户的合作时间可长达 30 年以上，客户黏性极强。此外，由于金融机构需求不一，产品难以标准化，尤其是核心业务系统更需适配客户需求，因此定制化是整个行业的鲜明特征之一。

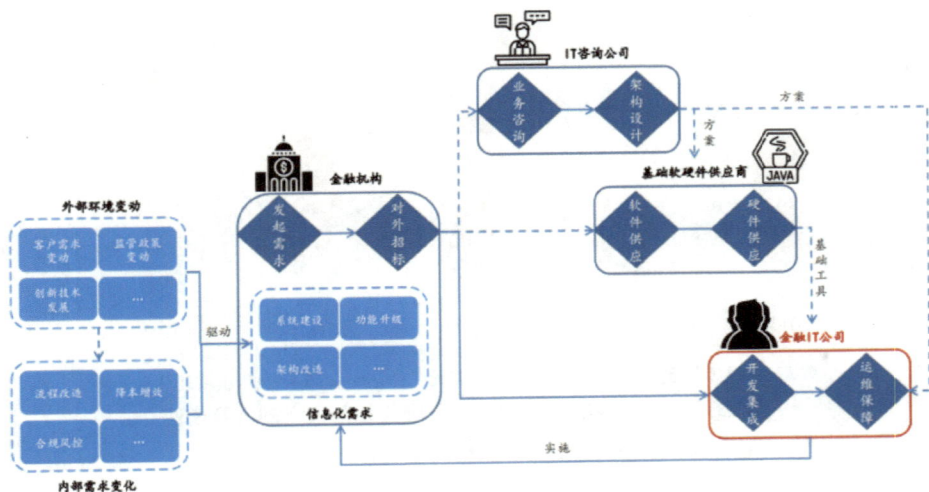

图 3.1　金融 IT 业务流程

（二）国内外金融 IT 均以银行 IT 为主

IDC 预测，到 2021 年全球金融机构 IT 支出中约 60% 为银行 IT 支出，资本市场 IT 支出与保险 IT 支出相当。国内银行 IT 支出占比相比国际平均水平更高，主要是由于银行支付能力更强、信息化起步更早。根据 IDC 数据，2014 年，中国银行业 IT 支出占整个金融业 IT 支出的比重约为 79%。近年来随着资本市场 IT 以及保险 IT 支出的快速发展，银行 IT 支出占比有所下降，但整体上仍然占据绝大部分份额。

图 3.2　中国金融 IT 产业图谱

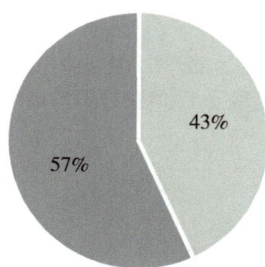

图 3.3　全球金融业 IT 支出结构（2022E）

数据来源：IDC。

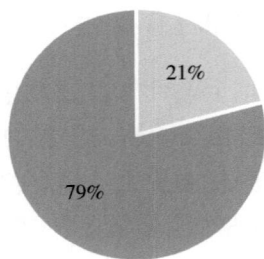

非银IT支出 银行IT支出

图 3.4　中国金融业 IT 支出结构（2014）

数据来源：IDC。

　　解决方案市场基本延续上述 IT 支出结构。国外金融 IT 市场相对成熟，各细分领域解决方案市场占比基本一致，因此整体而言国外金融 IT 解决方案市场结构跟 IT 支出结构一致。国内情况略有不同，三大领域中证券 IT 相对更依赖于外部厂商，因此解决方案市场占 IT 支出比重较高。根据 IDC 的数据及我们的分析，2017 年国内金融 IT 解决方案中，银行 IT 解决方案市场占67%，证券 IT 约占 20%，保险 IT 约占 13%。

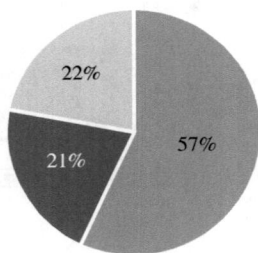

银行IT解决方案　证券IT解决方案　保险IT解决方案

图 3.5　全球金融业 IT 解决方案市场结构（2021E）

数据来源：IDC。

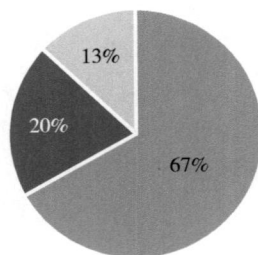

银行IT解决方案　证券IT解决方案　保险IT解决方案

图 3.6　中国金融业 IT 解决方案市场结构（2017）

数据来源：IDC。

（三）软件与服务支出占比仍具有巨大提升空间

以银行 IT 支出为例，2017 年国内银行业 IT 支出中硬件投资占比高达 50% 以上，而根据 Gartner 的统计，同时期美国银行业 IT 支出中硬件投资占比仅有 15%，整体而言国内金融机构的信息化支出结构尚跟美国 20 世纪 90 年代中期一致，长期来看软件与服务支出占比的提升是必然趋势，意味着金融 IT 解决方案市场尚有很大的提升空间。

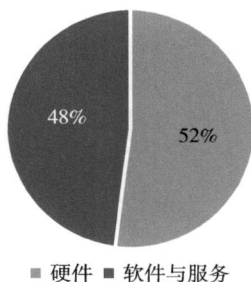

■ 硬件　■ 软件与服务

图 3.7　2017 年中国银行业 IT 支出结构

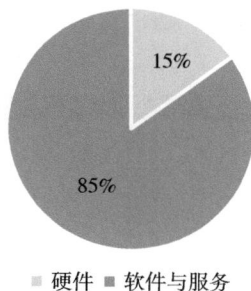

■ 硬件　■ 软件与服务

图 3.8　2017 年美国银行业 IT 支出结构

（四）竞争格局：银行 > 保险 > 证券

1. 银行 IT 市场

根据 IDC 数据，我国银行 IT 外包供应商市场高度分散。2018 年，在整体 419.9 亿规模的市场中，银行 IT 市场中排名前五厂商为文思海辉金信、宇信科技、神州信息、长亮科技、科蓝软件，其市占率分别为 4.9%、4.8%、3.2%、2.5%、2.4%。行业 CR5 仅 17.8%，且前五大厂商市占率差距并不明显，并没有单一厂商的市占率超过 5%。即便是排名第一的文思海辉金信，其市场份额也仅为 4.9%，行业前五大供应商份额总和不足 20%。

预计银行 IT 外包市场仍会持续高景气发展，我们以"一二三四"来总结银行 IT 外包未来的发展趋势，即：

一个根本动力：银行的数字化转型；

服务商的两个调整：合作地位和商业模式；

市场的三个变化：核心服务稳定发展，新技术应用快速提升，数字技术也将颠覆一些传统服务；

发展的四个驱动因素：数字货币、信创、金融创新、行业竞争。

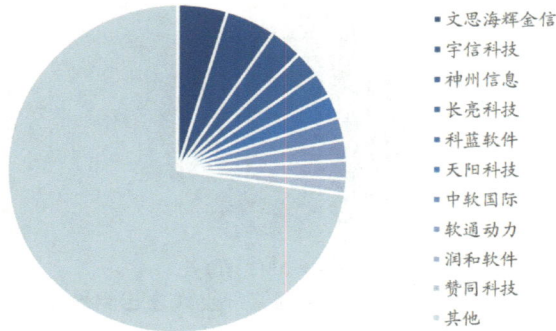

- 文思海辉金信
- 宇信科技
- 神州信息
- 长亮科技
- 科蓝软件
- 天阳科技
- 中软国际
- 软通动力
- 润和软件
- 赞同科技
- 其他

图 3.9 银行 IT 市场份额

数据来源：IDC。

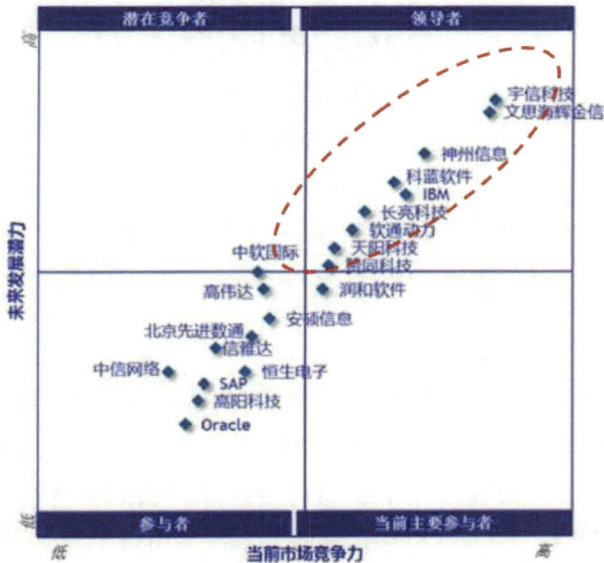

图 3.10 中国 IT 解决方案市场魔力象限

数据来源：Gartner。

2. 保险 IT 市场

中科软为保险解决方案龙头，市占率遥遥领先后五名之和。中科软在 88 家国内财险公司中，86 家为公司客户，91 家国内寿险公司中，86 家为公司客户，公司核心业务系统产品覆盖公司比例将近 80%。据 IDC 报告，2014 年开始公司在国内保险 IT 解决方案市场连续排名第一。近几年，中科软市占率快速攀升，从 2010 年的 26% 提高到 2019 年的 40.29%，高于第二名软通动力（市占率 8.09%）、第三名新致软件（市占率 4.88%）、第四名易保网络（市占率 4.03%）和第五名 IBM（市占率 3.42%）之和。

整体上看，预计未来随着保险行业的发展，保险 IT 市场将越来越集中，龙头优势也会更加明显，中科软一家独大的局面有望持续且加强。

表 3.1　保险行业 IT 解决方案市场主要服务商收入及市场份额

序号	名称	收入（亿元）	市场占有率（%）
1	中科软科技股份有限公司	36.28	40.29
2	软通动力信息技术（集团）有限公司	7.29	8.09
3	新致软件	4.39	4.88
4	易保网络技术有限公司	3.63	4.03
5	IBM 中国	3.08	3.42
6	信雅达系统工程股份有限公司	2.83	3.14

来源：赛迪顾问。

3. 证券 IT 市场

恒生电子核心产品市占率 50%—90%，处于绝对的领先地位。现有的格局在 2003—2008 年期间就已经奠定，尤其是恒生电子和金证股份在 2003—2005 年占据了证券公司集中交易系统，2005—2008 年期间恒生电子占据了基金公司的 TA 等核心业务系统，使得各自公司都有了很强的根据地，2008 年之后基本是客户数量拓展、新产品升级换代等策略使得各自公司保持稳定增速。同时需要关注的是恒生电子和金证股份在 2013 年均上市，获得的资金优势更进一步巩固了其行业地位。

这种格局在未来会较为稳定，主要原因：一是行业外竞争对手难以进入；二是 BAT 巨头实际已通过股权方式进入进一步增强了进入壁垒；三是证券交易强监管的属性导致体系外公司几乎无法全程跟踪和处理证监会监管政策变

务公司的挑战，科技已成为业务创新的关键引擎，大数据、云计算、人工智能等创新技术的发展与应用既为金融业带来全新的挑战，也为金融 IT 行业带来重大的机遇。我们认为，"云化"和"智能化"是金融行业发展的必然趋势，只有建立在云的基础之上金融机构才能更好地应用各种创新技术，而人工智能将直接提高金融机构的生产力。

金融行业由于历史数据完善、量化思维程度较高，因而是人工智能最为理想的应用领域之一。当前人工智能技术对金融经营过程的变革体现在从前台的服务与营销到中台的产品与风控再到后台的管理与数据整个过程，其中应用效能最高的在于产品服务以及运营智能环节。在产品服务环节，根据 IDC 的预测，对话式人工智能的采用可替代银行人工客服回答 70% 以上的问题并直接节约呼叫中心的成本；在运营环节，落地案例表明 AI 可以提高银行反欺诈系统的准确率 5 倍以上，降低银行 20% 以上的损失并增加 10% 以上的收入。

根据中国电子学会《新一代人工智能发展白皮书（2017）》预测，2020年国内金融 AI 产业规模将达到 8 亿美元，而 Markets and Markets 数据显示，2022 年全球金融 AI 产业规模将达 73 亿美元。智能投顾是人工智能在金融行业产生效益最为明显的领域之一。据 Statista 统计，2018 年中国由智能投顾管理的资产规模达 882 亿美元，预计未来五年 CAGR 达 58%，用户渗透率将从1.2% 提高到 8.7%。

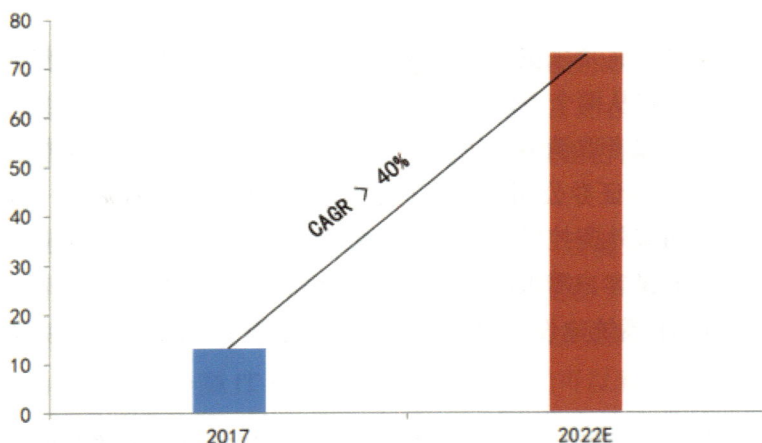

图 4.1　全球人工智能在金融行业的市场规模（2017—2022，亿美元）
数据来源：Markets and Markets。

图 4.2　中国智能投顾资产管理规模（亿美元）及用户渗透率（2018—2023）
数据来源：Statista。

五、金融 IT 服务企业的商业模式演进及展望

从商业模式的角度，资本市场 IT 的商业模式将经历从项目制——产品制——个性化服务——深度合作的演进，供应商和客户之间的合作将走向深度。

在资本市场发展的初期，客户对 IT 的需求量较小，IT 公司以项目制为主。项目开发的目标是针对特定环境、特定客户的特定需求，以最低成本、最短时间交付项目。项目制很难在项目的可持续发展方面进行研究和构架，在客户需求增长时，项目制公司的服务成本相应增加。随着资本市场的发展和客户数量的增多，IT 公司较难进行规模化扩张，必须向产品型公司转型。

产品制公司的特点是打破重复服务的限制，进行一次开发和无限次的复制。产品化的软件一般质量更高，运行更稳定，能够较为快速地实施与部署，并能够进行持续的优化以确保每一个版本不断完善。产品制的商业模式提高了 IT 公司研发投入的回报率，从而能够进一步提升产品性能，形成正循环。

在金融客户越来越寻求差异化经营和差异化竞争的背景下，个性化服务的商业模式正逐渐兴起。与项目制不同，分布式技术的运用使得 IT 公司可以开发出积木式的产品架构，解决了个性化需求与规模化扩张的矛盾。面对客户提出的个性化需求，IT 公司只需要把已开发好的小模块组装搭配，能够省去大量的代码工作，快速响应需求。

整，明确其分类及业务范围："服务外包是专业服务提供商根据企业、政府、社团等组织委托或授权，完成组织以契约方式定制的内部服务活动或服务流程，为组织创造价值、提升价值的一种生产性经济活动。它分为信息技术外包（ITO）、业务流程外包（BPO）、知识流程外包（KPO）。"根据《中华人民共和国营业税暂行条例实施细则》第二十六条的规定：医疗服务包括为患者进行诊断、治疗、防疫、生育方面的服务。凡是属于上述范畴的能够数字化交付的业务外包都是医疗服务外包。

（二）医疗服务外包的分类

1. 医疗服务外包的业务范围分类

医疗机构将某些原本由自身产生或提供的服务通过外包形式，转交给其他专业机构为其生产或提供，主要包括两类业务。第一类：临床支持服务外包，主要是指直接应用于临床诊疗服务，或者密切参与临床诊疗服务提供的实验室检验、医学影像检查等项目的外包。第二类：非核心专业临床服务外包，实体诊疗服务提供者借助医疗信息化手段，通过在线会诊等形式将某些专业技术含量较高的临床服务外包给具有提供能力的专业医疗机构。

表 1.1　医疗服务外包按业务范围分类

主要分类	具体内容	主要项目
第一类：临床支持服务外包	直接应用于临床诊疗服务外包	数字化交付的实验室检验、医学影像检查等
第二类：非核心专业临床服务外包	专业技术含量较高的临床服务外包	专家远程诊疗

2. 医疗服务外包的承包主体分类

医疗机构外包业务的承接主体主要有第三方医学检验机构和大型医院等行业内医疗机构。以临床诊疗为主要业务的传统医疗机构将医学检验、检查等业务，外包给行业内专门提供专业诊断服务的第三方医学检验、检查机构，将腾挪出来的资源最大限度配置到直接提供临床诊疗服务的领域。一些基础设施良好、医疗资源配置丰富的大型公立医疗机构承接中小医疗机构的外包业务，促进医疗联合体内医疗资源的整合和优化；行业外服务机构在医疗信息系统管理、放射影像、临床病理分析等专业领域涌现出众多专业化服务机构，承接大量的可数字化交付的医疗机构外包服务，帮助医疗机构降低医疗服务成本。

3. 医疗服务外包按服务对象国别分类

按照医疗服务外包的服务对象的国别分为在岸医疗服务外包和离岸医疗服务外包。在岸医疗服务外包，也称境内医疗服务外包，其外包业务的转移方和服务承接方均为中国境内完成。离岸医疗服务外包是指外包业务转移方和承接方分属不同国家和地区，外包医疗服务跨国境完成。即使同一跨国公司在不同国家和地区的分支机构，也被视为离岸医疗服务外包。离岸医疗服务可包括国际远程医疗、国际医疗服务外包、建立医疗机构和医护人员的流动等。成本差距大和人员的短缺是医疗服务转移的最主要动因。在所有国际医疗服务类型中，只有医疗服务外包与传统医疗服务不同，国际医疗服务外包是一国医疗机构的医疗服务转移到其他国家，并没有医患的面对面。同时，并非所有的医疗服务都可以进行外包，目前适用于国际医疗服务外包的类型主要包括：医疗抄录、医疗账务与保险、放射影像、临床病理、病房监护及心电图等。

二、医疗服务外包发展的现状

（一）医疗服务外包规模不断扩大和结构持续优化

我国服务外包产业的起步较晚，2006 年才将服务外包纳入国家发展计划，逐渐成为新兴业态的主要增长点。商务部数据显示，我国服务外包及离岸服务外包规模呈不断扩大之势。目前，承接离岸服务外包规模居全球第二位，2020 年我国企业承接服务外包合同额 2462.3 亿美元，执行额 1753.5 亿美元，同比分别增长 4.5% 和 10.9%，实现"十三五"时期超千亿美元的发展目标。商务部公布数据显示，2021 年 1—5 月，我国企业承接服务外包合同额 6491 亿元人民币（币种下同），执行额 4069 亿元，分别比 2020 年同比增长 39.0% 和 30.8%，比 2019 年同期分别增长 34.7% 和 42.9%。其中，承接离岸服务外包合同额 3648 亿元，执行额 2376 亿元，分别比 2020 年同比增长 25.9% 和 24.4%，比 2019 年同期分别增长 19.2% 和 37.6%。从结构看，2021 年前 5 个月，我国企业承接离岸信息技术外包（ITO）、业务流程外包（BPO）和知识者对于移动医疗的需求也逐渐增强，来自医疗机构和患者的双向需求，推动医疗信息市场规模的扩大。据中商产业研究院发布的《2020 年中国远程医疗行业市场前景及投资研究报告》，2018 年我国远程医疗市场规模超 100 亿元，2019 年我国远程医疗市场规模约为 130 亿元。

疫情防控为拉动服务外包产业加快转型，提供了庞大需求和应用场景，以需求为驱动的业务和产品创新竞相涌现。随着 5G 技术在远程医疗中加深应用、移动医疗终端普及、医疗物联网发展、医疗机构参与度提高，也将推动远程医疗规模的持续扩大。腾讯联合微医、好大夫在线、企鹅杏仁、医联、丁香医生 5 大互联网医疗服务平台，上线"疑似症状在线问诊"小程序；AI 算法使新冠肺炎病毒 RNA 分析时间从 55 分钟缩短到 27 秒；新冠肺炎人工智能辅助诊断系统为危重患者的抢救赢得了极为宝贵的时间，在各大救治医院中得到有效运用。

（四）医疗信息化服务外包快速发展

中共中央办公厅、国务院办公厅于 2016 年 7 月印发《国家信息化发展战略纲要》，明确提出了"推进智慧健康医疗服务。完善人口健康信息服务体系，推进全国电子健康档案和电子病历数据整合共享，实施健康医疗信息惠民行动，促进和规范健康医疗大数据应用发展。探索建立市场化远程医疗服务模式、运营机制和管理机制，促进优质医疗资源纵向流动。运用新一代信息技术，满足多元服务需求，推动医疗救治向健康服务转变。"的相关要求。在国家政策的指引下，医疗机构将 IT 业务外包给有资质的专业公司来完成，是最高效、最经济的办法之一。而在国内具有代表性的服务外包公司中，东软集团股份有限公司、药明康德新药开发有限公司、中软国际有限公司、软通动力信息技术（集团）有限公司等知名企业在业内累积了较多的客户资源和外包经验。

专栏

东软集团全球医疗设备和医疗影像数据服务（MDaaS）

东软集团股份有限公司成立于 1991 年，总部位于辽宁省沈阳市，2020 年总营收为 76.22 亿元人民币，其中自主软件、产品及服

构，承接大量的可数字化交付的医疗机构外包服务，帮助医疗机构降低医疗服务成本。

3.医疗服务外包按服务对象国别分类

按照医疗服务外包的服务对象的国别分为在岸医疗服务外包和离岸医疗服务外包。在岸医疗服务外包，也称境内医疗服务外包，其外包业务的转移方和服务承接方均于中国境内完成。离岸医疗服务外包是指外包业务转移方和承接方分属不同国家和地区，外包医疗服务跨国境完成。即使同一跨国公司在不同国家和地区的分支机构，也被视为离岸医疗服务外包。离岸医疗服务可包括国际远程医疗、国际医疗服务外包、建立医疗机构和医护人员的流动等。成本差距大和人员的短缺是医疗服务转移的最主要动因。在所有国际医疗服务类型中，只有医疗服务外包与传统医疗服务不同，国际医疗服务外包是一国医疗机构的医疗服务转移到其他国家，并没有医患的面对面。同时，并非所有的医疗服务都可以进行外包，目前适用于国际医疗服务外包的类型主要包括：医疗抄录、医疗账务与保险、放射影像、临床病理、病房监护及心电图等。

二、医疗服务外包发展的现状

（一）医疗服务外包规模不断扩大和结构持续优化

我国服务外包产业的起步较晚，2006 年才将服务外包纳入国家发展计划，逐渐成为新兴业态的主要增长点。商务部数据显示，我国服务外包及离岸服务外包规模呈不断扩大之势。目前，承接离岸服务外包规模居全球第二位，2020 年我国企业承接服务外包合同额 2462.3 亿美元，执行额 1753.5 亿美元，同比分别增长 4.5% 和 10.9%，实现"十三五"时期超千亿美元的发展目标。商务部公布数据显示，2021 年 1—5 月，我国企业承接服务外包合同额 6491 亿元人民币（币种下同），执行额 4069 亿元，分别比 2020 年同比增长 39.0% 和 30.8%，比 2019 年同期分别增长 34.7% 和 42.9%。其中，承接离岸服务外包合同额 3648 亿元，执行额 2376 亿元，分别比 2020 年同比增长 25.9% 和 24.4%，比 2019 年同期分别增长 19.2% 和 37.6%。从结构看，2021 年前 5 个月，我国企业承接离岸信息技术外包（ITO）、业务流程外包（BPO）和知识流程外包（KPO）执行额分别为 1104 亿元、428 亿元和 844 亿元，分别同比增长 31.0%、17.0% 和 20.3%。我国高端生产性服务外包业务呈加速发展态势，因抗疫需要，国际社会对数字化产品和服务、生物医药研发、检验检测等领域的需求大量增加，为我国相关企业承接离岸业务、扩大国际市场份额提供了机遇。我国在检验检测、生物医药研发等生产性服务领域以及新兴数字化医疗服务领域已具备一定比较优势，为企业开展国际合作奠定了重要基础，推动了数字化服务增长，促使生产性服务外包业务发展加快。

（二）"行业变局＋医保控费"的生态环境促使第三方检验行业快速发展

1. 行业变局促使院内市场成为第三方检验行业的主战场

2018 年 6 月 19 日，国家卫健委发布《关于进一步改革完善医疗机构、医师审批工作的通知》，明确提出在保障医疗质量安全的前提下，医疗机构可以委托独立设置的医学检验实验室、病理诊断中心、医学影像诊断中心或者有条件的其他医疗机构提供医学检验、病理诊断、医学影像等服务。国家在服务外包领域实行的鼓励扶持政策，为我国医疗机构外包规模的扩张、业态的蓬勃发展提供了良好的政策环境。部分民营医院经过多年粗放式增长之后，以魏则西事件为典型代表的乱象丛生，使国家更加确立了强化公立医院主体地位的方向。政策支持大型公立医院牵头组织区域医联体、医共体，推进分级诊疗。大型三甲医院的主体地位得到巩固，地市级（包括县级、区级）中型医院作为区域中心医院的地位也在加强，公立医院具备做大做强自身检验科的巨大需求。三级医院需要持续在高精尖的特检项目中维持学术地位，地市级别（包括县级、区级）中心医院因为样本量的扩大（更多地承接下级医院的样本）而需要提升检测项目数和检测规模，因此第三方检验外包业务迅速扩大。

2. 医院需求多样化催生合作共建的医疗服务外包模式

"产品＋服务"的医疗外包模式具备独特的优势。由于公立医院检验科具备多层次、多样化的业务需求，仅依靠单一的产品销售，或者单一的诊断外包服务无法满足客户的全部需求。大型三甲医院的需求包括常规检测产品需求、诊断外包的服务需求、新的特检项目的产品需求。部分中型区域中心医院由于自身检验科运营效率较低，额外派生出需要全方位赋能的新需求，因此"合作共建"的医疗服务外包创新模式能够满足这一需求。具备成熟的、高效的检验科运营经验的第三方检验机构，在医院检验科人、财、物所有权不变的前提下，能够为医院检验科提供技术与管理上的运营建议和管理输出，对医院检验科的项目、质量、平台、场地、服务、形象等提供全方位的技术服务。

3. 医保控费加速第三方检测服务快速发展

日益严峻的医保控费形势和体外诊断（IVD）部分项目的集中采购，使得医院检验科的利润水平出现持续下降的趋势，倒逼公立医院把检验科拿出来与第三方公司进行合作，实现开源（开设新项目）、节流（降低供应链成本和人力成本）和增效（提高运营效率）的效果。我国按疾病诊断相关分组付费（DRG）的探索已有将近 30 年的历史，2020 年 1 月 1 日全国 30 个城市开始试点按病种付费（DRGs）模拟运行。按病种付费后，检验科成为医院的成本端而非利润端，医院有动力将检验业务外包给第三方，极大促进独立医学实验室的发展。中国第三方独立医学实验室渗透率仍低，随着 DRGs 和分级诊疗的推动，行业集中度将进一步提升，行业迎来高速发展期。

第三方独立医学实验室（ICL）行业国内渗透率近 5%，行业外包率指的是 ICL 的渗透率，即 ICL 市场占总医学检验市场的比重。根据卫健委卫生发展研究中心的数据，2017 年国内 ICL 市场规模 140 亿元，渗透率为 5%，与发达地区 44—67% 的水平有很大差异。主要原因是不同国家医疗体系、社会分工细化程度存在差异，医疗发展阶段不一样，现行国家医改趋势正朝着美国、日本的方向发展，包括医保控费、医院收入结构化调整等，预计国内 ICL 未来行业发展空间仍然很大。在现行医改政策下，根据预测，2022 年国内 ICL 市场有望达到近 400 亿元。

（三）疫情促使医疗服务外包加速向远程医疗转型

服务外包起源于 IT 外包，大多数服务外包业务天然具有数字属性。大数据与人工智能在疫情防控中发挥了巨大作用，成为推动服务外包企业加快新产品开发和市场应用的助推器，传统信息技术外包（ITO）企业加快向数字服务提供商和内容服务提供商转型。医疗机构对于远程医疗、慢病健康管理、"云医院"等的服务外包需求不断增加，医疗信息化、"互联网＋医疗"、大数据挖掘推动医疗信息系统服务外包蓬勃发展。随着移动终端的普及应用，患者对于移动医疗的需求也逐渐增强，来自医疗机构和患者的双向需求，推动医疗信息市场规模的扩大。据中商产业研究院发布的《2020年中国远程医疗行业市场前景及投资研究报告》，2018年我国远程医疗市场规模超100亿元，2019年我国远程医疗市场规模约为130亿元。

疫情防控为拉动服务外包产业加快转型，提供了庞大需求和应用场景，以需求为驱动的业务和产品创新竞相涌现。随着5G技术在远程医疗中加深应用、移动医疗终端普及、医疗物联网发展、医疗机构参与度提高，也将推动远程医疗规模的持续扩大。腾讯联合微医、好大夫在线、企鹅杏仁、医联、丁香医生5大互联网医疗服务平台，上线"疑似症状在线问诊"小程序；AI算法使新冠肺炎病毒RNA分析时间从55分钟缩短到27秒；新冠肺炎人工智能辅助诊断系统为危重患者的抢救赢得了极为宝贵的时间，在各大救治医院中得到有效运用。

（四）医疗信息化服务外包快速发展

中共中央办公厅、国务院办公厅于2016年7月印发《国家信息化发展战略纲要》，明确提出了"推进智慧健康医疗服务。完善人口健康信息服务体系，推进全国电子健康档案和电子病历数据整合共享，实施健康医疗信息惠民行动，促进和规范健康医疗大数据应用发展。探索建立市场化远程医疗服务模式、运营机制和管理机制，促进优质医疗资源纵向流动。运用新一代信息技术，满足多元服务需求，推动医疗救治向健康服务转变。"的相关要求。在国家政策的指引下，医疗机构将IT业务外包给有资质的专业公司来完成，是最高效、最经济的办法之一。而在国内具有代表性的服务外包公司中，东软集团股份有限公司、药明康德新药开发有限公司、中软国际有限公司、软通动力信息技术（集团）有限公司等知名企业在业内累积了较多的客户资源和外包经验。

专栏

东软集团全球医疗设备和医疗影像数据服务（MDaaS）

东软集团股份有限公司成立于1991年，总部位于辽宁省沈阳市，2020年总营收为76.22亿元人民币，其中自主软件、产品及服

务（含医疗设备和外包服务）收入占比 86.06%。在美国、秘鲁、俄罗斯、巴西、肯尼亚设有 5 个海外子公司，在越南设有 1 个办事处。能够向全球提供基于影像云平台覆盖放射影像、常规检查、放疗与核医学三大领域的全面医疗解决方案。东软医疗建有覆盖全球的销售服务网络，远销美国、意大利、俄罗斯等全球 110 余个国家和地区，为全球 9000 多家医疗机构提供医疗设备和医疗影像数据服务（MDaaS）。包括：（1）影像云产品。利用互联网、云计算和人工智能技术，给客户提供网络化和智能化的影像传输、存储、管理、共享产品，改变传统的院内影像服务模式。（2）医学影像智能诊断平台。由医学智能软件构成的开放式平台，辅助医生诊断。除了东软医疗，第三方也可在平台上发布自己的软件，共享平台功能和服务。（3）临床诊疗解决方案。为专科疾病提供软硬件协同、上下级医院联动的诊疗解决方案，使急重症中心能够落地在县域。（4）医院设备平台运营服务。通过提供软硬件设备、业务培训、运营服务、合作经营等方式为医疗机构赋能的服务模式。

三、我国医疗服务外包面临的挑战

从现实来看，如何保证外包服务的质量与医疗安全，促进相关新兴服务业态的健康发展，是我国当前推动医疗机构服务外包发展面临的最大的挑战。为保证医疗服务的质量与安全，医疗服务外包中的执业资格、质量认证、事故责任与信息安全都是非常关键的问题。

（一）医疗服务外包执业资格有待规范

我国医疗服务外包的职业资质要求有待规范，比如，第三方医学实验室没有标准的职称体系，很多优秀的年轻检验人员和刚毕业的检验专业人才会因担心职称晋升受到影响，而不选择第三方医学实验室。第三方医学实验室主要靠从公立医院聘请退休人员以及招聘一些低级别检验人员，第三方医学实验室发展迅速，但也出现检验人员缺乏规范、系统的培训和资质太浅的情况。

（二）医疗机构关键信息数据泄露风险较大

随着医院网络化建设步伐的加快，由于医院网络系统漏洞导致的病患隐私信息泄漏事件逐渐增多，业务外包可能造成医院的信息数据流到同行手中。因为从事业务外包的承包方可能和其他医院有合作，这就可能使医院重要的信息流入其他医院，给医院造成数据上的侵犯，在我国这方面的法律法规还不完善。发达国家有非常严格的法律法规来保证病人的医疗信息隐私。病人的医疗信息只能用于合法的特定目的，在信息处理、传输与存储过程中医疗机构必须采用可靠的技术手段保证数据的安全性。以医疗抄录外包为例，企业通过互联网传送数据时都必须压缩加密；数据都储存在服务器上，医疗抄录员必须获得授权才能处理这些数据，医疗抄录员使用的终端电脑没有任何本地存储功能。

（三）医疗服务外包事故纠纷法律待完善

多项国际研究表明，实施服务外包最大障碍来自法律法规体系的不完善，目前离岸医疗服务外包中还没有一个共同的法律框架来确定医疗事故责任并执行赔偿。如果一家美国医院以离岸服务外包的方式为美国病人提供病理检查检验服务，该医院可能要为服务供应商的失误负法律责任。美国法院会判该医院承担事故责任并对病人进行赔偿，但是当该医院再要求其服务外包供应商承担责任时会遭遇法律困境。该医院如果在美国法院提起诉讼，即便胜诉也可能无法执行；如果在服务外包供应商所在国提起诉讼，又可能无法胜诉。由于存在这样的司法不确定性，保险公司也不愿意为离岸医疗服务外包业务提供医疗事故责任保险。在我国也同样存在这种情况，全球亟需针对离岸医疗服务外包建立一个共同的法律框架来确定医疗事故责任并执行赔偿。

四、加快推动医疗服务外包产业中高端转型的建议

（一）深化医疗卫生领域改革，促进医疗服务外包产业发展

政府在加大对医疗和公共卫生投入的同时，还应深化卫生医疗体制改革，允许更多的民营资本和外资以服务外包提供商的方式增加医疗服务供给，在提高医疗服务质量的同时降低成本。例如，在这次疫情应对中，第三方检验

的作用之下，2019 年我国动漫产业已达到 1941 亿的总产值规模，同比增长 13.38%。较 2013 年的 876 亿元增长了 2.2 倍。中国动漫产业正在不断进入到国民经济的大循环中，与游戏、音乐、影视等产业领域协同发展，推动文化创意产业成为我国国民经济的支柱性产业。2020 年因受新冠肺炎疫情影响，学生、二次元爱好者有更多时间浏览观看动漫，"云"动漫产业兴起扩大了产值规模。预计 2020 年产业规模将达 2170 亿元。

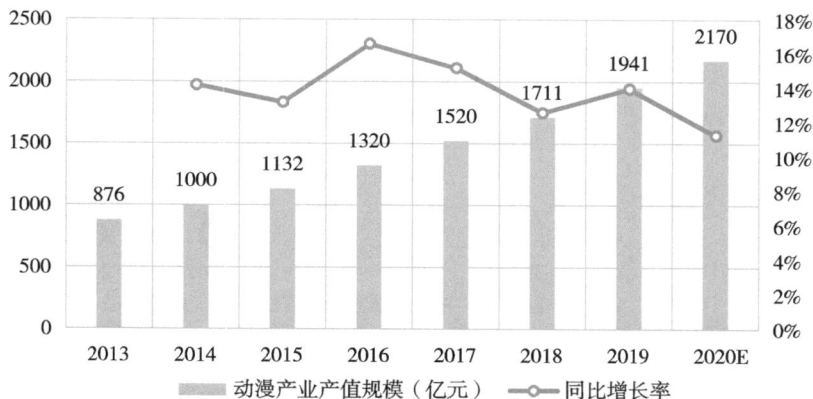

图 1.1　2013—2020 年中国动漫产业总产值规模及增长率

分类型来看，中国在线漫画市场规模由 2015 年的 32.1 亿元增加到 2020 年的 205.2 亿元，年均增速达 116.77%；同期，中国在线动画时长规模由 0.7 亿元增长到 33.5 亿元，年均增速为 44.92%。整体上来看，从 2015 年开始，中国在线动漫产业进入到行业发展早期带来的高速增长期，维持着较高的增长率。2018 年后，借助优质动漫内容的进一步涌现，网络动漫市场进入稳步增长期，以用户付费为代表的增值服务增长强势，推动市场规模的增长。

2. 中国动漫企业通过"干中学"提升代工水平

20 世纪下半叶开始至 21 世纪初，动漫全球化的产业链条已经在摸索中成形。其上游是动漫内容的生产和制作体系，中游是动漫内容的传播和观看渠道，下游是指围绕 IP 形象应用和授权的衍生产业。欧美、日韩等发达国家属于动漫产业高端方案的设计方，在全球动漫产业领域处于领先地位；中国、印度等在内的其他国家，处在动漫产业高端方案的实施方地位。日本、美国以及西欧发达国家将原画创作等一些基础但耗费人力的动画分工外包到中国、朝鲜、东欧、东南亚等国家或地区，以降低制作成本，形成动漫全球化的产业分工格局。中国公司作为发达国家动画代工的重要外包对象，加上中国广阔市场的吸引力，成为中外联合开发制作动画内容的重要基础，也成为中国参与动漫全球化产业分工的重要背景。

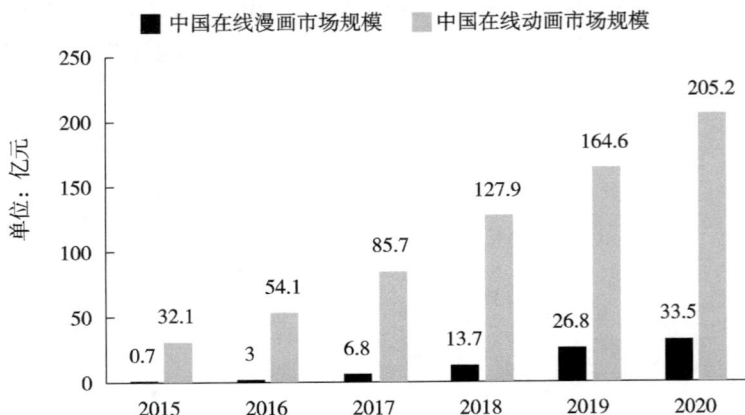

图 1.2　2015—2020 年中国在线漫画与在线动画市场规模
数据来源：艾瑞咨询网。

　　承包国企业在承接外包服务的过程中，可以提高自身创意、管理、技术水平，并借此获得强有力的技术支撑、资金支持和市场渠道，有利于提升我国动漫制作生产技术和管理水平，加速我国动画企业的专业化、市场化发展进程。例如，创立于 2001 年的北京金松林动画公司早期参与过《黑杰客》（2004 年）、《虫师》（2005 年）、《死亡笔记》（2006 年）等日本动漫的背景制作。随着制作公司技术水平的提高，逐步开始承包动画甚至原画的制作，创立于 2006 年的无锡旭阳动画制作有限公司参与过《学园默示录》（2010 年）、《加速世界》（2012 年）等日本动漫的动画制作，以及《游魂 Kiss on my Deity》（2009 年）、《妖精的尾巴》（2012 年，第 125 集）等日本动漫的原画绘制。著名日本动漫《银魂》更是将第 40 集的原画、动画、上色工作全部外包给中国企业。我国动漫制作公司在承接外包的过程中通过各环节之间的协作观察和模仿外方先进的技术，通过"干中学"不断积累经验，获得了技术外溢的好处，代工水平不断提升。

　　3. 中国原创动漫 IP 增多

　　自 2005 年以来，我国动漫产业发展迅速，经历了从承接动漫外包到逐步开发原创动漫 IP 的过程。IP 在文化产业领域中通常是指用不同方式呈现出来的同种内容的著作权。创造动漫 IP 属于资金、知识密集型活动，原创 IP 的增多意味着我国动漫企业的自主创新能力不断增强。而我国的动漫产业在 2005 年转型初期，由于资金和人才的缺乏，企业难以单一依靠创作动漫作品实现盈利，需要承接动漫外包以获取维持经营所需的利润，自制的动漫作品大多模仿美国、日本的优秀动漫作品。近年来随着我国动漫制作公司的技术水平不断提高，优秀的自制作品不断涌现，吸引到各方资本的涌入，我国的动漫企业开始独立开发原创 IP。2020 年原创动画《雾山五行》《刺客伍六七》就实现了破圈和出海，展现出了国产动画的原创力。其中《雾山五行》在 B 站达成 380 万追番人数，14.9 万人给出 9.9 的评分，同时站外的豆瓣评分也高达 9.0 分。而《刺客伍六七》则被全球最大流媒体平台 Netflix 看中，继 2020 年初第一季《刺客伍六七》登陆全球 190 余国家和地区之后，5 月第二季《伍六七之最强发型师》再次登陆 Netflix，通过动漫出海，实现了文化出海。

（二）网络游戏外包发展现状

1. 中国网络游戏市场规模增速明显提升

疫情的冲击限制了居民线下活动，却促进了网络游戏活动的增长。2020 年中国游戏市场销售收入达 2786.87 亿元，同比增长 20.71%，继续保持高速增长。2020 年中国移动游戏市场实际销售收入达 2096.76 亿元，比 2019 年增加了 515.65 亿元，同比增长 32.61%。中国移动游戏市场依然保持增长，但对比上年增速出现快速下滑现象，销售收入增长放缓。这主要受用户需求改变、用户获取难度提升、新产品竞争力减弱等因素影响。从全球范围来看，中国移动游戏在全球多国表现突出（见图 1.3）。

2. 中国 IP 改编移动游戏多元化发展

IP 改编移动游戏是支撑中国移动游戏市场增长的重要动力。2020 年中国 IP 改编移动游戏收入达 1243.2 亿元，首次超过千亿元。《和平精英》《使命召唤手游》等多款中国企业研发的 IP 改编移动游戏在海外地区获得了 10 亿元以上的流水，成为中国游戏企业拓展全球市场的重要布局要素。2020 年，受新冠肺炎疫情严重冲击，线下文娱产业发展受阻，移动游戏利好尽显，获得新一轮发展红利。移动游戏厂商重视游戏 IP 领域，通过 IP 改编、原创 IP 等形式突破内容壁垒，并向产业链上下游延伸，如布局 IP 衍生产品服务等，进一步挖掘移动游戏 IP 价值。

图 1.3 的图例：游戏市场实际销售收入（亿元）　移动游戏市场实际销售收入（亿元）　增长率

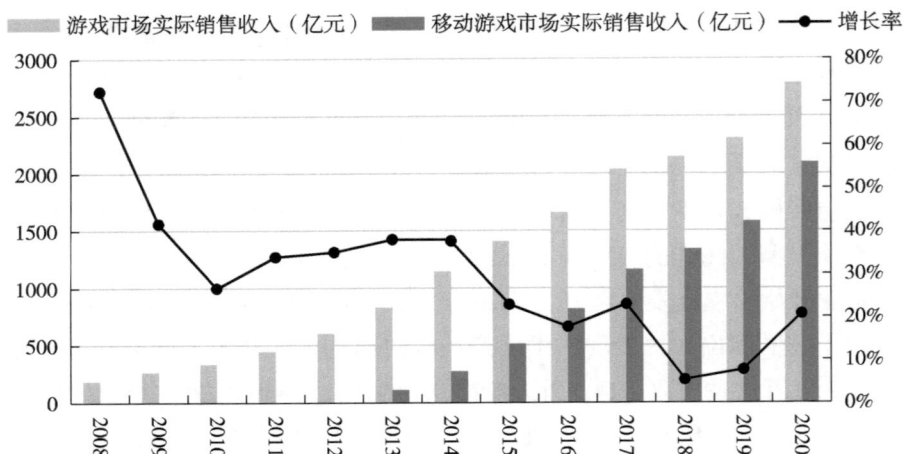

图 1.3　2008—2020 年中国网络游戏市场实际销售收入及增长率

数据来源：中国音协游戏工委（GPC）、国际数据公司（IDC）。

IP 联动发展拓展产品边界。代表性游戏 IP 均围绕影视、快消、文化、游戏、动漫等领域展开过 IP 联动，其中 78% 的 IP 至少围绕三项领域展开过 IP 联动，而联动也能够有效推动 IP 产品的发展。如"阴阳师"IP 曾与《犬夜叉》《BLEACH 境界》等多个二次元 IP 进行联动，并展开运营活动，拉动用户活跃与产品流水充值。"完美世界"IP 曾与"DJI 大疆"及中国航天有关部门等对象进行联动，借助其"飞天"概念强化自身产品"飞行"玩法特色。一方

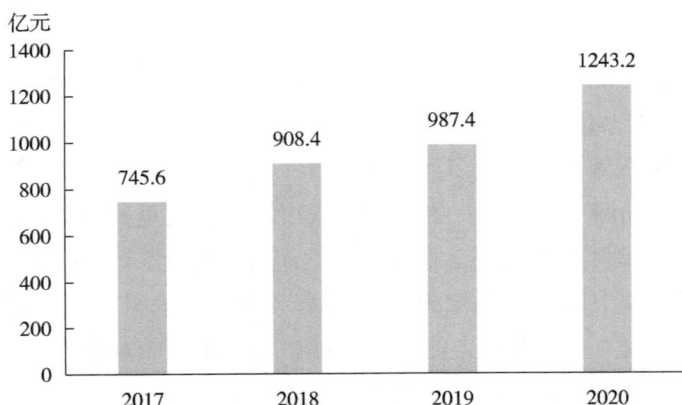

图 1.4　IP 改编移动游戏市场收入（亿元）

数据来源：伽马数据。

面，IP 联动能够进一步拓展游戏产品用户边界，促进 IP 核心粉丝用户相互融合，引发粉丝用户的大规模讨论，持续提升产品的热度。另一方面，IP 联动能够丰富游戏产品的运营活动，为用户提供更多可供消耗的游戏内容，包括游戏内联动活动、专属皮肤、人物角色等，有效拉动游戏产品的充值流水与用户活跃度。此外，从海外获取 IP 也将成为中国游戏企业获取全球游戏市场的重要方式，有能力在这些地区获得 IP 授权并与当地 IP 运作机构建立长期合作关系的中国游戏企业可以获得更大收益。

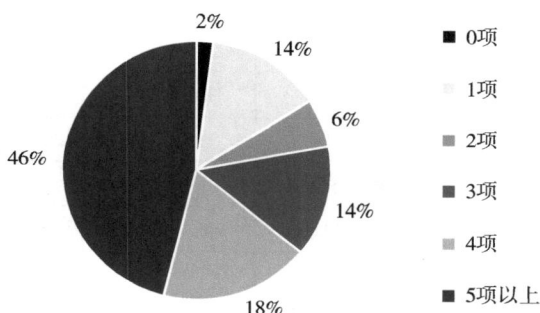

图 1.5　游戏 IP 联动领域数量分布

数据来源：伽马数据。

3. 中国网络游戏发行商收入居世界前列

2020 年，中国网络游戏出海公司在应对全球性挑战和不断发展的新机遇中取得了引人瞩目的成绩，中国网络游戏发行商首次超过日本，成为 App Annie 全球发行商 52 强中仅次于美国上榜数量第二多的国家，实现海外下载总量同比增长 8%，收入同比增长 53% 的飞跃发展。中国出海公司中，腾讯、网易、莉莉丝、FunPlus 等 15 家进榜单，对比 2019 年新增 4 家，是有史以来最高的一年。格局上，腾讯、网易连续第 3 年蝉联前 2 强；莉莉丝、FunPlus、阿里巴巴、友塔游戏等 5 家公司名次提升；另外有 5 家新晋榜单的企业，包括字节跳动、米哈游、欢聚时代、游族网络和博乐游戏新晋 52 强榜单；而龙腾简合、易幻网络、卓航网络三家被挤出了 TOP10。整体上来看，和 2018 年度中国厂商出海收入排行相比，头部格局相对稳定，大厂持续推进。见表 1.1。

表 1.1　App Annie 全球 52 强发行商全球 iOS&Google Play 综合收入榜单（中国厂商）

2020 年		2019 年		2018 年	
公司名称	排名	公司名称	排名	公司名称	排名
腾讯	1	腾讯	1	腾讯	1
网易	2	网易	2	网易	2
莉莉丝	12	百度	18	巨人网络	11
FunPlus	15	FunPlus	22	IGG	22
字节跳动	24	莉莉丝	27	FunPlus	25
阿里巴巴	26	IGG	28	百度	28
百度	29	三七互娱	30	智明星通	34
米哈游	35	阿里巴巴	31	Alibaba Group	37
IGG	37	紫龙游戏	43	快手	47
欢聚集团	41	龙创悦动	46	紫龙游戏	49
友塔游戏	44	友塔游戏	47	游族	52
龙创悦动	46				
三七互娱	47				
游族网络	48				
博乐游戏	50				

数据来源：App Annie。

二、动漫游戏服务外包发展面临问题与挑战

中国动漫游戏产业经过十余年的快速发展，现阶段仍存在待突破的难点问题：一是产业总体规模偏小、现代市场体系不健全；二是有厚度有视野有影响的精品力作不多；三是人才缺口不断扩大。而 2020 年以来，新冠肺炎疫情使得动漫游戏企业的生产经营也受到了不同程度的影响，中国动漫游戏产业在后疫情时代也面临着中短期的不利影响。

（一）国产动漫产值较少，企业竞争力不强

动漫产业是以动漫创意为起点、以版权运营为核心、以漫画、动画、衍生品等为表现形式，版权开发利用贯穿于动漫产品的开发、流通、销售等各

环节的重要文化产业。动漫产业并非一个单一的行业，而是一个产业集群。按照广义的范畴来测算动漫产业规模，前瞻产业研究院认为 2019 年我国动漫产业已达到 1941 亿元的总产值规模。但实际上，这种广义的测算只会助长数字泡沫，从业人员对此认可度较低。而根据对国家认定动漫企业的统计，2018 年 531 家动漫企业资产总计 230.51 亿元，营业收入为 100.26 亿元，利润总额为 8.40 亿元。按照动漫产业核心内容层来看，2018 年电视动画节目国内销售额为 15.69 亿元，电视动画节目出口额估计不超过 1 亿元，2019 年国产动画电影分账收入约为 26.41 亿元（71.39 亿元票房 × 约 37% 的片方分账率）。按照狭义范畴估算，国产动漫的内容发行收入和版权经营收入约为数十亿元（剔除进口动漫产品）。

从企业视角来看，2018 年 531 家动漫企业平均资产约为 4341 万元，平均营业收入约 1888 万元，平均利润总额约 158 万元，平均营业利润率为 5.99%，平均净利润率为 3.35%；平均每家企业从业人员为 42 人，人均创收 45 万元，人均工资为 9.66 万元。通过认定的尚属于稍具规模的动漫企业，除部分龙头企业外，大多数为中小微企业，实力和规模较小，盈利水平不高，竞争力不强。

（二）精品力作稀少，品牌影响和价值不高

受动漫企业规模偏小、人才团队相对年轻、投资回收再投资周期长、创意思维和创新能力不足、技术水平偏低等多重因素影响，中国动漫在质量提升、内涵式发展方面出现了瓶颈。虽然近些年中国动漫产量较高，但多数属于中华优秀传统文化简单复制式传承作品，像《哪吒之魔童降世》《西游记之大圣归来》等进行创造性转化和创新性发展的精品并不多。这主要在于，精品 IP 及其系列化的漫画、动画等内容产品的开发周期较长，需要较高的资本投入，市场反响存在较多的不确定性，对于投资回收周期和回报率有一定的风险。即便是龙头企业也对于动漫 IP 的培育风险和动漫内容无法保持热度的风险不敢轻视，甚至在激烈的市场竞争中难以立于不败之地。奥飞娱乐股份有限公司旗下的广州奥飞文化传播有限公司，2014 年营业收入一度达到 4.54 亿元，但 2017—2018 年连续两年亏损，2019 年营业收入下滑到 1.44 亿元，净利润仅为 3436.93 万元，主要概因产品老化、无法维系热度，并连累陀螺等潮流玩具销售低迷。

专题六

2020—2021 年中国人力资源外包发展简析

袁 静 [①]

2020 年是新中国历史上极不平凡的一年，面对突如其来的新冠肺炎疫情、世界经济深度衰退等多重严重冲击，国际货币基金组织（IMF）4 月发布《世界经济展望报告》显示，预计 2020 年发达经济体经济将萎缩 6.1%，新兴市场和发展中经济体经济将萎缩 1%，全球失业大潮来袭。

随着中国人口老龄化（图 1.1）进程的推进与 Z 世代崛起，以及自 2018年始的全球第四次产业转移的双重背景下，人力资源外包又迎来了新的变化（图 1.2）。

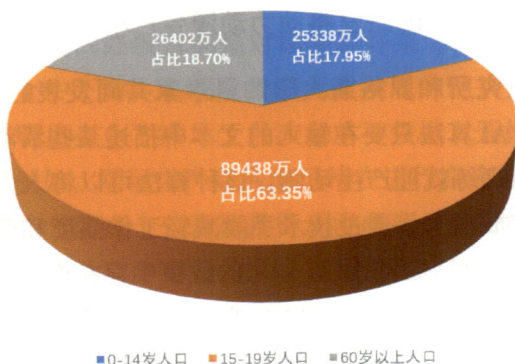

26402万人
占比18.70%

25338万人
占比17.95%

89438万人
占比63.35%

■0-14岁人口 ■15-19岁人口 ■60岁以上人口

图 1.1 2020 年中国人口年龄构成

数据来源：国家统计局公布第七次全国人口普查主要数据结果。

[①] 袁静，然博科技董事总经理，学术研究方向为区域经济与人力资源。

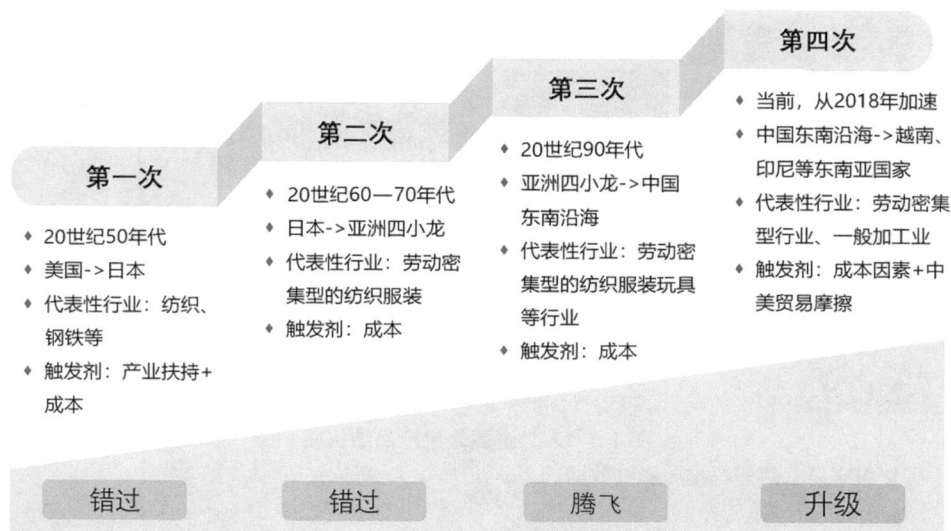

第一次

- 20世纪50年代
- 美国->日本
- 代表性行业：纺织、钢铁等
- 触发剂：产业扶持+成本

第二次

- 20世纪60—70年代
- 日本->亚洲四小龙
- 代表性行业：劳动密集型的纺织服装
- 触发剂：成本

第三次

- 20世纪90年代
- 亚洲四小龙->中国东南沿海
- 代表性行业：劳动密集型的纺织服装玩具等行业
- 触发剂：成本

第四次

- 当前，从2018年加速
- 中国东南沿海->越南、印尼等东南亚国家
- 代表性行业：劳动密集型行业、一般加工业
- 触发剂：成本因素+中美贸易摩擦

| 错过 | 错过 | 腾飞 | 升级 |

图 1.2　全球四次产业转移

扎实做好"六稳"工作，全面落实"六保"任务，推动人力资源和社会保障事业高质量发展取得新进展成为特殊时期的国家人才战略。2020年两会，李克强总理提到："新业态经济蓬勃发展，零工经济大概能够容纳2亿人就业。"在此背景下，灵活用工作为一种新型用工模式，对于特殊时期的社会治理和资源配置起到稳就业、促发展的积极作用。内部大循环为主、双循环相互促进格局已形成。

截至2020年末，人力资源服务机构4.58万家，是2017年底统计数据的1.51倍，人力资源服务业从业人员84.33万人。全年共为4983万家次用人单位提供人力资源服务，帮助2.90亿人次劳动者实现择业、就业和流动，是上一周期数据的1.43倍。市场正在受到疫情、人口矛盾、内部大循环为主的影响而加速人力资源外包的变革（图1.3）。

习近平同志在党的十九大报告中作出我国社会主要矛盾已经转化为人民日益增长的美好生活需要和不平衡不充分的发展之间的矛盾的重大论断，2021年是"十四五"规划开局之年，也是全面建成小康社会、开启全面建设社会主义现代化国家新征程的关键之年。企业是中国经济发展的重要动力，在人力资源层面亟待解决的突出矛盾与各需求占比直接影响着中国经济发展进程，值得每一位人力资源从业人员思考与突破（图1.4）。

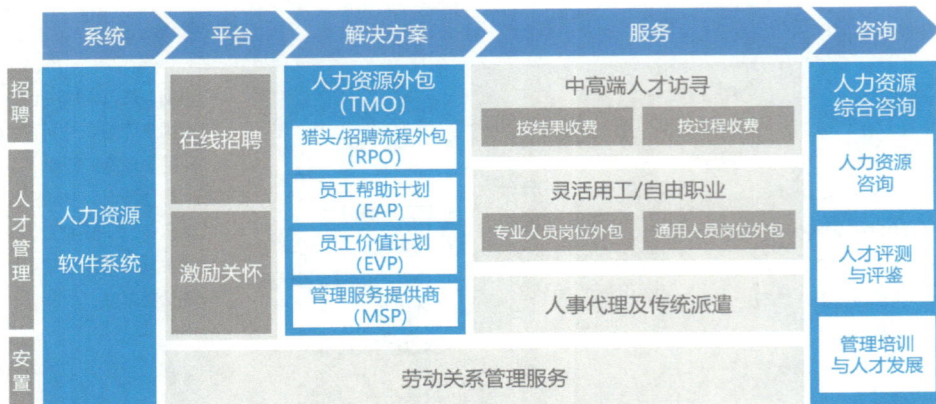

图 1.3　人力资源外包产品结构图

资料来源：然博科技·彩虹数据。

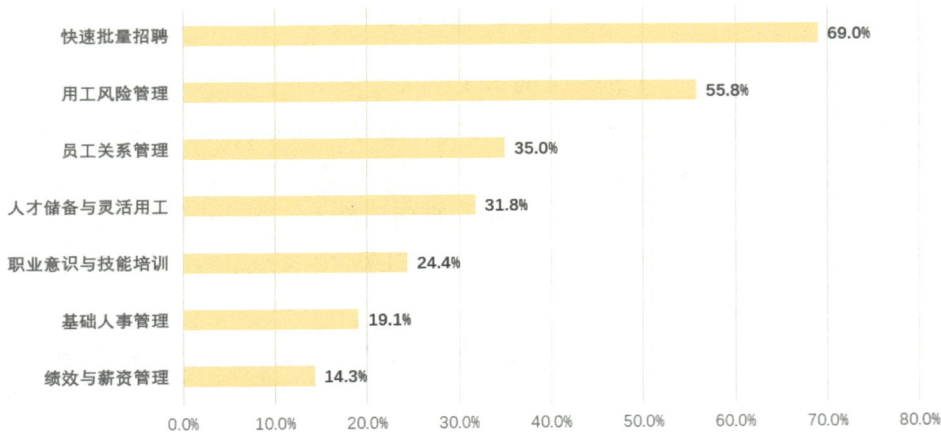

图 1.4　企业人力资源外包需求比例

资料来源：然博科技·彩虹数据。

　　本文旨在从新冠肺炎疫情之下新技术变革催生国内外人力资源外包新业态变化，共享、灵活用工带动中国人力资源外包数字经济升级，国内市场环境分析与全球人力资源标杆外包企业资本市场变化四个维度，对2020—2021年中国人力资源外包市场作简要分析。

一、新冠肺炎疫情背景下，新技术变革催生国内外人力资源外包新业态

随着新冠肺炎疫情在全球层面的持续蔓延，人力资源外包服务业数字化趋势越发迅速，云服务、AI 技术、电子签名及可视化招聘平台等不断受到市场的青睐，这些新技术、新应用也加速了人力资源外包服务业的蓬勃发展，并带来新变化与积极的影响（图 1.5）。

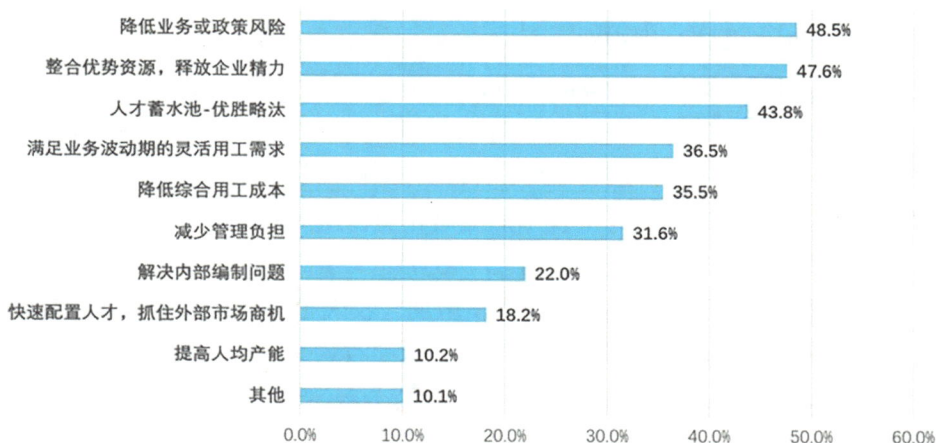

图 1.5　人力资源外包带给企业价值

资料来源：然博科技·彩虹数据。

以目前人力资源外包业务总体全球占比为 5% 的 The Adecco Group 为例。据其 2019 年财报数据显示，欧洲占比最高，达 61%；其次是北美洲，达 19%，2010 年和 FESCO Group 在上海合资成立 FESCO Adecco，进入中国市场，当前正在筹备港交所 IPO。自 2017 年开始进行全集团范围的数字化转型，从客户、技术角度出发，提高效率，优化服务。2019 年，利用 AI 聊天机器人，用于进行初始候选人筛选；劳动力调度工具，可提高填充率并提高效率；数据分析以改善销售流程使得招聘效率提升 34%、在主要市场使用 CRM 解决方案，加强销售管理和销售经验；降低服务成本，提高订单完成率，促使销售效率提升 28%；在多数国家和主要市场完成数字化考勤采集等无纸化改革，过去每年处理超过 3000 万份文档的纸质副本。目前，已数字化纸质处理超三分之二，这使得中台和后台办公室数字化程度提升 40%，降低了人工

成本、提高了工作效率，加强了人力资源资源外包中的安全性。以上新技术的应用使得 The Adecco Group 2019 年服务毛利润从 1.92% 回升至 3.1%。并在 2020 年制定 NPS 改善目标，将交易性 NPS（Net Promoter Score，NPS，净推荐值）评估推广到更多国家和企业，此数据化管理的应用无疑于为疫情当下 The Adecco Group 带来更低的获客成本与更高的项目毛利，成为新的业务增长亮点。

ADP 市值约为 634 亿美元，是全球目前人力资源外包行业市值最高的公司，2006 年进入中国市场。主要为客户提供商务流程管理服务，包括人力资源、薪酬、税务及福利管理解决方案。其中的二大业务为：Employer Services（雇主服务）和 PEO（Professional Employer Organization）Services（职业雇主组织服务）。ES 主要面向中国及国际市场，依托云平台 HCM 平台，为客户提供包括薪酬、福利、人力信息、考勤、保险、退休、税务与合规性服务。与 The Adecco Group 通过并购再发展技术的道路相反，ADP 更倾向于先通过技术升级不断扩大竞争优势，再逐年增加并购力度。财报显示，近几年 ADP 的无形资产出现较快增长，研发投入也逐步增加，收入和毛利基本处于上升趋势，技术对产品提升和市场的扩大效果明显，例如收购美国最大的招聘流程外包公司 The Right Thing。另外，ADP 还开始收购金融、云服务等企业，利用技术和跨界业务提升效率、完善人力资源外包用工生态。ADP 的 PE 值持续上升，在 2019 年达到 36.96。2020 年，ADP 的 PE 值有所下降（不排除受新冠肺炎疫情影响），为 25.85，达到 The Adecco Group 的 8.67PE 值的 4 倍多。

由于国内传统人力资源外包企业的信息化程度薄弱、早期忽略了信息技术的架构与数据化关联的积累建设，面对新兴技术发展速度快的特点，在数字化转型升级周期上提高效率成为重中之重。当前，数据的有效性、真实性、可分析与挖掘性还略存在不足。国内的人力资源外包中招聘龙头企业 BOSS 直聘、前程无忧、猎聘等，经历 2020 年与 2021 年的疫情反而倒逼线下数据转向线上，通过云平台、大数据等新兴技术手段打磨再造了原有数据形态，基本完成了前端客户责权划分，B 端客户偏爱产品画像等 CRM 管理平台的建设。以目前国内招聘平台为例，以 5G 为依托的可视化招聘、应对疫情而衍出的线上电子签约平台等，都在 2020 与 2021 年大放异彩，实现了高效线上转化与应用。然而目前最大的问题还是出现在 C 端人力资源的征信数据上，因当前招聘平台获客渠道过于单一，缺少权威性机构信息化通道共享，也无法获得曾经雇主真实评价，就 C 端数据真实性、准确度与活跃度还存在层次不齐现象。这一情况大大折损了 B 端的客户体验，也降低了人力资源外包企业数字化转型升级的效率。这将于未来为区块链技术与信息加密技术在人力资源外包行业的应用创造无限想象空间。

早期我国的人力资源外包企业发展路径虽多以 The Adecco Group 为标杆，通过并购扩张市场业务，但随着中国市场经济发展和用工服务要求的提升，大数据、云计算、区块链、信息加密等新兴技术进入传统人力资源服务，龙头企业数字化转型以完成业务和效率变革成为必然。由此可见数字化浪潮兴起，加之技术杠杆的加持，将在未来 3 至 5 年为中国新兴数字化技术型人力资源外包公司撬动更大的市场机会。

二、共享、灵活用工带动中国人力资源外包数字经济升级

在中国，共享、灵活用工是产业结构转型升级、人口红利消失、15—64 岁人口规模逐年下降，就业人口不断减少与劳动者个性化需求共同作用下的产物。特别是外部环境突变，疫情下，用工成本相应刺激企业共享、灵活用工的需求。共享经济等新经济业态为共享、灵活用工市场提供了新的用工模式需求，促进了用工方式的变革。这个市场正犹如星星之火成就燎原之势，亟须创新型企业为之贡献专业化服务能力，完善整个市场流程和生态。

2020 年在中国，共享、灵活用工最先进入蓝领生活服务业，如餐饮、零售、酒店、快递等，当时盒马鲜生与海底捞采用员工共享的用工方式缓解用工难问题一度被热议。随后，共享、灵活用工渗透到蓝领制造业和白领服务业，与日本共享、灵活用工市场发展进程类似，这些领域的特点是用工量大、存在用工的波峰波谷周期、容易标准化培训、不涉及核心机密，能快速上岗，劳动密集属性显著，个别岗位存在一定技术含量。阶段试水后，灵活用工较共享员工更具有信息安全性优势，在各行业的渗透率也开始遥遥领先。受行业规模影响，如餐饮行业的市场达千亿级，使灵活用工的使用机率较高。受新冠肺炎疫情影响，企业生存现金流紧张，劳动密集型用工成本有不可逆性，劳动者就业压力加剧，倒逼灵活用工市场爆发，国内酒店餐饮行业成为灵活用工模式的主力军（图 1.6）。

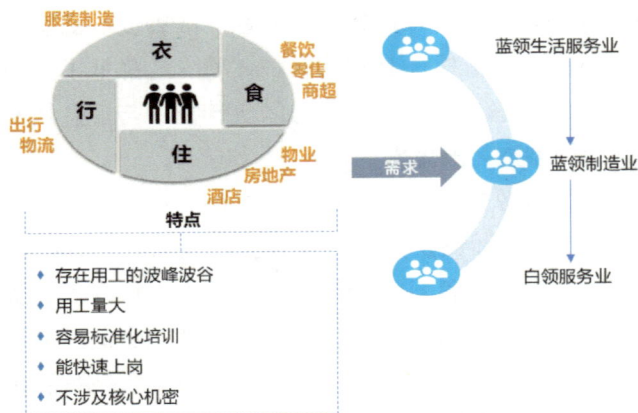

图 2.1　灵活用工应用行业特点

资料来源：安信证券研究中心，彩虹数据。

灵活就业人群的画像偏年轻，普遍在 35 岁以下，就业观念更为灵活，以中专和高职学历为主，大多从事快递岗、代驾岗等职能岗、销售岗和客服岗等可替代性强、易标准化的岗位。

进入 2020 年下半年，灵活就业人群从生活服务业蓝领、制造业蓝领等基础性岗位渗透到金融、IT 等白领人群，且整体规模日趋扩大，人群差异的变化也造成了灵活用工服务解决方案的迭代。有数据显示，蓝领人群平均一年换 4 次工作，流动性较高，且知识水平相对较低，更依赖熟人社交，需要高效率、快速匹配、低门槛以及强信任连接的解决方案，毛利低但市场需求规模大；白领则更注重服务的质量，需要可靠的服务商及精细化的管理与运营，市场需求规模小但产品服务毛利空间想象力丰富（图 1.7）。

就业结构优化、市场需求增多，随着中国第三产业 GDP 比重不断上升，类似美国、日本发达国家以服务业占主导的现代服务业模式逐步形成。截至 2019 年末统计，第一产业就业人员占 25.1%，第二产业就业人员占 27.5%，第三产业就业人员占 47.4%。第三产业从业人员就业占比从 2015 年的 42.4% 上升到 2019 年的 47.4%，成为吸纳就业人员的主渠道。未来劳动力占比，第三产业有望突破 70%（图 1.8）。

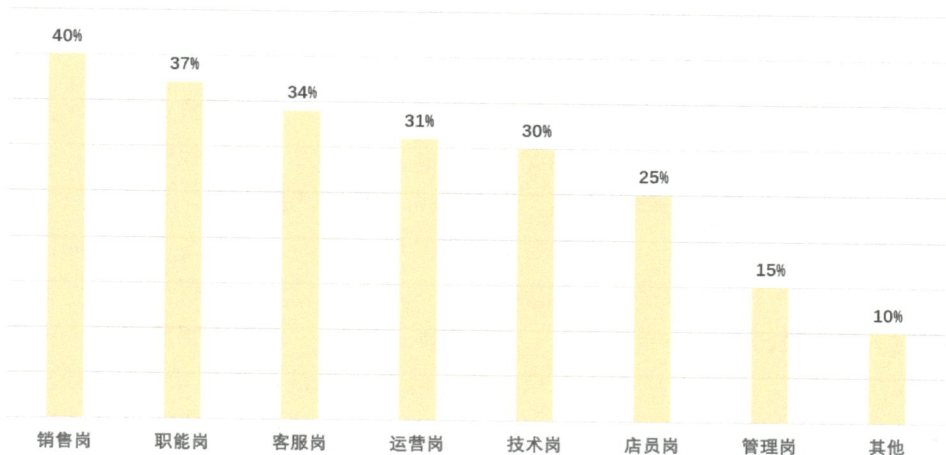

图 2.2 企业细分岗位灵活用工占比

资料来源：然博科技·彩虹数据《2020 企业灵活用工调查报告》。

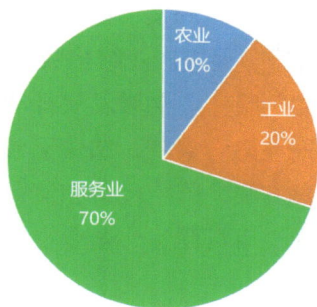

图 2.3 未来劳动力占比

资料来源：然博科技·彩虹数据·互联网公开数据。

在疫情影响和政策推动下，国内市场灵活用工需求持续上升，2020 年国内灵活用工市场规模约 7258.2 亿元，灵活用工市场渗透率 8.24%。由于市场竞争加剧以及行业马太效应的出现，第三产业的发展增强了就业蓄水池的功能，同时催生更多灵活用工的市场需求。比如服务业中的餐饮外卖、打车等各种新用工形态促进灵活用工的市场成熟。2020 年之后灵活用工市场规模在上升的同时，年均复合增长率开始放缓，预计 2020—2022 年，年均复合增长率为 30%，2022 年的市场规模有望达到 12246.95 亿元。

灵活用工之外，疫情的持续使得跨地域线上工作成为现实，如线上招聘、人才评测这些以往线上线下五五开的工作形式，90%以上得以转入线上服务，极大地推动了人力资源数字经济的实现。

数字经济正深刻地改变着人类生产生活方式，与传统工贸经济相比，数字经济与人力资源外包的链接程度进一步加深，人力资源外包在数字经济发展中不再只作为简单的单一因素，而是作为"数字链接中枢"发挥指数级促进效应，呈现相互促进、高度融合的特征，这是因为，数字经济一方面需要大量的人才驱动产业数字化进程，另一方面需要大量的人员提升数字产业化效能。数字经济是"一号工程"，人才是第一资源。"促进数字经济与人力资源同步发展"，是北上广深、南京、杭州等数字经济先进城市的重要经验。2020年以来，这些先进城市更进一步加速改革创新的步伐。上海依托大数据创新应用服务平台，全面发力产业数字化人才培养；深圳特别设立数字人才专委会，建立泛数字产业的人才数据库，绘制数字经济发展"人才地图"；杭州推动人才工作数据归集和流程重构，实现"人才码"一码集成、同码应用。一方面要通过数字科技人才的直接开发，促进数字技术产业化，另一方面要加强传统产业人员的赋能提升，促进产业结构数字化，紧紧围绕"246"万千亿级产业集群建设和"3433"服务业倍增发展行动，以数字赋能推进实体经济转型，以优质人才促进产业融合聚变，加快形成以数字经济引领未来、先进制造业和现代服务业两翼齐飞、临空经济和流量经济特色支撑的现代产业体系，加快构建"政府引导、市场配置、企业主体、社会参与"的人才开发新格局。

不仅从外部市场环境去研究人力资源外包的变化，还需要站在未来看现在。从顶层政策设计与现实人力资源外包矛盾层面着力，我们不难发现，灵活用工、人才数据经济，虽然可以在现有疫情环境下补充就业压力的不足、缓解企业人才招聘、筛选评估的效率不足，在一定条件下起到了稳定就业的作用，但从整体的商业结构上分析，在中国，特别是灵活用工行业具有强外包属性，同时又包含着新共享经济平台的服务形态，相对于传统人力资源外包服务商的六大模块，改变雇佣关系的灵活用工服务商针对灵活就业人群推出了新的服务方案，流程上分为供需对接、管理、交易和一站式服务四个阶段，连接B端企业和C端接包劳动者。根据需求出发点不同，又可把灵活用工服务商分为基于B端需求连接C端的2B2C形式和基于C端需求连接B端的2C2B形式。供需对接类似于传统的招聘，在灵活用工行业中，表现为业务外包、人力资源外包兼职招聘和众包，管理和传统的劳动力管理一致，人群却由固定员工变成灵活用工，交易类似于传统的薪酬支付，包含灵活就业人群的报酬结算和税收代征，但税收代征容易出现不合规情况，以上种种还是存在不可忽视的弊端的。爆发初期的灵活用工行业，在面对 B 端用工需求上升和 C 端用工观念转变时，虽然存在传统人力资源外包行业中无序低价竞争、灰色违规经营乱象等问题，但在新兴互联网企业技术驱动、新型商业模式与国家相关政策推动下，正逐步规范市场秩序，优化市场环境。

三、政策和法规对人力资源外包与新生市场矛盾的影响与作用

人力资源外包，早萌芽于 20 世纪 20 年代的美国，当时处于经济快速发展的"后福特主义"时代，其特点是生产过程和劳动关系都具有灵活性（弹性）。"临时性人力支援"的用工模式出现，即劳务派遣雏形就此诞生，位于美国芝加哥的 Samuel Workman 劳务公司是最早采用这种模式的企业。随着全球性经济大萧条和二战的爆发，美国的社会经济遭受严重打击，许多企业为了降低成本，对用工的需求激增。人力资源外包开始由专门服务商承接，提供的服务模式在企业中得到规模推广。日本的人力资源外包由美国传入，自江户时代开始（17 世纪），日本一直都是终身雇佣制度，1960 年，百废待兴的日本在上任的新一届首相，池田内阁的"国民收入倍增计划"中走上快速发展道路。劳动力市场对打字员、话务员、翻译等具备特殊技能的专业人员的需求大幅提高，但市场供给不足，美国的人力资源外包公司瞄准商机，开始登陆日本。随着时代发展和 20 世纪的泡沫经济，终身雇佣制度被逐渐放弃。

改革开放以前，中国实行计划经济，国企工作即为终身聘用的铁饭碗。改革开放以后，外资进入中国，但由于外国法人驻华机构不得在中国境内直接招工的政策限制，外企需要借助当地机构招聘人力。为解决这一问题，市场上诞生了人力资源外包机构。随后，国企改革，大量国企员工下岗，为安置就业，外包机制进一步得到运用。2008 年《劳动合同法》正式实施，明确"人力资源外包""劳务派遣"等概念的具体法规要求。自此以后，"合法化"的人力资源外包业务开始爆发。

自 2008 年至今十几年间，人力资源外包市场需求主要市场份额还在于解决人力编制、人力成本的层面，发包方的可替代性、非核心业务内容成为人

力资源外包的主要市场。每每市场经济出现大的动荡，基本是外包业务，特别是人力资源外包业务爆发需求的重要时刻，2020年疫情之下更不例外。自2008年《劳动合同法》正式实施以来，人力资源市场得到进一步的规范，特别就同工同酬，劳务派遣人数不得超出10%比例都作出了明确的规定。"第六十三条 被派遣劳动者享有与用工单位的劳动者同工同酬的权利。用工单位无同类岗位劳动者的，参照用工单位所在地相同或者相近岗位劳动者的劳动报酬确定。"如此政策法规之下，劳务派遣的用工形式已然被人力资源的外包业态所必然取代。但是因为外包主体与人力资源紧密相关，区分业务外包与人力外包又成为矛盾主体，当下市场主要存在二种人力资源外包方式：依据法律关系，参照劳动法与服务商签署劳动合同的全日制员工，如劳务派遣人员、外包人员，与服务商之间是劳动关系，另外是参照劳动合同法与服务商和用工方签署合作协议的非全日制员工，如众包人员、自营劳动者、经纪公司签约人员、实习生等，与任何一方不存在劳动关系，而是合作关系。形式上看似如同人力资源的外包，但是因其从业人才的工作性质不同，导致人才与企业之间矛盾日趋激化，其主要矛盾点在于，全日制的外包人员享受劳动报酬与职工医疗保险，而非全日制的外包员工只能享受外包服务费与自助购买商业保险或者居民医保。

例如：网络平台的快递骑手与叫车平台上的司机。如果他们属于全日制的人力资源外包，其收入就属于劳动报酬，其与人力资源外包公司存在实际用工关系，享受职工社会保险的一切权益，包括工伤、生育等，如果他们被定义为非全日制的人力资源外包，其收入就变成外包服务费，成为个体经营所得，其与外包公司并不存在实际用工关系，只是业务承包关系，所有除工伤之外的劳动力风险就全要由个体支持了。

《中华人民共和国劳动合同法》第六十八条规定：非全日制用工，是指以小时计酬为主，劳动者在同一用人单位一般平均每日工作时间不超过四小时，每周工作时间累计不超过二十四小时的用工形式。第六十九条规定：合同形式及兼职为非全日制用工双方当事人可以订立口头协议。第七十条规定：非全日制用工双方当事人不得约定试用期。第七十一条规定：非全日制用工双方当事人任何一方都可以随时通知对方终止用工。终止用工，用人单位不向劳动者支付经济补偿。第七十二条规定：非全日制用工小时计酬标准不得低于用人单位所在地人民政府规定的最低小时工资标准。非全日制用工劳动报酬结算支付周期最长不得超过十五日。从事非全日制工作的劳动者应当参加基本养老保险，原则上参照个体工商户的参保办法执行。从事非全日制工作的劳动者可以以个人身份参加基本医疗保险，用人单位应当按照国家有关规定为建立劳动关系的非全日制劳动者缴纳工伤保险费。从事非全日制工作的劳动者发生工伤，依法享受工伤保险待遇；被鉴定为伤残 5—10 级的，经劳动者与用人单位协商一致，可以一次性结算伤残待遇及有关费用。

2020 年以来，就业形势严峻，企业运营成本压力不堪重负，特别是酒店、航空、餐饮、外贸服务、制造这些往日的用工大户，想生存下去就不得不扩大人力资源外包的规模，采用非全日制用工的用工人力资源外包形式，然而非全日制用工的人力资源外包中很难保证平均每日工作时间不超过 4 小时，每周工作时间累计不超过 24 小时，市场上看似非全用工的骑手、网约车司机因众包平台的约束，每日工作时长超过 12 小时，却依然只能享受非全日制用工的权利，如此矛盾在一定程度上影响着人力资源外包于市场的公平竞争与健康发展。原本人力资源外包属于促进就业的优良市场机制，如此实施非全日制的人力资源外包便导致了劳动者权益与国家利益的双重损失，也在市场条件下，让人力资源外包这种业务运营形式成为一种劣质服务生态，极大地影响了市场发展的可持续性。

如何确保共享经济生态下的灵活用工者的基础劳动者权益，需要从法制法规上去健全执行细则，从而使得新生业态的发展得以健康、可持续性地创造经济价值。

四、从资本市场看人力资源服务外包的变化

2020 年初，中国人力资源服务业开启了新一轮的对外开放。人社部修订三个部门规章制度，一方面取消了人力资源服务业外资准入限制，另一方面，降低了外商投资人力资源服务机务构审批门槛，简化了审批程序。

疫情下，很多外资并没有撤离中国。"2020 全球人力资源服务机构 50 强"中，仍然有十多家外资机构扎根在中国市场上。德科集团（The Adecco Group）、任仕达（Randstad）、万宝盛华（Manpower Group）、瑞可利（Recruit holdings）四巨头占了全球人力资源服务行业超过 20% 的市场份额。四大头部企业过去连续保持了 7 年的排位格局，在 2020 年有了大的变动。任仕达的营

收首次超越德科集团，位列 2020HRoot 全球人力资源服务机构 50 强榜首（表 1.1）。

表 4.1　2020HRoot 全球人力资源服务机构 50 强

排行	公司	营收（亿美元）
1	任仕达（Randstad）	265.2
2	德科（The Adecco Group）	262.41
3	瑞可利（Recruit Holdings）	220.17
4	万宝盛华集团（Manpower Group）	208.64
5	中国国际技术智力合作有限公司（CIIC）	177.93
6	安德普翰（ADP）	141.75
7	Persol	89.06
8	瀚纳仕（HAYS）	77.52
9	领英（LinkedIn）	67.54
10	罗致恒富（Robert Half）	60.74
11	Kelly Services	53.56
12	美世（MERCER）	50.21
13	韦莱韬悦（Willis Towers Watson）	43.33
14	Insperity	43.15
15	ASGN	39.24
16	TriNet	38.56
17	PAYCHEX	37.73
18	SYNERGIE	29.6
19	IMPELLAM GROUP	28.79
20	Workday	28.22
21	Groupe Crit	27.87
22	TRUEBLUE	23.69
23	米高蒲志国际（PageGroup）	21.12
24	光辉国际（KORN FERRY）	19.74
25	Sthree	17.18
26	华德士（ROBERT WALTERS）	15.53

续表

排行	公司	营收（亿美元）
27	克罗诺思（KRONOS）	14.33
28	KFORCE	13.47
29	TechnoPro Group	13.35
30	Brunel international	11.66
31	Seek	10.83
32	Adcorp	10.44
33	渥特（VOLT）	9.97
34	BBSI	9.42
35	明达科（MEITEC）	9.27
36	Cross Country Healthcare	8.22
37	GATTACA	8.12
38	HARVEY NASH	7.6
39	Paycom Software	7.38
40	荟才（RESOURCES GLOBAL PROFESSIONALS）	7.29
41	海德思哲（HEIDRICK & STRUGGLES）	7.26
42	TeamLease Services	6.34
43	Cpl	6.33
44	杰普（GP Strategies）	5.83
45	前程无忧（Nasdaq：JOBS）	5.79
46	Cornerstone	5.77
47	海峡人力（Strait Human Resources）	5.48
48	en-japan	5.22
49	科锐国际（Career International）	5.09
50	Paylocity	4.68

2016 财年起，任仕达的营收开始快速增长，不断缩小与"霸主"德科集团的差距，并在 2019 财年实现了首次超越。《财富》杂志每年发布的世界 500 强中，2020 年分别位列 479 位、484 位。任仕达是全球专业的综合性人力资

源服务机构，总部位于荷兰阿姆斯特丹市，服务遍及 38 个国家地区近 4900 处分支机构。如此稳步的提升速度，与 2016 年的一起资本收购正相关。2016 年任仕达宣布收购 Monster Worldwide（纳斯达克股票代码：MWW），以每股 3.40 欧，总价约 4.29 亿欧元成功收购。收购后 Monster 继续使用 Monster 这一品牌独立运作，但是从其主营业务不难看出 Monster Worldwide 系招聘服务供应商，提供由招聘代理、线上招聘、猎头服务和招聘黄页广告四项构成的全方位的全球招聘解决方案。旗下专业招聘网站 monster.com. 其访问量长期位居 30 位内，Monster 目前业务覆盖全球 40 多个国家。任仕达通过收购从而进一步扩展其服务的线上能力并大大提高人才匹配的效率，在依靠线上运营的疫情外部环境下，才能有此喜人的增长。

与此同时，日本人力资源巨头瑞可利的营收首次跨越 200 亿美元大关，并超过万宝盛华，位列 2020 全球人力资源服务机构 50 强第三。这一不俗表现，主要与 2018 年一起商业收购有直接关系。2018 年，其以 12 亿美元现金收购美国雇主点评网站 Glassdoor，获得该公司的企业点评和薪酬数据的数据库。

从以上两个资本收购的实例不难发现，以资本为切入点快速提升自身企业的市场竞争力与可持续发展的筹码，正是国际领先企业的首选，非常值得中国人力资源外包头部企业借鉴与学习。

受新冠肺炎疫情影响，中国人力资源服务业市场正在经历着前所未有的机遇，人力资源服务业数字化趋势越发迅速，云服务、AI 技术、电子签名、细分领域、灵活用工及可视化招聘平台等不断受到资本的青睐，这些新技术、新应用加速了人力资源服务业的蓬勃发展。

2020 年 7 月，全球最大的劳动力管理厂商 Kronos 决定退出中国市场。Kronos 作为一家进入中国市场的独立外资人力资本管理厂商，它的退出成为行业的一个标志性事件，一是中国企业更重视国有自主可控的产品与服务，二是外资厂商在中国市场上占有大量头部客户，他们的退出给中国本土 HR SaaS 厂商释放了新的市场空间。

2020—2021 年中国人力资源服务业投融资事件中，北森以一体化 HR SaaS 及人才管理平台完成 2.6 亿美元规模 F 轮融资，同时持续布局人力资源云服务，助力各行各业快速实现人力资源数字化转型。喔趣科技完成 C 轮及 D 轮融资 1.905 亿美金，其将致力于打造"人即服务"的人力资源云系统和平台，链接企业内外部，成为企业的核心系统和核心入口。云学堂以企业内训平台云学堂为亮点完成 E 轮 1.9 亿美金融资，将应用于 AI 技术和软件产品创新、数据中台和 IT 中台建设、内容产品生态能力提升、客户交付和服务能力提升。国内电子签名服务商法"法大大"完成 D 轮 9 亿元融资，聚焦于电子签名应用及电子文件签署全流程服务，将法律与前沿技术结合助力产品创新，持续为客户及用户创造价值，并进一步拓展更广泛的生态合作网络，联合伙伴推动电子签名在各领域的规模化应用。蓝领人才服务商，优蓝国际获数亿人民币战略投资，以进一步强化职业教育和蓝领招聘"双轮"驱动在行业内的优势地位。青团社聚焦灵活用工后端管理领域，也在 2020 年完成数亿元 C 轮融资，旗下 HR 管理 SaaS "灵工管家"属于国内灵活用工的头部企业。

可视化智能人才分享平台超级雇主完成数千万美元 A 轮融资，其定位主要是为优质企业提供人才招聘服务，企业端主要招揽 KA 客户和快速成长企业，和其他招聘平台做出差异化设定。致力于优质视频内容的输出，依托用户（C）端的巨大流量、企业（B）端海量资源，针对不同行业、不同领域、不同公司、不同职位的差异性输出的定制化招聘产品企业互动学习平台 UMU 成功打破了传统培训的瓶颈，打通"教、学、练、测、用"各个环节，跨越从"知道"到"做到"的鸿沟，基于学习科学与 AI 技术，用有效学习提升员工绩效，促进组织发展宣布完成亿元级 C2 轮融资。平台型人力资源科技公司"今日人才"完成由今日资本领投的亿元级别 B 轮融资，目前估值十亿人民币，今日人才服务范围包括中高端人才精准算法匹配推荐、灵活用工、业务外包、企业人才咨询及线上线下的产业工人技能培训等综合服务。

IT 行业灵活用工平台，神州邦邦获 Pre-A 数千万融资，数据显示，IT 人员成本高，专业化细分程度高，协作需求高，中国 IT 工程师接近 1000 万人，失业或不充分就业率 20%，企业亟须提高服务效率的组织协作调配平台。此外，巨头兼并还在继续。2020 年 3 月，怡安（Aon）宣布将以 300 亿美元收购韦莱韬悦（Willis Towers Watson）。两家的薪酬调研都很强，尤其在金融领域优势明显，强强联合后或能为客户提供更完善的服务。传统的四大人力资源咨询机构翰威特（Hewitt）、韬睿惠悦（Towers Watson）、美世（Mercer）、合益集团（Hay Group）经过系列合并，变成了怡安、美世、光辉国际（Korn Ferry）三家。新的四大人力资源机构中应有德勤咨询（Deloitte Consulting）的一席之地。据 Vault 对 2020 全球人力资源咨询机构的排名，德勤咨询已上升到第一。全球两大人力资源管理软件巨头 Kronos 和 Ultimate Software 在 2020 年 2 月宣布合并。合并后的新公司名为 UKG（Ultimate Kronos Group），将在全球拥有 1.2 万名员工，实现约 30 亿美元的收入，并创造 220 亿美元的市场估值。

疫情之下，我国人力资源外包面对新技术、新业态、数字经济产业升级的机会与挑战，及时调整产业政策，借鉴全球人力资源标杆外包企业发展的经验与教训，从而实现弯道加速，产业数字化升级发展指日可待。

国际篇

专题一

疫情背景下的全球服务外包：
总体分析与趋势展望

朱福林 [①]

　　当前新冠肺炎疫情仍在全球肆虐，世界各地疫苗生产、分发、接种进展程度参差不齐，由疫情导致的全球流动性中断仍未恢复至疫前水平。虽然多个国际组织在2021年纷纷上调世界经济和贸易增长预期，但都强调世界经济复苏基础并不稳固。疫情引发供应链安全顾虑，世界范围内各国内顾倾向加剧，保护主义、单边主义呈上升态势，产业链、供应链布局由追求效率向兼顾安全与效率转变，呈现区域化、本土化、短链化趋向。动荡的世界经济形势为全球服务外包发展既带来了机遇，也造成不小挑战。全球新冠肺炎疫情激发数字经济潜能，刺激各国加强新型数字基础设施投资建设，加快新一代信息技术产业布局，刺激全球电子产品消费的增长，全球贸易数字化程度得到大幅提高，企业数字化转型意愿普遍加强，服务外包产业空间大幅扩大。此外，新冠肺炎疫情导致企业成本意识加剧，企业出于降低IT基础设施投入的考虑加大云服务使用，服务外包成为后疫情时代企业降低成本的重要方式。但是与此同时，全球经济日益受到地域政治、意识形态、民族主义等非传统因素影响，大国间政治互信有所减弱，贸易争端未见缓解，引发全球价值链、供应链及服务链深刻重构，全球服务外包面临不小挑战与重大结构性调整。

---

① 朱福林，商务部研究院副研究员。

一、世界经济贸易形势分析

由于多个经济体在 2020 年 5—6 月的重新开放导致 2020 年第三季度疫情意外反弹，也引发了新一轮新冠病毒危机和感染暴发，对全球流动性限制重新加强。2021 年国际货币基金组织（IMF）《世界经济展望》指出，全球新冠肺炎疫情大流行一年后，全球经济前景仍高度不确定。IMF 预计 2021 年世界经济增长 6.0%，2022 年增长 4.4%，其中，发达经济体 2021 年增速为 5.1%，美国、欧元区和日本 2021 年增速分别为 6.4%、4.4% 和 3.3%；新兴与发展中经济体 2021 年增长 5%，中国、印度、东盟五国①、巴西、南非等 2021 年分别增长 8.4%、12.5%、4.9%、3.7% 和 3.1%。尽管疫苗覆盖率不断提高并提振了人们的战疫信心，但新的病毒变异和不断攀升的死亡人数仍造成担忧。各国和各部门的经济复苏情况各不相同，反映出大流行引起的混乱与政策支持程度的差异。从数据来看，全球货物贸易已大致恢复到大流行前的水平。对居家工作的产品的强劲需求以及对耐用品（尤其是汽车）压抑需求的释放，是 2020 年下半年以来全球经济复苏背后的关键因素。在短暂的崩溃之后，工业生产已恢复到大流行前的水平。然而，跨境服务贸易依然低迷，接触密集型服务的消费仍然低迷，旅游业、艺术业、娱乐业、体育业、酒店业和实体零售业自全球疫情大流行开始以来仅以一小部分经营能力在运营，且在大流行得到控制之前不会出现实质性反弹。

二、疫情背景下全球服务外包发展总体形势

（一）全球新冠肺炎疫情导致世界服务贸易遭受重挫

新冠肺炎疫情对服务贸易造成的负面影响十分显著。据 UNCTAD 数据，2020 年世界服务进出口规模与增速均呈现大幅下降，2020 年世界服务出口从 2019 年的 6.2 万亿美元跌破 5 万亿美元，降至 4.98 万亿美元；世界服务进口从 2019 年的 5.9 亿美元下降至 2020 年的 4.68 万亿美元。2020 年，世界服务进出口增速分别下滑 21.3% 和 20%。新冠肺炎疫情大流行导致世界各地服务贸易均面临失速。2020 年，北美、欧洲和亚洲服务出口分别下降 19.4%、

---

① 指印度尼西亚、马来西亚、菲律宾、泰国、越南。

16.2% 和 22.8%。

但服务贸易各部门受疫情影响程度呈现高度差异性。运输和旅行服务贸易受到直接影响，下降幅度较为明显，其中许多限制措施目前仍然有效，有些限流措施甚至因该病毒变异复发而重新收紧，因此运输与旅行服务贸易短期内恢复形势仍具有很大不确定性。2020 年旅游和运输服务分别下降了 63% 和 19%。其他商业服务类（包括金融服务和计算机服务等）受影响程度相对有限，仅下降 2%，这主要是由于其他商业服务大都属于知识密集型轻资产行业，可通过互联网完成交付，从而一定程度上可以有效缓解新冠肺炎疫情限制措施造成的流动性阻断影响。

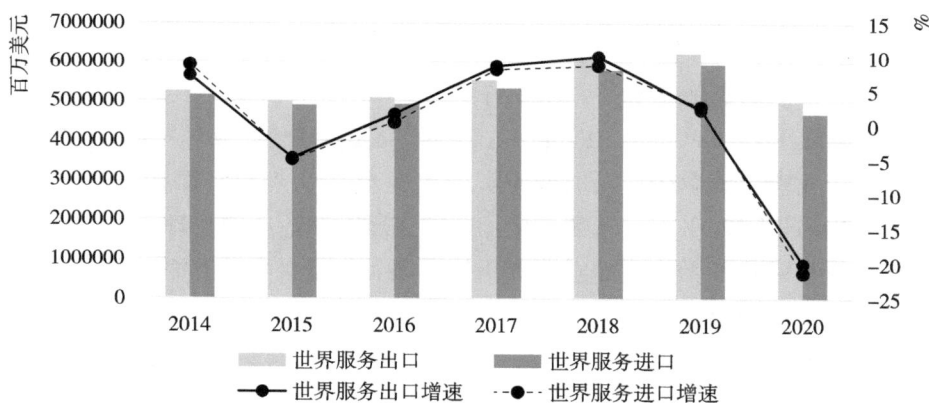

图 2.1 新冠肺炎疫情引发世界服务贸易增速严重下滑

数据来源：UNCTAD。

（二）新冠肺炎疫情对服务外包市场造成巨大冲击

全球新冠肺炎疫情对外包采购产生显著直接影响，导致全球服务外包市场疲软。据德勤（Deloitte）在疫情防控期间开展的调查显示，世界各地纷纷采取措施或关闭边境以应对新冠肺炎疫情大流行，销售放缓与现金流挑战是大多数受访企业面临的最大挑战。在此背景下，虽然全球范围内企业继续发放外包合同，但合同期限趋短且金额降低。由于新冠肺炎疫情在 2020 年第一、二季度形势严重，导致全球服务外包在 2020 年上半年受到的负面影响程度最大。据 ISG 对全球大额服务外包追踪调查报告，过去 5 年全球服务外包合同总价值表现相当稳定，但新冠肺炎疫情的突发引发全球外包断崖式下滑。

2020 年上半年全球 ITO 和 BPO 合同金额和数量分别仅为前 5 年平均值的 23% 和 35%；单个合同的平均金额比 2019 年下降 56%。虽然新冠肺炎疫情对全球服务外包需求与供给均造成很大影响，但新冠肺炎疫情使得业界更加摒弃共同的物理位置是建立工作信任关系的必要条件这样一种观点，在很多外包交易中，是导致外包不能发生的主要抑制因素。

（三）新冠肺炎疫情对全球服务外包结构产生差异化影响

全球新冠肺炎疫情对业务流程外包（BPO）造成的负面影响大于信息技术外包（ITO），这在很大程度上是由于各国限制措施造成的国际商务旅行中断，导致 BPO 公司准备不足，虽然远程工作可帮助企业在政府强制封锁的情况下继续运营，但是据 OwlLabs 一份报告显示，34% 的受访者表示其公司没有做好对于全面实施在家办公的准备。据 ISG 消息，2020 年全球 ITO 市场年度合同金额（AnnualContractValue，ACV）实现逆势增长 2.1%，可能是由于疫情导致企业资金流紧张，反而刺激其进一步开展 IT 外包，而 BPO 市场 ACV 比 2019 年下降 22.9%。由于数字化能有效克服疫情造成的物理中断，并且疫情导致企业压缩 IT 成本，企业不断采用云服务满足自身数字需求，一些数字化嵌入业务也出现增长。据 ISG 数据，2020 年全球 IaaS 和 SaaS 年度合同金额增长 22.85% 和 3.75%。

此外，据商务部中国服务外包中心《中国制造业服务外包发展报告 2021》，2020 年全球制造业服务外包执行额 388854.5 亿美元，受疫情影响同比下降 8.1%，其中全球制造业离岸服务外包执行额为 6467.8 亿美元，同比下降 5.0%，离岸增速降幅大于总额增速，表明新冠肺炎疫情导致的全球性政策性防疫措施导致国际服务外包市场萎缩，抵消了疫情催发的服务外包增量。具体来看，在全球制造业服务外包市场结构中，新冠肺炎疫情的冲击影响呈现差异性。具体来看，相比全球制造业离岸信息技术外包和制造业离岸知识流程外包，制造业离岸业务流程外包降幅最大。2020 年，全球制造业离岸业务流程外包执行额 1229.2 亿美元，同比下降 7.8%，占全球制造业离岸服务外包的 19.0%，是近五年来的最低点。

（四）服务外包远程交付模式有望在疫情后延续

据 A.T. 科尔尼《全球服务区位指数》报告，为克服疫情造成的人员阻断，不断盛行的居家办公模式成为另一个引发服务外包未来图景转变的市场驱动因素。随着无处不可以工作概念（working from everywhere）的流行，居家办公将成为后疫情时代服务外包交付方式的一个可行选项。越来越多的企业允许不断延长的居家办公选择，例如，Google 决定将居家办公选项保留至 2021 年 9 月。Twitter 和 Square 允许员工基于自愿前提下远程办公。Slack 对何时返回公司未作时间规定。Dell 期望其一半以上员工永久性场外工作。Atlassian 允许员工在世界任何一个角落工作，并宣布了一项聚焦于"结果而非工作时间"（outcomes，notclockhours）的新承诺。数字技术的发展以及多种数字技术的组合使自由职业工作平台快速发展，一举改革企业招聘固定员工的组织模式，众包、云外包等新模式大量涌现，基于数字技术基础的合作发生重大变革，改变了传统上关于会议、距离、位置的一些理念。

三、新冠肺炎疫情背景下全球服务外包发展趋势

（一）全球服务外包面临新一轮数字化变革

随着新一代数字技术的升级迭代与相互叠加，全球服务外包数字趋势将越发显著。众多中小型企业开始使用云计算满足自身信息技术基础设施需求。据知名市场咨询机构 Statista 的数据，2019 年全球约有 80% 的企业利用了基于云的服务（尤其是软件即服务 SaaS），而这一数字在 2021 年将成倍增长。企业不仅会寻求 Azure 或 AWS 这样的私有云服务提供商，而且会积极雇佣提供软件云端解决方案的供应商，或帮助将现有的基础设施转移到云端。新冠肺炎疫情引发的数字技术与产业的加速融合发展推动贸易数字化进程加快。根据 UNCTAD 数据，全球可数字化交付服务贸易出口受疫情影响从 2019 年的 3.23 万亿美元下降至 2020 年的 3.17 万亿美元，增速下滑幅度为 1.78%，但其在全部服务贸易的占比由 51.8% 大幅上升至 63.6%，说明新冠肺炎疫情客观上推动了服务贸易数字化转型加快。为响应服务外包领域的数字化趋势，全球知名咨询机构科尔尼自 2019 年开始在其权威的全球服务服务区位指数（Global Service Location Index，GSLI）中引入数字共振指标作为一个新维度，用于测量样本国家的劳动力数字技能、数字产出、法律与网络安全及企业活动。

（二）疫情迫使服务外包重回节约成本初衷

外部化和内部化一直以来是企业面临的选择困境。引起外包的原始动力来源于降低成本压力。在外包浪潮的带动下，跨国公司纷纷将非核心业务外包给第三方服务供应商，从而实现业务精减，更集中于优势和核心业务，获得竞争力提升。随着服务外包产业成熟度不断提升，以及第三方外包专业化程度与技能不断提高，非核心业务的剥离不再是跨国公司的唯一考虑，服务外包逐渐作为战略价值创造的重要组成部分。在过去一段时间，全球许多业内人士普遍表示，降低成本被其他发展目标超越成为发包商的二等目标，提高敏捷性和提高服务质量等成为发包商更为关注的首要目标。但新冠肺炎疫情的暴发使企业财务盈利指标迅速转负，企业面临生存危机，活下去成为现阶段多数企业的刚性目标，开展服务外包的目的回归至最初的成本降低。据德勤《全球服务外包调查 2020》显示，面临疫情，将降低成本作为组织优先目标来考虑的企业数量急剧增加，而且面对由新冠肺炎疫情全球大流动引发的全球经济衰退和利润下滑，这一数量可能将越来越多。

（三）生物医药服务外包规模大幅扩大

新冠肺炎疫情残酷地夺走全球各国成千上万的性命，对人类公共卫生安全造成重创，全球医药医疗产业获得前所未有的重视。多年来，全球 CRO 市场一直停滞不前，但新冠肺炎疫情的暴发催生感染疫苗的快速研发，推动全球 CRO 市场显著增长。全球新冠疫苗需求量巨大，尤其发展中国家面临疫苗极度短缺，美国、英国、欧盟及中国积极投入巨资研发新冠疫苗，产生大量疫苗研发相关的服务外包，在新冠肺炎病毒不断反复无常的情况下，相关疫苗研发服务外包还将保持一段时间。此外，新冠肺炎疫情助推全球医疗产品贸易显著增长。据 WTO 发布的报告显示，2020 年医疗产品的进口和出口总额为 23430 亿美元，同比增长 16%。相比之下，世界商品贸易总值在 2020 年缩减了 7.6%。医疗产品在世界贸易中的份额从 2019 年的 5.3% 增长到 2020 年的 6.6%。对抵抗新冠肺炎疫情大流行至关重要的货物，如口罩、呼吸机、消毒器和超声波扫描仪的全球贸易额在 2020 年增长了 31%。

（四）数字化引发传统服务外包模型重大变革

全球新冠肺炎疫情大面积阻断人际活动，对全球贸易及服务业造成严重冲击，然而数字经济却大显身手，推动数字化成为后疫情时代经济与贸易发展的必然趋势。2020年全球服务外包经历着一场数字化的颠覆性变革，暴发于数字生态系统中数字技术不断深入到外包行业内部，并影响到大多数外包业务。机器人过程自动化、软件机器人、自动化、机器学习和其他破坏性技术正变得无处不在并席卷全球，服务外包也受其影响。一种更倾向于数字化的模式正在形成，未来服务外包模式将由数字自动化工具提供服务，而人的作用将仅限于控制这些工具。敏捷开发和数字化工具更加紧密地联系在一起。服务外包提供商将人工智能和区块链技术等新一代技术集成到其服务模块中。更进一步看，数字外包将很快以一种成熟的市场形式出现。随着数字化的发展和企业不断适应数字化转型，服务外包的方式也有望发生深刻改变。

（五）近岸离岸外包有可能获得迅速增长

全球服务贸易将在短期内处于新冠肺炎疫情影响之下，随着全球经济与贸易的恢复，全球服务外包也将逐步恢复。受新冠肺炎疫情影响，全球产业链结构发生重构，一部分产业链将面临区域调整，区域化或近邻化成为一个中期趋势，从而导致全球产业链区域化收缩，与产业链相关的服务贸易和服务外包有可能转至近岸国家和地区。新冠肺炎疫情造成服务外包工程师国际往来中断，距离较远的地区越不容易克服疫情影响实现人员派遣。距离较近的国家和地区越容易实现疫苗互认、通行互认，从而可以避免服务供应停止。为防止下一次类似黑天鹅事件，众多发包商可能考虑调整外包区域结构，适当增加近距离外包。新冠肺炎疫情导致工程师国际旅行受阻，服务外包交付受到很大影响，一些发包商考虑选择本地服务供应商，使发展中国家服务承包企业面临国际业务的损失。

（六）服务外包交易更加注重数字与网络安全

在日益数字化时代，网络和数据安全是一项持续挑战，在服务外包行业尤其如此。由于服务外包业务发生，通常会涉及在不同系统、第三方服务提供商和司法管辖区之间处理或共享敏感数据。随着业务流程和数据向云计算和自动化方向转移，云技术、RPA 和 AI 逐渐被服务外包全行业采用，在不断引发服务外包行业效率变革的同时，网络漏洞的风险和成本远高于以往任何时候。服务外包商认识到这种安全挑战，并认识到需要主动监控数据、风险和安全协议。信息安全和合规成为越来越多的企业的主要担忧事项。据德勤调研，数据安全是 68% 考虑转向云技术的服务外包公司最关心的问题，在使用 RPA 及 AI 技术的服务外包合同中这一占比高达 62%。对采用颠覆式技术进行服务外包方案过程中，数据安全超过表现和韧性、法律与监管合规、知识产权损失、过度解雇处罚成为首要顾虑。据德勤测算，在全球范围内，2020 年企业在外包安全方面花费了 752 亿美元。

四、后疫情时代全球服务外包展望

自 20 世纪 80 年代以来，全球范围内服务外包呈现出快速增长态势。在过去的几十年时间里，服务外包已发展成为各国企业寻求业务流程优化的重要路径。疫情背景下服务外包仍然是企业支持其战略目标的战略工具。新冠肺炎疫情对全球服务外包造成负面影响，但也客观上创造了不少机遇。WTO数据显示，全球新冠肺炎疫情对世界贸易尤其是对服务贸易造成巨大负面影响，2020 年世界货物贸易量下降 5.3%，而世界服务出口下降 20%。2021 年科尔尼《全球服务区位指数》报告指出，不断增长的数字技能需求因疫情而加速，除一些科技型成熟行业呈现出持续性的 30%—50% 数字需求增长外，在诸如农业、能源、健康及制造业等领域出现更大的需求增长，2020 年这些领域数字技能需求增速高达 100%。因此，未来服务外包的巨大需求将在全球各国产业数字化转型中进一步得到释放，全球服务外包产业增长空间仍然十分巨大。

专题二

欧洲服务外包：进展与趋势展望

谢兰兰 [①]

2020 年，新冠肺炎疫情冲击成为包括服务外包在内的全球产业最重要的变量之一。在疫情冲击下欧洲经济承受了巨大下行压力。欧盟委员会预测，2020 年，欧盟整体 GDP 下降 6.3%，欧元区降幅达 6.8%。欧洲是全球主要的离岸服务发包市场之一，疫情严重冲击线下产业部门，同时激发了对线上经济的替代需求，传统产业数字化转型速度加快，新兴生产和消费短时间得到前所未有的发展和普及。在上述因素的叠加影响下，欧洲服务外包市场表现出较强的抗衰退特征，实现了逆势增长。未来，数字化转型将为欧洲服务外包业务带来新的发展机遇。本部分重点分析 2020 年欧洲服务外包市场发展的状况和特征，并展望未来一段时间的发展趋势。

一、2020 年欧洲服务外包市场发展状况及特征

（一）疫情冲击下服务外包市场体现出较强的抗衰退属性

总体上，尽管有疫情冲击等不确定因素影响，欧洲企业数字化转型仍成为服务外包业务增长的主要推动力。据 IDC 统计，2019 年，52% 的西欧国家企业表示会增加数字化转型支出，2019 年全年数字化转型支出将超过 2500 亿美元。预测 2019—2023 年，西欧国家数字化转型支出将保持快速增长，年

---

① 谢兰兰，中国国际经济交流中心战略部副研究员。

均增速达 16.5%。根据全球技术研究和咨询信息服务集团（ISG）对 500 万美元以上商业外包合同的统计数据，2020 年，EMEA 区域 [①] 服务外包市场仍然呈扩张态势，抗衰退特征突出。综合市场年度合同额 205 亿美元，全球占比 34.28%，增长 7%，与全球平均增速持平。分业务类型看，云外包 83 亿美元，全球占比 25%，增速 15%，低于全球增速（17%），传统外包（ITO 和 BPO）121 亿美元，全球占比 45.49%，增速 2%，是全球唯一实现正增长的区域。在区域内部，传统外包项目仍占主导，云外包虽然发展时间短，在高速增长推动下，与传统外包的差距迅速缩小，在 2019 年 62.9% 和 37.1% 的占比基础上进一步收缩为 59.31% 和 40.69%（表 1.1）。

从动态变化看，外包业务的持续性和疫情中复苏前景在各个细分市场之间体现出较大差异。2020 年第 1 季度，特别是 3 月份主要发包国全面受到疫情冲击，抵消了 1、2 月份的增长势头。EMEA 区域整个外包市场合同额 49.32 亿美元，增长仅为 1%，为全球最低增速。细分市场看，疫情加快了欧洲企业数字化转型和上云速度，基础设施即服务（IaaS）15 亿美元，增长 7%。同时，由于业务受限，企业对云应用端需求短期下降，软件即服务（SaaS）5.18 亿美元，降幅 13%。在传统服务外包市场，疫情主要影响了低端外包业务，信息技术服务外包（ITO）26 亿美元，增长 23%，业务流程外包（BPO）3.14 亿美元，降幅高达 51%。至 2020 年第 4 季度，EMEA 区域外包市场复苏，合同额 51 亿美元，与第 3 季度相比增长 18%，创造了历史最高环比增速。云外包创造季度新高，基础设施即服务（IaaS）13 亿美元，增长 34%，软件即服务（SaaS）4.79 亿美元，增长 5%，信息技术服务外包（ITO）30 亿美元，增长 55%，业务流程外包（BPO）3.31 亿美元，降幅高达 66%，尽管各细分业务与第 1 季度相比规模均有所下降，但经历了 2、3 季度的大幅下跌后，复苏态势明显，相比下，中高端业务抵御外部冲击的韧性更强（表 1.2）。

---

① EMEA 区域为欧洲、中东和非洲地区，由于中东和非洲地区商业外包规模极小，可近似替代欧洲服务外包。

表 1.1 2020 年全球大额商业外包服务比较　单位：亿美元，%

区域	云外包（IaaS+SaaS）		传统外包（ITO+BPO）		合计	
	合同额	增速 %	合同额	增速 %	合同额	增速 %
全球	332	17	266	-4	598	7
EMEA	83	15	121	2	205	7
美洲	179	18.5	125	-4	304	8
亚太	69	16	20	-27	90	2

注：数据来自 ISGindex，由于四舍五入，数据可能无法精准对应。

表 1.2 2020 年商业外包动态变动（1 季度 VS 4 季度）

单位：亿美元，%

第 1 季度									
区域 /业务	IaaS		SaaS		ITO		BPO		合计	
	合同额	增速	合同额	增速	合同额	增速	合同额	增速	合同额	增速
全球	59	18	20	-4	58	11	10	-30	148	17
EMEA	15	7	5.18	-13	26	23	3.14	-51	49.32	1
美洲	29	17	13	1	28	11	6.24	-13	76	9
亚太	15	32	2.13	-8	4.38	-27	0.84	-26	22	8
第 4 季度									
区域 /业务	IaaS		SaaS		ITO		BPO		合计	
	合同额	增速	合同额	增速	合同额	增速	合同额	增速	合同额	增速
全球	65	32	23	5	57	14	14	-27	160	13
EMEA	13	34	4.79	5	30	55	3.31	-66	51	18
美洲	32	30	15	4	16	-32	8.58	38	72	4
亚太	17	33	2.57	12	4.73	76	1.68	16	26	35

注：数据来自 ISGindex，由于四舍五入，数据可能无法精准对应。

（二）欧洲作为全球主要离岸发包市场地位突出

欧洲是全球的主要发包市场。德国、法国、荷兰是仅次于美国的全球第二、三、四大离岸发包国。总体看，欧洲企业对外服务发包的特征以高附加值的信息技术外包（ITO）和知识流程外包（KPO）业务为主。根据中国服

将会以不低于目前的速度开展外包活动，44% 的受调查者将在制造业领域增加外包活动，其次是金融服务业（42%）和公共部门（34%）。第二，降低成本是欧洲企业选择业务外包的主要动机，但成本不是唯一因素，企业在从削减成本向价值创造转变，如出于拓展业务和专注于核心业务等考量同样是重要因素。第三，60% 受调查企业已经使用人工智能。从产业上看，金融服务业 68%，制造业 69%，公共部门 43%。部分低端发包需求可以由人工智能得以部分替代，未来发包将进一步向高端提升。

（四）数字服务出口规模大，是全球最大的出口来源地

欧盟是全球数字服务主要的出口来源区域。UNCTAD 数据显示，欧盟 ICT 服务[1] 出口稳步增长，从 2005 年的 987 亿美元增至 2019 年的 3322 亿美元，15 年间增长了 2.4 倍，年均增速高达 9.1%。2019 年，欧盟 ICT 服务出口额占全球的 49%。在区域内部，欧盟 ICT 服务出口来源国主要集中于数字化基础最好的西欧地区，其中欧盟 15 国[2] 的 ICT 服务出口额 3288 亿美元，占欧盟 27 国比重高达 99%（图 1.4）。

数字技术改变了服务交付方式并极大提升了服务产品的交付能力，助推欧盟服务贸易快速增长。UNCTAD 数据显示，2012—2019 年欧盟 27 国[3] 可数字化交付服务出口额从 8338 亿美元增至 12576 亿美元，年均增速 6%，高于同期全球增速（5.3%）和发达经济体增速（5.0%），2019 年欧盟 27 国可数字化交付服务额占全球的 39.4%，占欧盟 27 国服务出口额的 55.65%。同期，欧盟 27 国可数字化交付服务出口额是 ICT 服务出口额的 3.8 倍，按 UNCTAD 测算，目前全球可数字化交付服务的价值是 ICT 服务的 5 倍。这说明欧盟可数字化服务出口仍有较大提升潜力（表 1.3）。

---

[1] 包括通讯服务、计算机服务和信息服务在内。
[2] 欧盟 15 国指法国、德国、英国、意大利、西班牙、葡萄牙、奥地利、爱尔兰、比利时、丹麦、希腊、卢森堡、荷兰、瑞典等 15 个国家。
[3] 不包括英国。

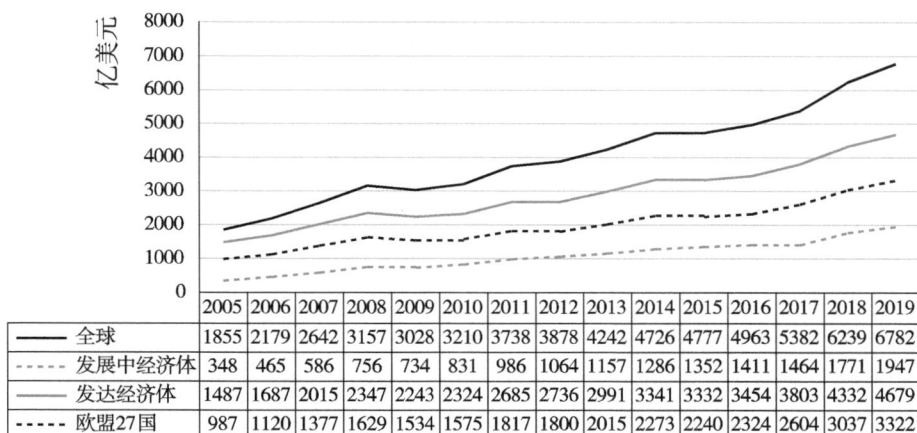

	2005	2006	2007	2008	2009	2010	2011	2012	2013	2014	2015	2016	2017	2018	2019
全球	1855	2179	2642	3157	3028	3210	3738	3878	4242	4726	4777	4963	5382	6239	6782
发展中经济体	348	465	586	756	734	831	986	1064	1157	1286	1352	1411	1464	1771	1947
发达经济体	1487	1687	2015	2347	2243	2324	2685	2736	2991	3341	3332	3454	3803	4332	4679
欧盟27国	987	1120	1377	1629	1534	1575	1817	1800	2015	2273	2240	2324	2604	3037	3322

图 1.4 欧盟 27 国 ICT 服务出口

资料来源：根据 UNCTAD 数据库数据绘制，数据统计不包括英国。

表 1.3 2011—2019 年欧盟可数字化交付服务出口规模

单位：亿美元，%

区域	年份	2012	2013	2014	2015	2016	2017	2018	2019
全球	出口额	22190	23898	26090	25260	26136	28228	30773	31926
	服务贸易占比（%）	48.28	48.83	49.75	50.50	51.36	51.10	51.06	51.96
发展中经济体	出口额	4529	4904	5484	5524	5622	6040	6828	7204
	服务贸易占比（%）	34.20	35.04	36.27	37.48	38.09	37.61	38.17	39.30
发达经济体	出口额	17310	18592	20234	19426	20214	21851	23567	24310
	服务贸易占比（%）	55.02	55.38	56.11	56.77	57.65	57.55	57.44	58.24
欧盟27国	出口额	8338	9190	10152	9580	10048	11040	12145	12576
	服务贸易占比（%）	51.20	51.92	53.03	54.27	55.25	54.83	54.65	55.65

资料来源：UNCTAD 数据库，可数字化交付贸易包括采用数字技术交易的保险、金融、知识产权、电信、计算机和信息及其他服务；数据统计不包括英国。

（五）欧洲在全球服务接包市场的份额较低

2019 年，科尔尼发布《The 2019 Global Services Location Index》——全球

离岸服务目的地指数（GSLI）报告，对比了 50 个最具潜力且最适合为全球企业提供商业服务的国家。从金融吸引力、劳动力人口技能水平和可获得性、营商环境和数字化能力四个维度评估承接信息技术外包服务（ITO）、业务流程外包服务（BPO）和语音服务目的地国家的竞争力。在上榜的 50 个国家中，欧洲共 16 个国家。总体看，欧洲上榜国家排名相对靠后，前 10 名中只有英国位列第 8 位。其次是爱沙尼亚（12）、德国（15）、立陶宛（16）、保加利亚（17）、乌克兰（20）、拉脱维亚（21）、波兰（24）、葡萄牙（26）、罗马尼亚（28）、匈牙利（31）、捷克（33）、斯洛伐克（35）、土耳其（39）、法国（41）和爱尔兰（47）。从评估维度看，英国、德国、法国等欧洲发达国家在数字化能力、劳动力人口技能水平和营商环境方面具有较大优势，但金融吸引力普遍较低，这意味着较高的接包成本，成本是发包方选择目的国的一项重要因素。因此，尽管发达国家具有较强的接包潜力，但均非主要接包国。中东欧地区凭借人才、成本和语言等综合优势，对承接来自欧洲区域的近岸外包业务有天然吸引力。但该区域在全球服务接包市场中占比仅为 5% 左右①。疫情的暴发为中东欧接包国带来业务扩张的重要机遇。随着印度和菲律宾等服务外包中心封闭，对依赖这些业务管理内部系统或运营呼叫中心的欧洲和北美公司形成挑战。一些欧洲接包国，如波兰，利用区位和语言优势，趁机吸引欧美公司将 IT 外包业务由印度向本国转移，可望继续扩大市场份额。

（六）服务外包的信息化发展基础完善

服务外包活动高度依赖信息基础设施。欧洲特别是欧盟区域总体数字化基础完善，信息化程度较高，为离岸服务外包业务发展提供了完善的基础设施和良好环境。

国际电信联盟（ITU）发布的《2020 年衡量信息化社会报告》显示，欧洲整体信息化程度显著高于全球其他区域。欧洲地区的移动网络覆盖率是全球最高的，达 97.2%。如果只考虑 4G 网络，欧洲在全球的领先程度更高。每百人固定宽带数量（33 部）和移动宽带数量（100 部）均居于全球最高水平，移动电话数量（123 部）仅低于独联体地区（148 部）（表 1.4）。欧洲数字化

---

① Aventures Capital，Aventis Capital and Capital Times.

水平还体现在较低的城乡间、网民年龄和性别间的差异化程度上。ITU 数据显示，2020 年，欧洲地区城市和农村地区的 4G 网络覆盖率分别高达 100% 和 89%，与亚太地区持平，远高于其他地区。从网民年龄层次上看，83% 的个人能够使用互联网，96% 的年轻人（15—24 岁）使用互联网，远高于排名第二位的美洲地区（77% 和 90%）。从网民性别看，85% 的男性和 80% 的女性均可以使用互联网，在所有地区排名第一位。

除了完善的数字化基础设施和较高的公民数字化技能水平外，欧盟在数字化发展中的优势还体现在其科技产业基础，如拥有诺基亚和爱立信等 5G 领先的企业，雄厚的工业基础使其在工业数据收集领域方面处于全球领先地位。

表 1.4　2020 年全球信息化水平

国别 / 地区	欧洲	美洲	亚太	独联体	阿拉伯国家	非洲	全球平均
移动网络覆盖率	97.2%	88.7%	94.2%	88.6%	90.8%	77.4%	93.2%
每百人固定宽带数量	33	21	15	20	8	1	15
每百人移动电话数量	123	111	105	148	98	82	105
每百人移动宽带数量	100	99	77	88	60	33	75

数据来源：ITU《2020 年衡量信息化社会报告》；移动网络包括 3G 和 4G 网络。

二、2020 年欧洲服务外包领域的治理进展

新技术的发展正在推动欧洲服务外包数字化转型。为了规范大数据、人工智能、云计算等技术应用和发展，欧盟对数字产业发展采取了立法和监管主导型的发展路径，是全球数字产业市场环境最规范的区域。欧盟最早在全球确立了完善的数字监管规则，高标准的欧式数字规则模板使欧盟掌握了全球数字经济领域的话语权，很多国家均遵循或借鉴了欧盟的数字监管法律法规。同时，严格的监管政策导致欧盟数字产业失去了在全球市场的发展先机。有鉴于此，2020 年欧盟密集出台数字战略文件，以更积极的姿态部署数字产业发展，力图确立在全球数字产业中的竞争力和领导地位，新的数字产业发展战略将对欧洲服务外包产业发展带来重要影响。

（一）以确立全球技术主权为目标启动全新的数字化转型战略

欧盟的经济体量仅次于美国，但在全球数字经济格局中能级较低，份额小且实力弱，与美国和中国存在巨大发展差距。2020 年欧盟出台的一系列政策文件都指向一个战略目标，即壮大本土数字产业，确立全球领导地位。

2020 年 2 月，欧盟启动了全新的数字化转型战略《塑造欧洲数字未来》，力图通过更加积极的战略导向扭转在全球市场和单一市场中数字经济和数字贸易的不利地位，实现技术主权。新战略提出到 2025 年欧盟数字化转型进程的 3 个关键目标：开发部署服务于人的技术，促进公平竞争的经济，营造开放、民主和可持续的社会，推动欧盟实现技术主权。

在产业层面，2020 年欧盟公布了《欧洲数据战略》《人工智能白皮书》《新欧洲工业战略》3 份重要政策文件，涵盖数据、AI 等多个产业领域。《欧洲数据战略》规划了欧盟未来五年数据经济发展的政策措施和投资策略。通过建立跨部门治理框架、加强数据基础设施投资、提升个人数据权利和技能、打造公共欧洲数据空间等措施，将欧洲打造成全球最安全和最具活力的数据敏捷经济体；《人工智能白皮书》为欧洲人工智能发展规划了创新与监管同步的发展路径。一方面通过公私部门合作调动整个产业链资源，建立激励机制，加快人工智能部署，提升欧洲在人工智能领域的创新能力，同时建立未来欧洲对人工智能的监管框架，特别是道德性和可靠性问题；《新欧洲工业战略》将建立适应数字时代的欧洲产业经济作为三大工业战略优先任务之一[①]。计划 2021—2027 年投入 75 亿欧元加强超级计算机、人工智能、网络安全、数字技术推广和高级数字技能建设，提升欧洲在全球数字经济中的竞争力和领导力。

（二）基于网络安全的监管和合规成本提高

欧盟高度重视网络安全治理，其一贯价值取向，将个人数据隐私安全放在首位，在保证数据和隐私安全的前提下鼓励非个人数据跨境自由流动，发挥数字技术最大的社会经济潜力。2018 年 5 月，《通用数据保护条例》（GDPR）正式实施，条例制定了个人数据保护的一般规则，并协调欧盟成员国的相关数据隐私法律，为欧盟内外个人数据保护提供确定性法律保护。欧

---

① 分别是：实现 2050 年气候中立、保持欧洲工业的全球竞争力和领先地位、塑造欧洲的数字化未来。

盟数据保护委员会先后于 2018 年 1 月和 2019 年 11 月发布了《GDPR 适用指南》和《GDPR 域外适用指南》，针对 GDPR 条款进行规范性解释，为条例实施提供有效指引。为有效应对数字化和连接性增加带来的与网络安全相关的各类风险，进一步完善网络和信息通讯安全保护框架，2019 年 6 月，《欧盟网络安全法案》正式实施。《法案》规制内容主要为欧盟机构在处理个人用户、组织和企业网络安全问题的过程中加强网络安全结构、增强对数字技术的掌控、确保网络安全应当遵守的法律规制等。

在欧盟的法律法规监管框架下，离岸服务提供商为了达到合规性要求必须采取措施确保数据安全和隐私。由此引发了关于数据本地化以及如何将离岸外包对数据安全的威胁降至最低的讨论，如增加近岸外包、减少离岸外包等。受此影响，很多服务提供商致力于扩展近岸业务能力。埃森哲（Accenture）、简柏特（Genpact）、TCS、IBM 和 Infosys 等公司开始积极拓展波兰、罗马尼亚和其他东欧国家的近岸业务，为客户提供服务。

三、欧洲服务外包市场趋势展望

（一）发包规模继续扩张

受新冠肺炎疫情快速蔓延影响，全球经济遭受自大萧条以来最严重衰退。这对服务外包产业发展带来不可控的外部挑战。但未来一段时间内欧洲发包规模继续扩张仍然可期。这一判断主要基于如下原因。

第一，欧盟强力推动经济复苏。2020 年 7 月欧盟推出总规模逾 1.8 万亿欧元的经济复苏计划，包括 2021—2027 年长期预算 1.074 万亿欧元，7500 亿欧元恢复基金，这是迄今为止欧盟规模最大的经济刺激方案。12 月，欧盟领导人就落实复苏计划达成协议。欧盟委员会《2020 年秋季经济预测报告》预测，欧盟经济可能在 2022 年恢复至疫情前水平。未来一段时间，新冠疫苗大范围接种，主要国家封锁措施趋缓，服务业复苏和制造业持续扩张，为欧洲服务外包产业发展提供了宏观经济基础。

第二，欧洲服务外包需求依然旺盛。欧洲是全球最大的服务发包市场之一，主要发包市场的传统外包需求保持稳定增长。此外，持续数字化转型、网络安全、远程办公、社交媒体、在线游戏、物联网和电子商务增加了对数据中心的需求。Synergy Research Group 数据显示，截至 2020 年上半年，全球 20 家主要云和互联网服务公司运营的大型数据中心总数增加到 541 个，以 EMEA 区域增长速度最快。欧洲数据市场正在高速扩张。2016—2020 年，欧洲数据中心运营规模由 78 兆瓦增至 701 兆瓦。数字化转型是服务供应商面临的重要机遇。IDC 预测，西欧国家数字化转型支出增长迅速。2019—2023 年，西欧数字化转型支出年均增速达 16.5%，数字技术向各行业全面渗透和跨行业融合，以及疫情在供给端和消费端催生的新需求，为服务外包发展提供了更广阔的业务空间和发展前景。

（二）部分外包业务可能回流欧洲

一是基于保持供应链独立性的考量。以芯片产业为例，欧洲的汽车和电子产品芯片设计和生产外包给美日韩，在全球芯片短缺的背景下，欧洲企业的生产需求无法得到满足。欧盟已经意识到芯片产业保持独立对产业安全的重要性，并致力于推动芯片设计和制造与美日韩供应链脱钩。欧盟委员会计划近几年将欧洲区域制造芯片的制程，从 20nm 提高到 10nm，到 2030 年实现生产 5nm—2nm 芯片的目标，并将其芯片产能的全球份额提高至 20%。目前，欧盟委员会已经得到 22 个成员国以及 ASML、意法半导体、英飞凌等欧洲芯片巨头的认可，并签署了意向书。

二是近岸外包有替代离岸外包的趋势。欧洲法治环境高度重视产业安全和个人隐私保护，是部分可替代性较强的离岸外包业务回流的主要因素。另一方面，从外包企业倾向看，西欧国家买方更重视服务质量和客户满意度，更倾向于选择靠近客户的近岸服务提供商。某些国家甚至出台了相关法律，如意大利规定客户在拨打客服电话时，有权选择与在意大利当地的人通话。法律法规及企业倾向性转变，导致英国 EE 和沃达丰等电信公司将呼叫中心从其他外包市场转移回欧洲本土。

（三）欧洲有望发展成为更具竞争力的全球离岸服务外包中心

过去 30 年，发包方的离岸外包模式经历了根据地理位置优势选择低成本生产国向以剥离和外包非核心业务为主的转变。数字经济时代到来后，发包方选择合作伙伴将不仅基于成本及低端业务剥离，为了适应不断加速的变化，许多企业开始寻求灵活、可随时扩展的商业服务，拥有高技能数字化从业者的全球性数字化中心将会受到青睐。

科尔尼认为，数字化能力是改变全球离岸外包目的地格局的主要因素。劳动力数字化技能和接包方数字化能力的重要性将会得到极大凸显。科尔尼从四个方面对全球主要离岸服务目的地的数字能力进行评估。（1）劳动力的数字化技能；（2）法律适应性，即法律体系是否适应新的数字商业模式和保证网络安全；（3）企业活动量，即创投机构对初创企业的投资额和交易量；4.数字产出和知识技术产出。在50个上榜国家中，欧洲占了1/3（17个）（表3.1）。除了英国、德国、法国和爱尔兰等发达国家外，许多中东欧国家上榜，这既与目前中东欧地区正在集聚的接包优势相吻合，也意味着中东欧国家已经具备了形成全球数字中心的条件，中东欧地区凭借人才、成本和语言等综合优势正在形成新兴外包中心，同时，这些地区的IT人力资源丰富。据统计，东欧超过100万名软件开发者，其中超过50%来自波兰、乌克兰和罗马尼亚。其中，波兰拥有25.4万名软件开发人员和7个软件开发中心城市；乌克兰在数学、安全和分布式系统领域拥有顶级的软件开发人员；罗马尼亚的软件开发人员不仅熟练掌握各种技术和方法，且不少人拥有欧美学习工作经历，精通英、法等多种欧洲语言，具有良好跨文化沟通技能。未来作为全球中高端离岸和近岸服务外包业务中心的潜力会逐渐释放。

表 3.1　欧洲离岸目的地数字化能力得分和排名

排名	国家	得分	排名	国家	得分
2	英国	7.61	21	波兰	4.22
6	德国	6.81	23	斯洛文尼亚	4.41
8	法国	6.19	25	拉脱维亚	4.11
9	爱尔兰	6.13	26	保加利亚	4.08
10	爱沙尼亚	6.12	27	匈牙利	4.02
11	西班牙	5.89	30	土耳其	3.94
13	葡萄牙	5.52	33	罗马尼亚	3.88
17	立陶宛	4.69	34	乌克兰	3.88
20	捷克	4.29			

资料来源：Kearney，The 2019 Global Services Location Index.

专题三

韩国服务外包发展现状与趋势展望

刘 文 杨宜晨 何 昊 ①

韩国位于东亚朝鲜半岛南部，三面环海，是亚洲的四大发达国家之一。2020 年，韩国 GDP 约为 1.63 万亿美元，其中服务业增加值占 GDP 的比重约为 57.02%。韩国经济近年来保持低速增长势头，实际 GDP 增速维持在 2%—3%，即使 2020 年出现负增长，其 GDP 总量也居世界第 10 位，人均 GDP 为 31800 美元，居世界第 25 位。

20 世纪 80 年代以来，韩国的第三产业一直占据着 40% 左右的比重，尤其是进入 90 年代以来，第三产业的比重更是上升到 50% 以上，以信息技术产业、软件、电信业为代表的现代服务业成为新世纪韩国经济的重要增长点。

一、韩国服务贸易发展状况

（一）韩国服务贸易发展规模

2010 年以来，韩国服务贸易增速总体呈现下降趋势，服务贸易年平均增长率约为 2.3%。2010 年到 2014 年间，韩国服务贸易进出口规模持续增长，2014 年的出口额最大，为 111.90 亿美元。但是到 2015 年，韩国服务贸易进

---

① 刘文，山东大学商学院教授、博导。
杨宜晨，山东大学商学院硕士生。
何昊，山东大学商学院科研助理。

出口额开始下跌，逆差额提高到 146.25 亿美元。此后，韩国服务贸易进出口规模继续扩大，逆差额也在增加，2017 年的逆差额最大，为 367.34 亿美元（见图 1.1）。总体上，韩国服务贸易进口额呈上升趋势，出口额呈下降趋势，近年来韩国正在积极向海外拓展服务贸易领域，进一步加快了海外布局步伐。

根据世界贸易组织（WTO）2020 年世界贸易统计数据，2019 年，韩国服务贸易出口额占世界服务贸易出口额的比重约为 1.7%，世界排名第 16 位；进口额占全球服务贸易进口额的比重约为 2.2%，世界排名第 11 位。韩国服务贸易业务多集中在零售、餐饮住宿、房地产租赁等内需为主、附加值低的行业，附加值高、可向海外"走出去"的金融、保险、法律、会计、旅游等行业的国际竞争力则有所欠缺。

从图 1.2 可以看出 2010 年至 2020 年韩国在货贸服务、海运服务、空运服务、建筑服务、保险与养老产业服务、金融服务等方面的进口状况。受 2019 年末暴发的新冠肺炎疫情影响，2020 年全球生产低迷，各国进出口贸易受阻，在货贸服务进口方面，韩国进口货贸服务（Goods-related service）相较 2019 年约 101 亿美元的额度，下降至约 86 亿美元，跌幅约 15%；海运服务（Sea Transport）则在各项服务进口额中体量最大，即便受新冠肺炎疫情影响，2020 年亦实现了 204 亿美元的进口额，较之 2019 年约 232 亿美元进口额，降幅约 13%，同时在 2021 年全球复工复产导致的全球海运价格"涨价潮"（Price Spike）背景下，预计韩国海运服务进口额度将再创新高（Bown，2020）。

同时，韩国电信、计算机与信息服务进口额度自 2010 年 14 亿美元增长至 2020 年 40 亿美元，在全球迈向 5G 时代的进程中，智能汽车、物联网、传统产业"云端化"进程均对电信、计算机与信息服务提出了更多产能需求（范丽萍，李国凯，2021）。但在区域对比中，相较于中国大陆、日本与美国，韩国电信、计算机与信息服务进口体量一直处于较低水平，特别是与中国大陆 2015 年至 2020 年 12.01%、52.45%、23.98%、12.98% 以及 22.74% 的年均增长率相比，韩国在进口增量上也难显优势（见图 1.3）。

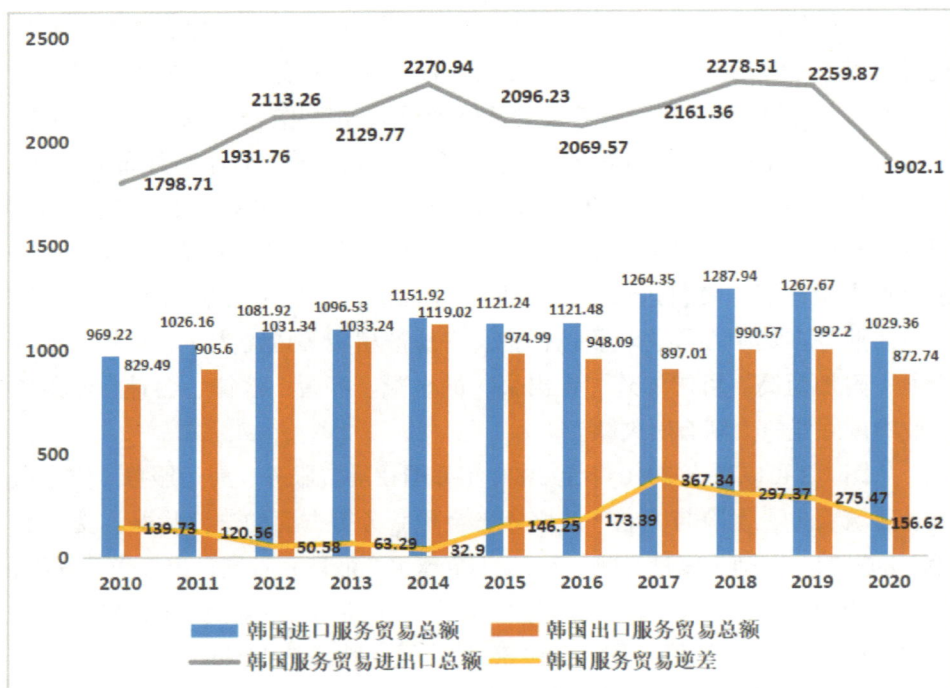

图 1.1 2010—2020 年韩国服务贸易发展态势（亿美元）

资料来源：UNCTAD 数据库。

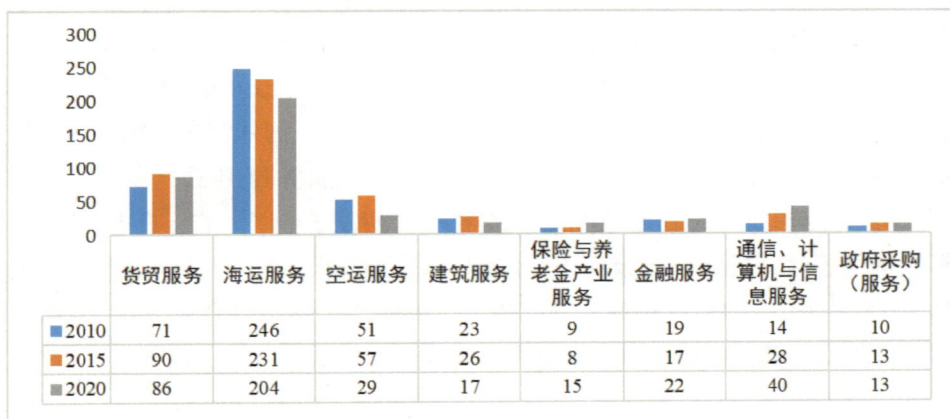

图 1.2 2010—2020 年韩国部分服务行业的进口额（亿美元）

数据来源：UNCTAD 数据库。

图 1.3 2015—2020 年部分国家与地区电信、计算机与信息服务进口（亿美元）
数据来源：UNCTAD 数据库。

在金融服务领域，由图 1.4 可见，从 2015 至 2020 年，与中国内地、中国香港、日本以及美国相比较，韩国金融服务外包规模一直处于较低水平。与日本金融服务进口额由 2019 年 85 亿美元增长至 2020 年 106 亿美元约 25% 的涨幅不同，韩国反而出现略微下降。

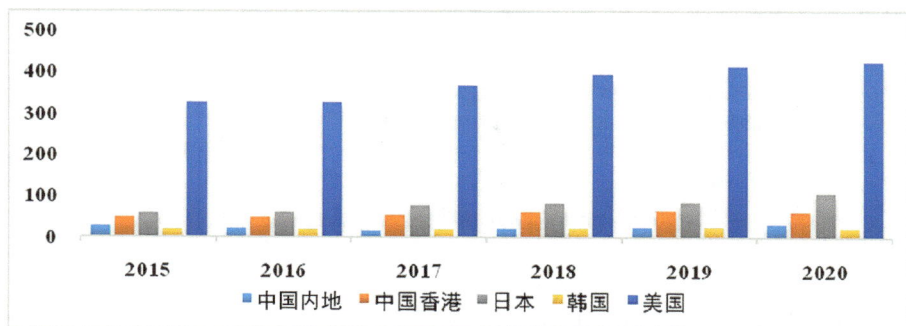

图 1.4 2015 年至 2020 年部分国家与地区金融服务进口（亿美元）
数据来源：UNCTAD 数据库。

（二）韩国服务贸易结构

从 2020 年韩国服务贸易进口结构看，交通运输服务占比 24%，货贸服务占比 8%，此与韩国制造业出口大国地位密切相关（见图 1.5）。目前韩国主要港口有釜山港、蔚山港、仁川港、光阳港、平泽港等，其中釜山港作为韩国最大港口，2020 年货物吞吐量达 41052 万吨，位列世界第 16 位；仁川港承接了规模广大的工业集群的进出口运输职能，为区域内炼钢、机械、汽车、造船、化工等产业提供服务；平泽港作为韩国政府指定的三大对华贸易港之一，与中国大连港、天津港、威海港、青岛港等均保持了密切的航运关系。故而韩国本土航运企业运力无法完全承接本土制造业进出口货运需求，从而势必寻求海外航运企业提供海运服务，以填补运力缺口。

同时，值得注意的是，受新冠肺炎疫情冲击，韩国政府采取了"出行限令"、公共场所保持"社交距离"等防疫措施（KimBNetal，2020），由此导致本国旅游业的衰退，其旅游服务进口额占比亦由 2019 年的 22.93% 下跌至 2020 年 14%。

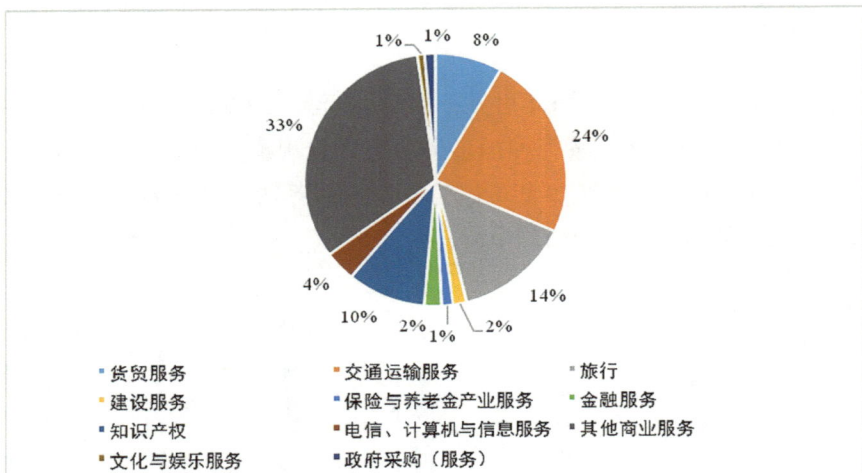

图 1.5　2020 年韩国进口服务贸易结构（%）

数据来源：UNCTAD 数据库。

（三）韩国服务贸易的国别结构

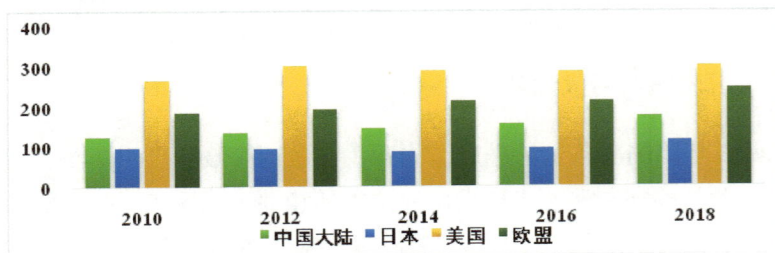

图 1.6　近 10 年韩国进口服务贸易的主要对象国（亿美元）

数据来源：UNCTAD 数据库。

注：图中"欧盟"的数据包括英国。

二、韩国服务外包发展的特点

（一）电信行业外包规模持续扩大

2015—2020 年，韩国电信服务整体处于贸易逆差，2020 年韩国电信服务出口约为 5.2 亿美元，进口约为 7.66 亿美元，贸易逆差为 2.44 亿美元。同时，信息服务贸易顺差不断扩大，由 2015 年 1.04 亿美元扩张至 2020 年 19.82 亿美元，实现了约 18 倍的扩张水平，一定程度上反映了韩国信息服务出口的繁荣（图 2.1）。

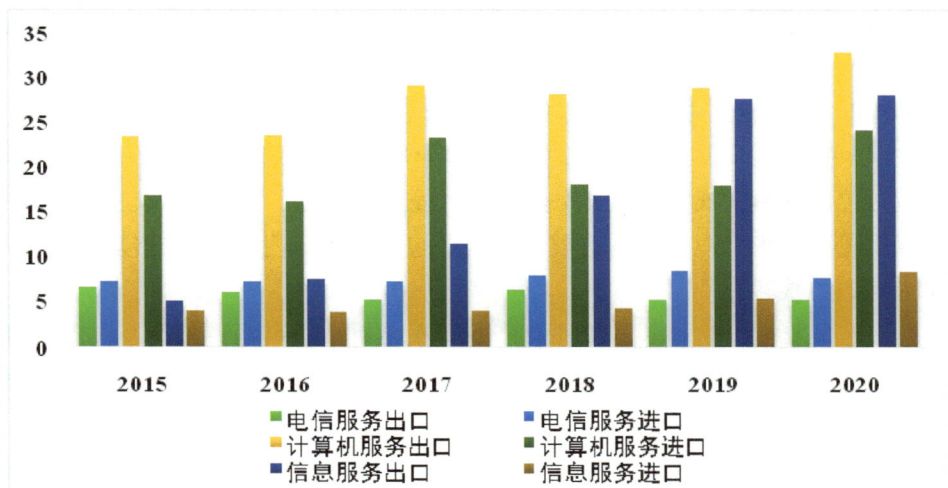

图 2.1　2015—2020 年韩国电信、计算机与信息服务贸易情况（亿美元）
数据来源：UNCTAD 数据库。

韩国电信市场的成功主要归因于政府的相关政策制度。韩国通信委员会（KCC 前身为韩国信息通信部）通过实施非对称管制，压制垄断，实现韩国电信行业某种程度上的自由竞争。在这样的大环境下，韩国国内大批电子信息中小型企业快速发展，进而带动韩国电子信息行业的蓬勃发展。目前韩国电信产业生产规模仍在不断扩大，在满足国内市场需求的同时，产品在国际也拥有巨大市场。要提供数量如此庞大的产品和服务，韩国电子信息公司必然会将目光由国内转向国外的供给商，由此，韩国电信产业对外包的需求越来越大。早在 2005 年，三星、LG 等公司就有缩小韩国的印度员工规模并将软件的研发生产等工程外包到印度的倾向，而这也开启了韩国电信产业的服务外包之路。以三星这一韩国电信巨头为例，2003 年成立了三星电子中国通信研究院（注册名称为北京三星通信技术研究有限公司），2010 年成立天津三星通信研究院作为其在中国唯一的大型手机研发机构。

（二）信息技术产业外包发展受到关注

国际数据公司（International Data Company，IDC）将信息技术（IT）服务市场细分为三个子市场，即信息技术外包市场（ITO）、咨询与系统集成市场（C&SI）、技术产品支持市场（TPS）。

信息技术外包行业是企业和公共组织提供与信息系统规划、实施和运营相关的服务，同时也是供应链管理中的重要环节（Estampe etal.，2013）。在分析韩国 IT 外包产业时，应注意区分大型分包商与二级分包商（Subcontractor）的关系，特别是其独特的"群聚依附"产业形态（ChaKJ；KimYS，2018），即大型分包商凭借其规模、市占率优势较大程度地把控了 IT 业务发包源头，故而规模较小、细分业务方向有限的二级分包商只得依附于大型分包商以获取 IT 业务的二次转包。

表 2.1 总结了当前韩国 IT 外包产业体系中对分包商的评价体系，其中可见人力资本要素占据了较大比重；因为存在大量二次转包业务关系，容易造成分包业务完成水平参差不一、进度不统一、知识产权泄露等问题（Daviesetal.，2007），所以一级分包商对二级分包商的管控水平也受到格外关注。

表 2.1　韩国 IT 产业分包商评价准则

评估维度	评估细则
员工质量	职员积极性、职员培训水平、全日制职员比例、职员激励机制、职员结构状态、优秀职员留用水平、职员技能与岗位对口水平
服务质量	合同履行情况、职员对接包项目完成情况的评估、项目参与的积极性、项目协作的积极性
管理水平	愿景共享、财务稳健
合作关系	分包商对整体项目的贡献、双赢计划的建议和实施

资料来源：ChaKJ，KimYS.CriticalsuccessfactorsformutualcollaborationwithsuppliersinIToutsourcingindustry：acasestudyofatopIToutsourcingcompanyinKorea［J］.EnterpriseInformationSystems，2018，12（1）：76-95.

（三）动画、漫画等视听服务业外包蓬勃发展

与美国、欧盟、日本等国家和地区的服务外包业务主要集中于制造业的特征不同，韩国服务外包在动画、漫画等视听服务产业的规模更为可观。

韩国动画产业兴起于 20 世纪 50 年代后期，最早以西方动画片的形式引入战后的韩国，促使本土化的动画制作工作室逐渐形成规模，并承接来自日本、美国、欧洲的动画外包订单。鉴于日本国内电视产业的兴起、制作成本和人工成本的上涨，日本的影视公司逐步增加了对韩国的动画业务发包。到 20 世纪 70 年代初，韩国和外国公司之间建立了稳定的外包联系，催生了第一代真正意义上的出口工作室（LeeJ，2019）。进入 21 世纪之后，韩国在借鉴美、日等国先进经验的同时注重将动漫、动画与自己的优势产业结合，在网络与 IT 基础上发展数码动画，由此互联网漫画成为韩国漫画的主要形式。近年来，伴随着韩国政府的扶持配合，韩国漫画、动画等文化娱乐产业开始在海外市场占据一席之地，成为亚洲第二、全球第三的动漫产业大国，而动漫产业也成为韩国国民经济的六大支柱产业之一。韩国文化产业振兴院发布的报告数据显示，2019 年韩国动画产业的销售额为 40.75 亿元，出口额增长到了 13.16 亿元；角色产业和游戏产业的销售额分别达到了 758 亿元、875 亿元，出口额分别达到了 57.75 亿元和 482.3 亿元。

动画制作一般分为概念设计、前期制作、主要制作、后期制作、发行和市场营销五个阶段（Milic；McConville，2006）。韩国凭借其动漫产业基础，在全球动漫产业分工中树立了竞争优势，成为美、日动漫产业中重要的离岸承包商（Offshore Outsourcing）。在美国动漫产业链中，通常由大型动画工作室（如迪士尼）和专门从事动画制作的电视公司派发业务至韩方工作室，此类发包商拥有自己的内部生产部门，直接对接项目的前期和后期管理；日本方面的发包商，则大多是动漫产业放映终端（电视台或制作委员会）的一级或二级供应商，此类发包商首先向外包项目发包至国内二级承包商（Subcontractor），再由二级承包商将项目拆解发包至韩国的动漫工作室（LeeJ，2019）。

巨大的国内外市场促使韩国动画、漫画等视听服务业的对外投资规模和服务外包规模不断扩大。中韩在动画、漫画等产业的服务外包合作可追溯至十余年前，早在 2008 年，韩国大型动漫出版商凯帝斯株式会社就曾与武汉卡

普士动画制作公司签订长期漫画电子上色服务外包合同。此后，韩国动画、漫画产业对华发包数量和金额均逐年增加。从2018年开始，随着中韩自贸区的深入建设，知合动画、约克动漫等国内知名动画、动漫制作公司都与韩国签订了服务外包合同，业务涉及领域也愈发广泛，设计研发、电子上色等环节都有中国动漫公司的参与，随着韩国漫画、动画等产业的持续向好发展，韩国在中国及东南亚各国的服务外包比重还会日益扩大。

（四）外包合同承接地区由东亚向东南亚延伸

从对承接地区和接包商的选择来看，韩国与中国、日本和东南亚各国文缘相通、人缘相亲，产业发展也有着很强的互补性，其在上述地区跨国公司数量和FDI都比较大。

由于劳动力价格的影响，韩国服务外包正在由东亚向东南亚、南亚延伸。在东南亚，服务贸易出口主要由新加坡、泰国和菲律宾主导，服务贸易进口由新加坡、马来西亚和菲律宾主导。同时，东南亚国家经历多年发展，也逐渐形成了相对成熟的服务接包产业，菲律宾首都马尼拉目前有大量人口从事"夜间工作"，正是由于菲律宾承接了世界各国的服务外包业务，故而在时差缘由下，相关从业者只得在"白天休息、夜里上班"，从而与海外发包商保持一致的作息，一定程度上可以形象地反映东南亚服务接包产业的繁荣（Stern，2019）。

东盟与韩国间的服务贸易主要集中于运输、旅游、其他商业服务、电信、计算机和信息服务，并保持了较高的贸易额度。值得注意的是，在知识产权服贸领域，韩国对东盟收取了较大体量的知识产权使用费，一定程度上说明东盟国家对韩国的技术依赖；通过进一步对比研究发现，东盟向韩国支付的知识产权费用高于中国（La，2020）。与中国、澳大利亚和新西兰相比，东盟允许韩国在东盟–韩国自贸区（ASEAN–Korea Free Trade Area）的商业、电信、分销、建筑和相关的民用、运输、卫生和社会服务方面，实现更高水平的自由化。

印度莫迪政府推行的"东向行动政策"（Act East Policy，AEP）和韩国的"新南方政策"（New Southern Policy，NSP）的契合（John，2020），也为韩国挖掘南亚大陆服务接包潜力创造更多机会。同时，韩国NSP政策也具有增强韩国与东盟国家间经济、文化连结的内涵，故也有助于为韩国加强与东盟国家外包合作。

从外包范围与外包自由度来看，不同于日本公司外包范围相对固定、自由度较低的外包模式，大部分韩国公司的外包范围比较广但外包业务的边界清晰，韩国公司多对外包业务进行合理划分，并对不同业务类型分别选择承包商，同时结合本部人员对外包业务进行监督，这对韩国服务外包的接包商专业水平提出了相当高的要求。

（五）制造业中服务外包业务集中于低附加值领域

在研发、设计、营销等产品价值链中属高附加值的领域中，韩国企业外包生产的比例并不高，但在制造、生产、清洁、管理服务和物流服务等领域，服务外包的比例却很高。图 2.2 根据韩国国家统计局 2006—2015 年企业活动调查数据绘制，并按 12 个行业领域列出了韩国主要产业的外包参与份额，表明韩国企业对是否采用服务外包业务做出积极回应的百分比。在这 12 个行业领域中，服务外包最多的行业是制造业。制造业中，外包服务占其生产业务的比例约高达 46.56%。其次是物流管理，具体包括费用、清洁和设施管理以及运输和交付。

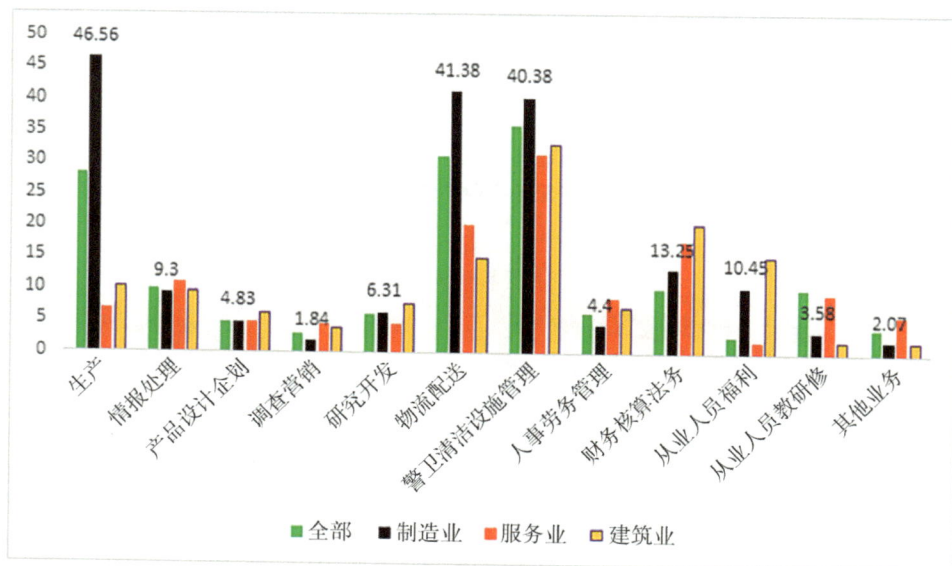

图 2.2　2006—2015 年韩国分行业和领域服务外包利用情况（%）

（六）建筑业占比下降导致外包集中度出现下降

从行业和公司规模划分的韩国服务外包集中趋势看（如图 2.3 所示），建筑业的外包份额最大，服务业的份额最小。表明建筑业存在分阶段外包的情况，而制造业和服务业的外包集中度保持在一定水平，相对稳定。图 2.4 显示了不同规模的企业外包集中趋势。其中大中型企业外包集中度较大，小企业外包集中度较小。

对小型企业而言，与大中型企业相比其企业规模相对较小，因此它们在外包合同中处于相对较弱势的位置。从图上可以看出，自 2007 年以来，韩国外包集中度一直在稳步下降。结合图 2.3 和图 2.4 可以推测，韩国外包集中度下降的主要原因是建筑业的占比下降。

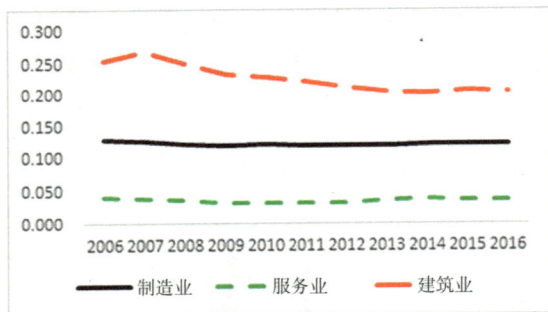

图 2.3　韩国各行业外包集中度趋势

资料来源：韩国统计厅。

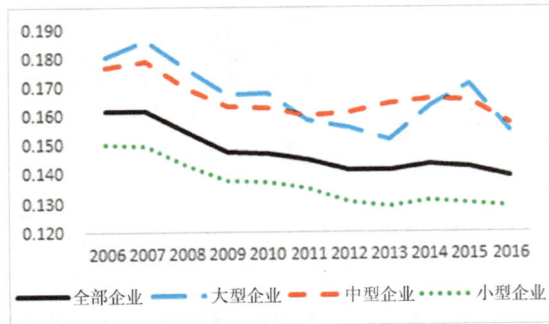

图 2.4　按公司规模划分的外包集中趋势

资料来源：韩国统计厅。

三、中韩服务贸易发展状况

韩国与中国隔海相望，文化渊源相同，贸易往来频繁。2015 年中韩自由贸易协定（FTA）的签订给双方服务贸易领域的发展和合作带来更多机遇。在中韩 FTA 两国的服务贸易具体承诺减让表中，中韩对商业服务、通信服务、建筑及相关工程服务、分销服务、教育服务、环境服务、金融服务、旅游及与旅游相关服务、娱乐、文化和体育服务、运输服务十个大类服务部门作出了开放承诺，未对与健康相关的服务及社会服务、其他服务作出开放承诺。对中国比较关注的速递、建筑服务方面，韩方首次做出超出其现有自贸协定水平的承诺。中国也对韩国重点关注的法律、建筑、环境、体育、娱乐和证券方面，根据现行法律法规承诺进一步开放。同时，双方还加大了影视合作，并放松了对出境旅游的管制。中韩自贸协定实施后，双边服务贸易得到了更加紧密和深入的发展。两国贸易互补性较强。双边服务贸易主要集中在制造服务、运输、旅游、知识产权使用费、通讯、其他商业服务领域等。

（一）中韩服务贸易发展特点

1. 中韩服务贸易规模迅速扩大

自 2015 年以来韩国对中国服务贸易进口额逐年上升，2018 年实现了 142 亿美元的峰值，2019 年略微下降 6% 至 139 亿美元。韩国对中国服贸出口，2017 年受"萨德"影响，仅实现 153 亿美元出口额，为近阶段最低值，2019 年回升至 189 亿美元。根据中国商务部，近年来中国已成为韩国最大的服务贸易出口国和服务贸易收支顺差来源国（见图 3.1）。

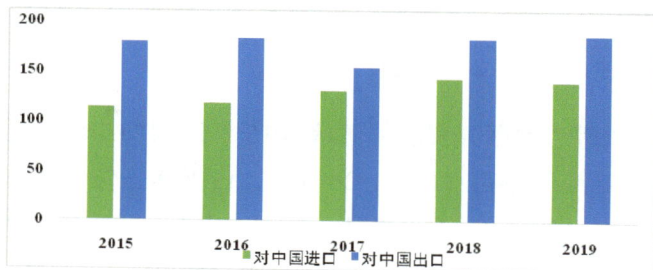

图 3.1　2015—2019 年韩国与中国服务贸易情况（亿美元）

资料来源：OECD 数据库。

注：图中数据不包括中国台湾、香港、澳门。

2. 中韩服务贸易主要集中在制造业服务、旅游、运输等部门

中国对韩国的主要出口服务是制造服务、旅行服务和运输服务，在服务外包方面以承接外包合同为主。

随着中国工业化的快速增长，中韩服务贸易中制造服务所占份额不断提高。2015年，占据韩国对中国服贸出口前三位的旅行服务、运输服务、知识产权服务分别占比40.05%、33.83%、12.00%；2019年，占据前三位的旅行服务、运输服务、知识产权分别占比37.76%、28.79%、14.93%（见表3.1）。

表 3.1　韩国对中国出口服务贸易主要部门构成（百万美元）

时间	2015	2016	2017	2018	2019
出口总值	17863	18245	15309	18241	18576
制造服务	211	163	149	166	168
维修服务	38	49	45	55	80
运输服务	6043	5129	4777	5555	5349
旅行服务	7153	8173	5577	6339	7014
建筑服务	381	426	453	563	527
保险和养老金服务	288	282	193	218	230
金融服务	57	61	78	101	104
知识产权	2144	2187	2233	2884	2774
电信、计算机和信息服务	345	381	401	530	648
其他商业服务	1012	1168	1191	1562	1381
个人、文化和娱乐服务	107	148	141	175	217
政府货物和服务	84	80	71	93	83
货贸服务	4672	4545	4952	5646	5219

数据来源：根据 OECD 数据库资料整理。

韩国自中国进口的服务贸易总额从2015年的112.65亿美元增长到2019年的138.95亿美元，增幅23.35%。2015年，占据前三位的制造服务、运输服务、旅行服务分别占比41.14%、21.14%、16.85%，2019年，占据前三位的制造服务、运输服务、其他商业服务分别占比36.81%、23.03%、16.69%。并且，随着韩国社会老龄化加快，对中国的保险与养老金服务进口也由2015年的4300万美元，提升至2019年的6800万美元，增幅58.14%（见表3.2）。

表 3.2　韩国对中国进口服务贸易主要部门构成（百万美元）

时间	2015	2016	2017	2018	2019
进口总值	11265	11665	12961	14199	13895
制造服务	4634	4494	4886	5572	5115
维修服务	38	51	66	73	104
运输服务	2381	2519	3014	3410	3200
旅行服务	1898	2187	2038	1818	1892
建筑服务	202	113	224	249	253
保险和养老金服务	43	48	46	52	68
金融服务	40	44	56	52	58
知识产权	27	77	197	194	252
电信、计算机和信息服务	252	267	247	359	466
其他商业服务	1638	1718	2031	2266	2319
个人、文化和娱乐服务	23	27	32	44	46
政府服务	89	120	124	110	123

资料来源：根据 OECD 数据库资料整理。

韩国对中国的服务贸易顺差主要在旅游、运输、知识产权服务费等领域，而中国在双边服务贸易中的优势部门则主要在制造服务部门。

3. 中韩产业园成为中韩服务外包的重要集聚地

地方经济合作内容是中韩自贸协定的创新，也是中国 21 世纪自贸区战略发展的重大创举。"中韩产业合作园区"是根据中韩自贸协定由两国政府分别在中韩两国设立的产业园区。烟台、盐城、惠州三地的中韩产业园，以及威海中韩自贸区地方经济合作示范区都努力加快构建服务外包体系，引导传统加工贸易企业发展生产性服务外包，促进加工贸易转型升级和制造业的服务化，成为韩国服务外包的重要集聚地。

烟台中韩产业园重视园区现代服务业的发展，逐步实现中韩金融、物流、医疗、教育、文化等现代服务业的融合。其中，金融行业引进韩国银行、保险、基金、金融租赁、股权交易、典当等服务业企业入驻；现代物流以烟台—仁川、烟台—平泽航线和烟台与仁川、釜山机场空中航线为基础，引入跨境电商、辅助建设多种物流基地等，发展危化品物流、冷链物流、医药物流等特种物流；文旅产业发展滨海旅游、设计、动漫创意、职业教育等产业，吸引全球知名文旅企业参与烟台文旅项目建设，打造韩国人来华旅游第一站。2021年中韩（烟台）产业园在全国率先开展跨境审批服务，通过网络等方式受理、初审企业登记注册有关材料，让韩商不出门即可获得中国市场主体资格和经营资格，为后疫情时代招商引资蹚出了新路，为产业园的贸易合作新发展提供了动力保障。

盐城中韩产业园坚持高端制造业和现代服务业"双轮驱动"，加快发展数字经济、枢纽经济和都市产业，着力提升服务业发展水平。推动中韩合资合作，加快发展健康医疗产业。发展跨境电商产业，着力打造中韩进出口商品物流和贸易基地。挖掘软件、工业设计、检测、人工智能、供应链管理等领域的服务外包业务，带动盐城服务外包产业发展。2018年现代起亚、摩比斯、京信电子、新韩银行等763家韩资企业落户盐城，实际使用韩资46.7亿美元（5.5163441万亿韩元），占韩国对华投资的近1/3。截至2020年中韩（盐城）产业园已经入驻近千家韩资企业，总投资超过60亿美元，年销售额突破150亿美元。

（二）中韩服务外包合作面临的问题与挑战

近年来，中韩两国在电信产业、计算机与信息产业、制造业和动画漫画等文化娱乐产业上的服务外包合作范围与深度迅速扩大，但不可忽视的是，中韩两国的服务外包合作还面临诸多挑战，尤其是中国存在劳动力成本上升、科研投入偏低、知识产权保护缺位等问题，这些都在制约着中韩两国在各个产业的服务外包合作的深入开展。

劳动力成本上升。中国劳动力价格相对低廉是韩国企业对中国发包的重要原因之一。但近年来中国劳工的年均工资不断上涨，中国国家统计局的数据显示，2020年全国城镇非私营单位就业人员年平均工资为97379元，同比2019年90501元的收入水平，增长7.6%。图3.2具体反映了2017年至2019年，中国主要行业人均收入水平增长情况，其中以信息传输、计算机服务和软件业增长最快，由2017年133150元增长至2019年161352元，实现21.18%的增幅。

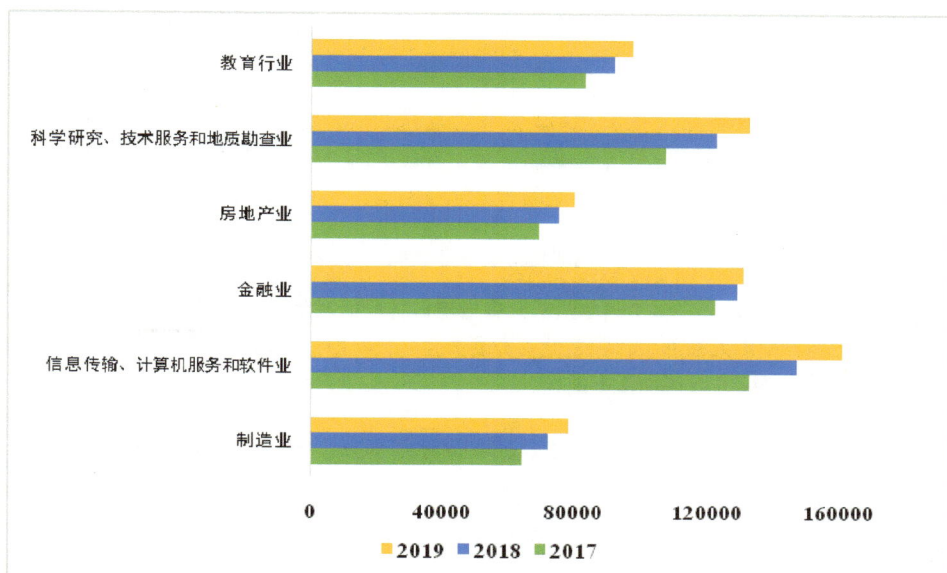

图 3.2　2017—2019 年中国主要城镇居民主要行业人均年收入（元）
资料来源：中国国家统计局。

　　OECD 统计数据显示，韩国劳工的名义年均工资从 2019 年的 42297 美元下降至 2020 年的 41960 美元，此番下跌与新冠肺炎疫情的负面冲击存在一定关联，同时女性劳工的因疫情停工比例（on leave of absence）高出男性两倍（Ham，2021）。可见在不考虑价格指数的情况下，中国劳动力价格的增长速度明显高于韩国，中韩劳动力成本之间的差距正在显著缩小。这样的现象在工资水平高、工资增长速度快的信息和计算机产业、文化产业以及技术服务产业尤为明显，而这些产业也恰恰是中韩两国服务外包合作程度最高的产业，中国劳动力成本的显著提升、中韩两国在上述产业中劳动力成本的缩小使得韩国对华发包的必要性降低，中韩两国服务外包合作受阻。

　　虽然中国劳动力成本正处于相对显著的增量趋势中，但中国劳动力成本在存量对比上与日韩依旧存在较大差距。图 3.3 反映了 2021 年中国山东、辽宁、广东与浙江的最低时薪水平，对比韩国最低工资委员会与日本厚生劳动省公布的 2021 年最低时薪，中国的每小时劳动力成本依旧不及日韩的一半，故而仍旧存在劳动力成本优势。

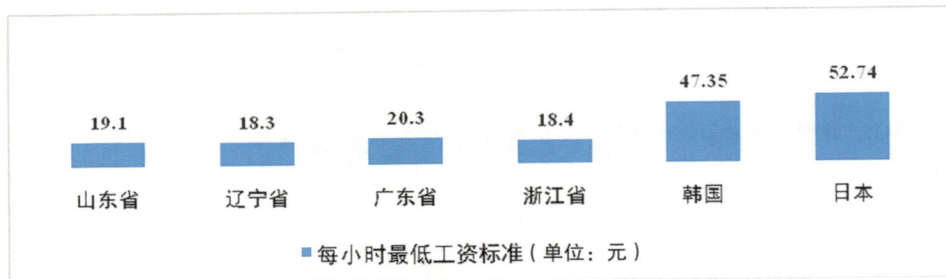

图 3.3　2021 年中国部分省份与日韩最低时薪对比（元）

资料来源：中国人社部、韩国最低工资委员会与日本厚生劳动省。

注：按 2021 年 10 月同期汇率换算。

科研投入相对不足。根据国家统计局数据显示，中国在 2018 年、2019 年和 2020 年的科学研究经费投入分别为 19677.93 亿元、21737.0 亿元和 24393.1 亿元，分别占当年国民生产总值的 2.14%、2.19% 和 2.40%。

根据国家统计局、科学技术部和财政部联合发布《2020 年全国科技经费投入统计公报》，2020 年，企业研发经费达到 18673.8 亿元，比上年增长 10.4%；占全国研发经费的比重达 76.6%，对全国研发经费增长的贡献达 77.9%，拉动作用进一步增强；规模以上企业享受研发费用加计扣除减免税金额为 2421.9 亿元，比上年增长 29.4%。

分产业部门看，2020 年高技术制造业研究与试验发展经费 4649.1 亿元，投入强度（与营业收入之比）为 2.67%，比上年提高 0.26%；装备制造业研究与试验发展经费 9130.3 亿元，投入强度为 2.22%，比上年提高 0.15 个百分点。图 3.4 反映了中国研发投资的地域特征，其中经费投入超过千亿元的省（市）有 8 个，分别为广东（3479.9 亿元）、江苏（3005.9 亿元）、北京（2326.6 亿元）、浙江（1859.9 亿元）、山东（1681.9 亿元）、上海（1615.7 亿元）、四川（1055.3 亿元）和湖北（1005.3 亿元）。

根据欧盟委员会发布 2020 年欧盟工业研发投入记分牌《2020 EU Industrial Research and Development Scoreboard》显示，全球 2500 家公司，研发投入力度最大的产业是 ICT 生产、ICT 服务两大领域。故而在当前全球聚焦的半导体产业，韩国文在寅政府于 2021 年 5 月 13 日发布 "K– 半导体战略"，表示将整合三星、SK 海力士在内的韩国半导体产业，在其京畿道和忠清道规划全球最大规模的半导体产业集群；在未来十年将投入约 4510 亿美元；对研发和设施投资将分别减免 40%—50%、10%—20% 的税金；在 2021 年下半年至 2024 年期间，将对从事半导体等"关键战略技术"的大型企业的资本支出税收优惠从目前的最高 3% 提高到 6%，目标在 2030 年取得全球半导体供应链的主导地位。同时，作为全球唯一提供 EUV 光刻设备的公司，荷兰阿斯麦尔（Advanced Semiconductor Material Lithography，ASML）计划在未来 4 年投资约 2400 亿韩元在韩国京畿道建设包括再制造工厂和培训中心的 EUV 综合集群。

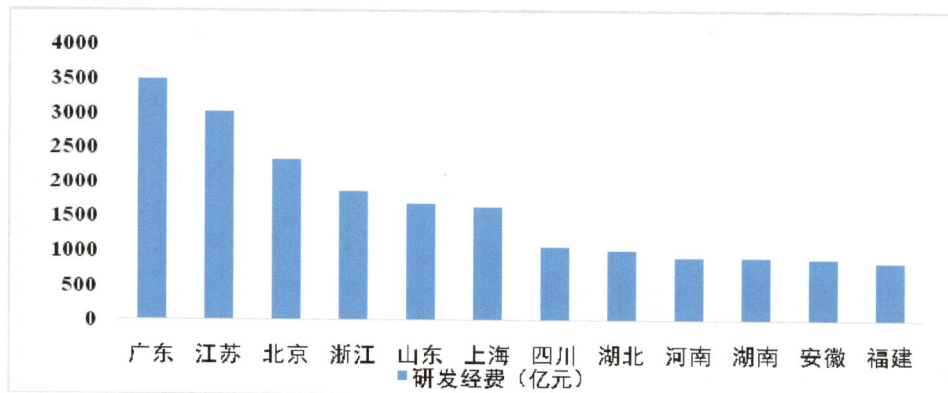

图 3.4　2020 年中国部分省份研发经费投入情况（亿元）
资料来源：中国国家统计局。

　　与韩国相比，中国企业的科研投入比例仍相对不足。以行业代表性企业来看，三星集团 2020 年研发支出达到 21.2 万亿韩元（约 186 亿美元），占当年业务营收的 9%，比重高于 2018 年的 7.7% 和 2019 年的 8.8%（图 3.5）。根据华为 2020 年财报，其研发总费用为 1418.93 亿元约（约 221.9 亿美元），占销售收入的 15.9%，并且超过百度、阿里、腾讯、京东 2020 年研发投入的总和。科研投入不足会降低中国在电信、计算机和信息等知识密集型产业中的接包能力和竞争力，不利于中韩两国服务外包合作的深入。但中国科研投入的绝对值和占 GDP 的比重都在迅速增加，这对上述产业的发展会有促进作用，也会相对减少中韩进行服务外包合作的困难。

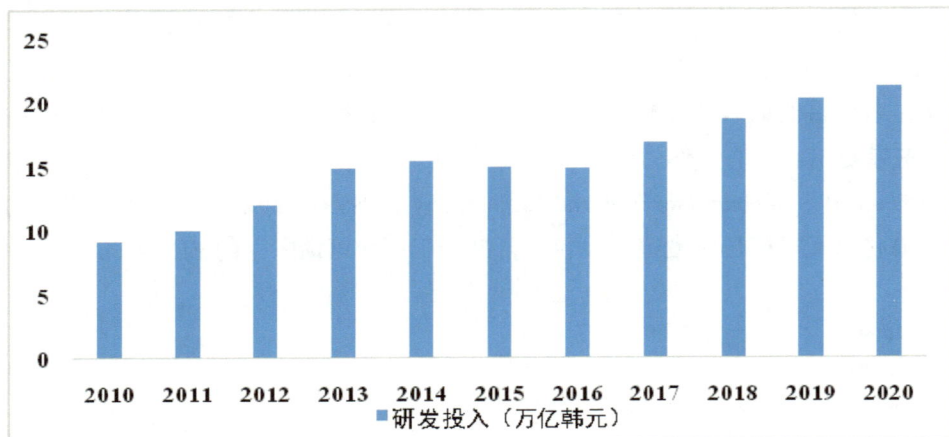

图 3.5　2010—2020 年三星电子研发投入情况（万亿韩元）

资料来源：Statista。

四、韩国服务外包市场展望

（一）第四次工业革命（4IR）对韩国服务外包提出新要求

第四次工业革命要求各国在发展高水平的智能化 IT 的同时，要加速智能信息技术与制造业融合，以全新智能模式经营传统制造业，将工业智能化延伸到产业整体价值链。这就要求以 ICT 产业为基础的高端科技产业的各个生产环节趋向智能化，但同时也对接包商提出了更高要求：不仅要有较高的劳动性价比，更要能提供高质量、智能化产品和服务。这使得韩国企业未来对发包业务范围的界定、接包商的选择都要更加谨慎，以保证产品和服务质量达到国际标准。

同时，随着中国产业链的不断延伸，中韩两国可能在高附加值或技术领域面临相互竞争的局面。为此，中韩两国可以通过蛋糕做大的方式，发挥各自的比较优势，在双方经济发展战略互补的同时，逐步实现与东盟"数字发展战略""工业 4.0 战略"的对接，加强在大数据、5G 技术、生物医药、新材料、新能源等领域的合作，培育新的经济发展模式，打造更为完整的产业集群，为双方在第三方市场开展合作创造更多的可能。

（二）中韩自贸区第二阶段谈判为中韩服务外包合作带来更多机会

2017 年 12 月，中韩自贸协定第二阶段谈判启动，重点是以负面清单模式就服务贸易和投资规则开展磋商。从服务贸易章节谈判方针看，在跨境服务贸易章节、金融服务贸易章节将纳入有关未来最惠国待遇，金融服务贸易章节下或将有新的清单，作为附件 III 附属于中韩自贸协定。但由于目前谈判仍在进行，负面清单尚未确定。

广阔的中国市场为中韩服务外包合作的进一步发展奠定了基础。自中韩自贸协定实施以来，中韩之间的服务外包合作日趋密切，广阔的中国市场是韩国将大量业务外包给中国的一个重要原因。中国大陆目前是全球最大的半导体设备市场，2020 年中国市场占比最高达到 34.4%，巨大的市场使得韩国对华发包日益增加。

中国各省市，尤其是毗邻韩国的山东、辽宁都在其自贸试验区建设中把对日韩产业合作作为总体方案的重要内容，各地的中韩产业园也努力创造条件为中韩服务外包合作提供平台，规模化服务外包载体平台，加强中韩人才交流、促进服务外包人才培养工作。比如，惠州中韩产业园为承接韩国服务外包制定系列优惠政策，其中，自主知识产权发展政策方面，对产业园韩资企业、科研院所等申报并授权的各类专利给予奖励，发明专利 9000 元 / 件，提交 PCT 专利申请 1.2 万元 / 件。对拥有自主知识产权的韩资企业，在知识产权质押融资、专利导航等方面给予支持；咨询服务业发展政策方面，对产业园新设立的韩资律师事务所代表机构、会计师事务所、科技服务机构、科技成果交易机构、知识产权代理机构等专业服务机构，在产业园依法纳税的，从纳税年度起，前 3 年，按企业当年对市、县（区）财政贡献增量额度的 80% 给予奖励；后 2 年，按企业当年对市、县（区）财政贡献增量额度的 60% 给予奖励；享受全面的金融服务。允许韩资企业同等享受惠州市对民营企业境内上市、"新三板"挂牌和区域性股权市场融资的相关扶持政策。市财政安排 3 亿元成立中韩（惠州）产业园发展母基金，母基金通过与国内外金融机构、企业和其他社会资本合作设立若干专项子基金（产业投资基金、风险投资基金、股权投资基金等），以股权投资等方式重点支持电子信息、石油化工、汽车与装备制造、清洁能源、生命健康等战略性新兴产业发展。

在中韩产业园建设的推动下，国内已出现大量具有较高专业化水平的接包商、经专业培训的服务外包人才和较为完善的服务外包体系。

（三）RCEP 将为韩国服务外包发展带来新机遇

2020 年 11 月 15 日，区域全面经济伙伴关系（RCEP）顺利签署，为韩国服务贸易发展带来了新机遇。

一是服务贸易和投资承诺促进韩国对 RCEP 区域投资。RCEP 服务贸易规则纳入了市场准入条款、国民待遇、最惠国待遇、当地存在、国内法规等，旨在实质性取消缔约方之间服务贸易领域的限制和歧视性措施，逐步实现服务贸易的自由化。其中值得一提的是电信附件，其确定了无歧视使用各自电信有关基础设施并提供电信服务的规则，这有助于韩国信息通信产业在 RCEP 区域的发展，同时电信作为韩国外包优势产业，可以带动韩国在 RCEP 区域投资和发展重心向技术前沿领域转移，促进产业创新融合，带动产业链价值链的提升和重构。

RCEP 中的投资条款通过提升投资保护、促进和便利化水平，营造良好投资营商环境，增强投资环境的可预测性、安全性和稳定性，大大提高了市场准入的确定性。此外，RCEP 中还制定了 170 多项"软性义务"，比如：在可行的情况下，对快运货物、易腐货物给予 6 小时通关；增加企业获取信息的途径，在可能的范围内，通过互联网公布所有影响服务贸易的法律法规；鼓励成员在电子商务中使用可交互操作的电子认证；提高公众意识等。这些"软性义务"对优化韩国服务贸易外包营商环境有着重要影响。

二是标准一致化有助于服贸外包产业发展。执行标准不一致一直是阻碍服务外包产业在全球范围深入发展的桎梏之一（Lioliou etal.，2019）。同时，双边自贸协定只是完成双边专业服务标准的统一，在面临多国参与的离岸外包（Offshore-Outsourcing）业务中，需要协调不同国家分包商的执行标准，为项目管理增加了额外负担。因此，RCEP 这样一个充分覆盖中国、日本、韩国、澳大利亚、新西兰和东盟十国的自由贸易协定，便展现其"多边优势"，如 RCEP 文本第八章附件三《专业服务》第六条规定：每一缔约方应当鼓励其相关机构在共同同意的领域内致力于制定共同可接受的专业标准和准则，可以包括：教育、考试、经验、行为和道德规范、专业发展和再认证、执业范围、本地知识以及消费者保护。鼓励各缔约方制定共同可接受的专业标准和准则，从而为服务外包技术细节、产品规范的统一化进程提供较大裨益。

　　三是韩国与东盟国家服务外包业务量将持续增长。在过去韩国东盟国家服贸往来中，双方政府较为严格的监管措施，一定程度阻碍了双方服贸关系的深入发展（LaM，2020）。随着 RCEP 落地生效，RCEP 缔约方之间互相开放更多服务部门，韩国的投资将会更多流向在 RCEP 协定中新增的和更加开放的服务部门，以拓展、优化产业链条，增进上下游产业的联动效应，而在外部将会流向越南、泰国等具有生产要素成本优势的东盟国家，以制造业的区域化投资布局，推动产业链的升级。

　　在产业竞争力、人力资源、商业环境和政府政策这四大服务外包选择体系中，成本竞争力是最重要的要素（Won etal.，2018）。韩国在 ICT、电子信息、智能手机等产业快速发展的需要迫切要求其专注于核心环节，将附加价值低的生产环节剥离至劳动力成本更低的国家，东盟各国是其重要选择。随着中国这一重要接包国的劳动力成本上升，大量韩国制造业发包企业亟须寻找劳动力成本低廉的国家来承接价值链低端环节业务，其中劳动力成本优势将促进东盟各国在劳动密集型产业的接包。越南、马来西亚、印度尼西亚等国 2021 年最低月薪标准均未超过 400 美元 / 月，不及韩国本土最低月薪标准的四分之一。因此越南、菲律宾等东盟成员国的劳动力成本具有明显优势，虽然这些国家的市场规模有限、劳动力素质与中国、印度这些传统服务外包大国相比也有差距，但人口红利是这些国家最大的接包优势。以菲律宾为例，自 2001 年发展服务外包以来，菲律宾凭借低廉的劳动力成本和较高的英语水平成为各国发包企业的首先选择，在菲投资服务外包企业的国家主要就是美国、日本、韩国等传统的发包大国。2021 年菲律宾最低月薪标准为 537 比索，折合约 317.24 美元，在新冠肺炎疫情后全球性通货膨胀的背景下，依旧具有劳动力成本的比较优势。服务外包也成为菲律宾近年来发展最快的行业之一，2010 年菲律宾共有 52.5 万人从事服务外包工作，该行业提供的就业人数年增长率约为 24%。承接专业服务外包（Professional Services Outsourcing）是菲律宾的重要经济支柱，主要与 IT 产业相关，最常见的 IT 外包是呼叫中心、动画、软件开发、游戏开发、工程设计和医疗记录等（Estember；Jacob，2019）。国际数据公司（IDC）的数据显示，到 2021 年，在菲律宾的企业进行数字化转型，将创造 5 亿美元的外包服务总额。

参考文献

［1］范丽萍，李国凯.从半导体市场和集成电路制造谈芯片产能［J］.中国集成电路，2021，30（07）：24-26.

［2］廖战.全球价值链，服务外包与贸易利益［M］.西南财经大学出版社（崧博），2020.

［3］盛斌，陈帅.全球价值链如何改变了贸易政策：对产业升级的影响和启示［J］.国际经济评论，2015（1）：85-97+6.

［4］BownCP.COVID-19：Demand spikes，export restrictions，and quality concerns imperil poor country access to medical supplies［J］.COVID-19 and trade policy：Why turning inward won't work，2020：31-48.

［5］KimBN，KimE，LeeS，etal.Mathematical model of covid-19 transmission dynamics in South Korea：The impacts of travel restrictions，social distancing，and early detection［J］.Processes，2020，8（10）：1304.

［6］La，Meeryung.An Analysis of Service Trade Regulation in ASEAN and Its Implications［J］.2020.

［7］Arndt，SvenW.，Henryk Kierzkowski，eds. Fragmentation：New production patterns in the world economy.OUPOxford，2001.

［8］ChuZ，WangQ，LaiF，etal.Managing interdependence：Using Guanxi to cope with supply chain dependency［J］.Journal of Business Research，2019，103：620-631.

［9］ChaKJ，KimYS.Critical success factors for mutual collaboration with suppliersin IT outsourcing in dustry：a case study of a top IT outsourcing company in Korea［J］.Enterprise In formation Systems，2018，12（1）：76-95.

［10］HandfieldR. Shifts in buyer-seller relationships：A retrospective on［J］.Industrial Marketing Management，2019，83：194-206.

［11］SohelSM，QuaderMS. transfor migit from a cost centre to a value centre perspective：a case study on the british stand and ard sinstitute［J］.Journal of Services Research，2017，17（1）.

［12］LioliouE，WillcocksL，LiuX.Researching IT multi-sourcing and opportunistic behavior in conditions of uncertainty：Acaseapproach［J］.Journal of

Business Research，2019，103：387-396.

［13］EstampeD，LamouriS，ParisJL，etal. A framework for analysing supply chain performance evaluation models［J］.International Journal of Production Economics，2013，142（2）：247-258.

［14］ChaKJ，KimYS. Critical success factors for mutual collaboration with suppliersin IT outsourcing in dustry：a case study of a top IT out sourcing company in Korea［J］.Enterprise Information Systems，2018，12（1）：76-95.

［15］DaviesA，BradyT，HobdayM. Organizing for solutions：Systemssellervs. systemsintegrator［J］.Industrial marketing management，2007，36（2）：183-193.

［16］LeeJ.Threeworlds of global valuechains：multiple governance and upgrading paths in the Korean animation industry［J］.International Journal of Cultural Policy，2019，25（6）：684-700.

［17］MilicL，McConvilleY. The animation producer'shandbook［M］. McGraw-HillEducation（UK），2006.

［18］SternJD. Global Outsourcing，Local Transformations：Transnational Business and Urban Restructuring in the Philippines［D］.2019.

［19］JohnJV. India - South Korea relationsunder'Special strategic partnership'：'Acteast policy'meets'New southern policy'［J］.India Quarterly，2020，76（2）：207-225.

［20］HamS.Explaining Gender Gaps in the South Korean Labor Market During the COVID-19 Pandemic［J］.Feminist Economics，2021，27（1-2）：133-151.

［21］WongWK，MoslehpourM，MusyokiD. Simultaneous Adaptation of AHP and FuzzyAHP to Evaluate Outsourcing Servicein East and Southeast Asia［J］. Journal of Testing and Evaluation，2018，48（2）：1594-1614.

［22］EstemberRD，JacobJP.Building a Decision Model for Outsourcing IT Services in Philippine Perspective［C］//2019 IEEE 6th International Conference on Industrial Engineering and Applications（ICIEA）.IEEE，2019：403-407.

专题四

"一带一路"服务外包发展现状与趋势展望

刘　震[①]

　　随着国际分工的不断深入，生产环节逐渐碎片化，企业在生产过程中，基于投入产出的考量，会将非核心、不重要的环节交给外部专业机构，集中资源发展自身核心业务，从而达到降低生产成本、提高生产效率、增加经济收益的目的，并最终实现资源优化配置。基于既有研究，按照地域可将服务外包分为在岸服务外包和离岸服务外包。进入 21 世纪以来，计算机互联网和通信技术的迅猛发展使服务的可交易性增强，从而为服务外包提供了新的机遇与契机，发达国家及发展中国家分别基于各自的比较优势，将可分离的环节外包给合适的海外公司，促进国际服务外包的高速发展。

　　服务外包最初起源于西方国家，在国际范畴内，中国属于较晚承接服务外包的国家。20 世纪 80 年代，在印度等国家承接来自西方国家的服务外包时，中国还未重视服务外包业务，直到 2000 年之后，中国在劳动力、资源、基础设施以及经营环境等各个方面都存在特定优势，因此成为西方国家开展离岸外包业务的目的地。得益于政府政策的大力扶持和信息技术水平的不断提高，我国服务外包产业发展迅猛。我国将发展服务外包提高到国家战略层面之后，多年来批准建立了一批服务外包示范城市，在招商引资、产业规划、宏观政策、人才培养、财政资金等方面予以特别支持，鼓励它们科学发展、良性竞争，开创经济稳定增长、产业结构合理、地方就业增长、市场内需扩大的新

---

　　① 刘震，山东大学商学院助理研究员。

局面。截至 2020 年，中国服务外包示范城市及申请城市共有 31 个，这 31 个示范城市承接国际服务外包执行额为 875.3 亿美元，同比增长 6.1%，占全国的 82.7%；承接在岸服务外包执行额为 4082.7 亿元人民币，同比增长 15.1%，占全国的 84.9%。面对新冠肺炎疫情，各示范城市积极作为，出台支持政策，服务外包产业整体保持逆势增长。在当前国际经济形势复杂多变，单边主义抬头的背景下，我国应充分利用"一带一路"倡议、RCEP 等双边多边合作机会，进一步深入开发更多新兴市场，扩大与"一带一路"沿线国家之间的服务外包规模，在激烈的国际服务外包市场竞争中，实现服务外包转型升级，促进我国服务业开放新格局的形成。

一、"一带一路"服务外包发展现状

"一带一路"倡议至今已实施八年，自 2015 年发布《推动共建丝绸之路经济带和 21 世纪海上丝绸之路的愿景与行动》之后，又逐步出台了《中欧班列建设发展规划（2016—2020）》《关于推进绿色"一带一路"建设的指导意见》《共同推进"一带一路"建设农业合作的愿景与行动》《推动丝绸之路经济带和 21 世纪海上丝绸之路能源合作愿景与行动》《"一带一路"建设海上合作设想》以及《标准联通共建"一带一路"行动计划（2018—2020 年）》等重要文件，这些政策文件的出台为"一带一路"的实施指明方向的同时也落实了具体措施；基于这些政策，各级政府一直致力于加大与"一带一路"沿线国家的合作广度深度，也出台了各省份的指导方针及相关方案。2018 年 8 月 27 日，习近平主席出席推进"一带一路"建设工作五周年座谈会并发表了重要讲话，其中提到，"共建'一带一路'正在成为我国参与全球开放合作、改善全球经济治理体系、促进全球共同发展繁荣、推动构建人类命运共同体的中国方案"；而"一带一路"已成为全球最受欢迎的全球公共产品，也是目前前景最好的国际合作平台[①]。在"一带一路"倡议中，所涉及的合作内容包括，政策沟通、设施联通、贸易畅通、资金融通、民心相通；其中贸易投资便利化为贸易畅通中的重要内容，而"一带一路"倡议下，国有企业与私有企业通过 PPP 公私合营形式进行对外投资等行为，来支持沿线国家基础设施建设

---

① 参见中国一带一路网，https://www.yidaiyilu.gov.cn/ztindex.htm.

以及相关领域发展，由于"一带一路"沿线国家涉及国家数目较多，政治立场与诉求存在差异，经济发展水平参差不齐，正式制度与非正式制度也存在一定差异，因此在具体实施过程中，各国在其经济因素考量之外，同时也会重视政治及国际因素考量，这也使得中国在推行"一带一路"过程中面临更多的困难与阻碍，贸易与投资作为"一带一路"倡议下的重要组成部分，也更需要政府与企业的更多关注，以全球视角下的新思维考量贸易与投资行为，完成在国际间发展战略的顺利对接，以实现"共商""共建"以及"共享"目标。在可预期的未来，在"一带一路"倡议推动下，中国贸易与投资，特别是服务外包会继续增长，因为"一带一路"为服务外包产业的发展带来了巨大的机遇，一是服务外包产业发展与"一带一路"倡议有诸多契合点。二是"一带一路"倡议促进服务外包产业转型创新，催生服务模式新业态。与此同时，"一带一路"对服务外包产业来讲，是机遇与挑战并存。那么，当前"一带一路"服务外包的现状如何，以及面临的挑战与展望，则是一个值得研究的问题。

《中华人民共和国国民经济和社会发展第十四个五年规划和2035年远景目标纲要》中提到：推动与共建"一带一路"国家贸易投资合作优化升级，积极发展丝路电商。深化国际产能合作，拓展第三方市场合作，构筑互利共赢的产业链供应链合作体系，扩大双向贸易和投资。坚持以企业为主体、市场为导向，遵循国际惯例和债务可持续原则，健全多元化投融资体系。创新融资合作框架，发挥共建"一带一路"专项贷款、丝路基金等作用。建立健全"一带一路"金融合作网络，推动金融基础设施互联互通，支持多边和各国金融机构共同参与投融资。完善"一带一路"风险防控和安全保障体系，强化法律服务保障，有效防范化解各类风险。"一带一路"倡议有助于我国深化改革开放，服务贸易则是重要引擎，与传统贸易相比，服务贸易由于技术含量更高，知识密集性更强等特点，更有助于高质量发展的整体规划。"一带一路"提出以来，中国与沿线国家间服务贸易明显增强，且"一带一路"沿线国家已逐渐成为中国服务外包合作的重要区域，并日益成为中国离岸服务外包的新增长点。截至2021年，中国与171个国家和国际组织，签署了205份共建"一带一路"合作文件。"一带一路"沿线国家存在较强的服务化需求，这也为我国发展服务贸易，对周边国家的服务外包的发包与接包业务提供了广阔的市场。从产业优势角度来看，我国在计算机信息、金融、通信等领域有较强的比较优势，而东盟国家的比较优势在于丰富的文化旅游资源以及发达的港口运输，印度则有先进的服务外包、软件和信息服务，同时中东欧在信息通信行业具有较强的科技创新水平，总的来说，我国与"一带一路"沿线国家之间在服务贸易方面存在较强互补关系，合作空间较为广阔。

在新冠肺炎疫情影响下，2020 年全球经济呈现低迷，但中国与"一带一路"沿线国家和地区贸易投资仍有增强。同时服务外包领域也呈现出相似的趋势。据商务部统计，2020 年，我国承接"一带一路"沿线国家离岸外包执行额为 1360.6 亿元，同比增长 8.9%。随着"一带一路"建设的深入，我国与"一带一路"沿线国家的合作愈发广阔且深入。在这些国家中，东盟地区是较为重要的合作区域。2020 年 1—11 月，我国企业承接"一带一路"相关国家服务外包执行额为 649.9 亿元，增长 6.8%。其中，承接东盟服务外包执行额为 365.1 亿元，增长 7.6%。除"一带一路"沿线国家和地区外，美国、中国香港、欧盟为 2020 年我国承接服务外包执行额前三大市场，占比为 53.8%。其中，我国承接美国服务外包执行额为 1550.6 亿元，同比增长 17%。承接中国香港、欧盟离岸外包执行额分别为 1198.3 亿元和 1176.8 亿元，同比分别增长 5.7% 和 5.8%。服务外包还对带动就业发挥了重要作用。截至 2020 年末，我国服务外包产业累计吸纳从业人员达 1290.9 万人，2020 年服务外包产业新增从业人员 119 万人。同时需要注意的是，"一带一路"沿线多为发展中国家和新兴市场国家，因此我国在 BPO、KPO 业务方面具有一定比较优势，相应表现为我国企业承接"一带一路"沿线国家的 BPO 和 KPO 业务很有可能会增长较快。总体来看，2020 年我国承接离岸服务外包执行额首次超过千亿美元，带动服务出口提升 3.8 个百分点，圆满实现"十三五"发展目标。这一成绩发生在全球经济受疫情影响的背景下，一方面是由于我国较快控制了疫情，展现出产业链价值链的稳定性和抗压性；另一方面也借助于数字经济的迅猛发展，数字产业领域的相关服务外包也成为 2020 外包增长的重要推动力量。

二、"一带一路"服务外包发展特点

（一）服务外包规模稳步增长

服务贸易方面，2020 年，中国与"一带一路"沿线国家完成服务进出口额 844.7 亿美元；其中，服务出口 377.3 亿美元，服务进口 467.4 亿美元。具体见图 2.1。从图中可看出，从 2015 年至 2020 年，中国对"一带一路"沿线国家服务出口额基本保持稳定增长势态，具体来看，该数据从 2015 年的 265.4 亿美元稳定增长至 2019 年的 380.6 亿美元，仅在 2020 年略微降低至 377.3 亿美元。中国对"一带一路"沿线国家服务进口额从 2015 年的 483 亿美元持续稳定增长至 2019 年的 798.2 亿美元，但在 2020 年出现较大程度下滑，下降至 467.4 亿美元。中国对"一带一路"沿线国家服务贸易差额在 2015 年为逆差 217.6 亿美元，之后该逆差值逐年递增，2019 年达 417.6 亿美元，但由于 2020 年进口额有较大程度缩减，因此 2020 年服务贸易逆差额也降至 90.1 亿美元[①]。

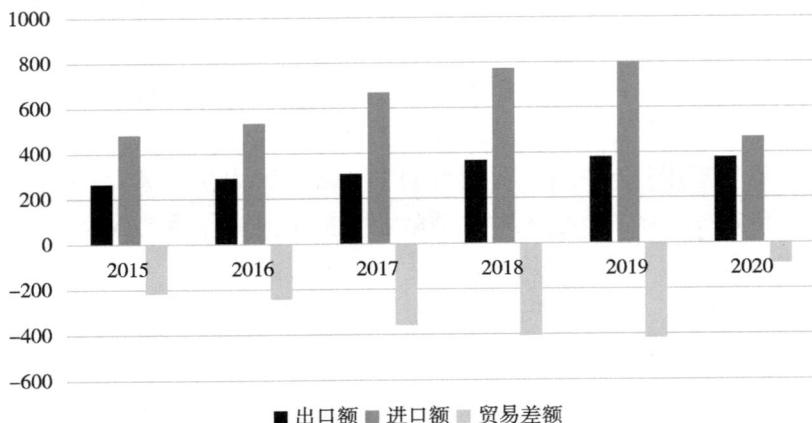

图 2.1　2015—2020 年中国与"一带一路"沿线国家服务贸易额（亿美元）

在全球治理体系变革新形势下，中国与"一带一路"沿线国家合作更加深入，促进了资源整合效率提升，推动服务业高质量发展。据商务部统计，截至 2020 年底，中国与 172 个国家和国际组织签署了 206 份共建"一带一路"合作文件，服务外包业务持续稳定增长，发展潜力进一步凸显。2014—2019 年，中国承接"一带一路"服务外包合同额从 121.1 亿美元稳步增长到 317.3 亿美元，年均增长率达到 20.5%，比同期中国离岸服务外包合同额增速高 6.4 个百分点，占中国离岸服务外包合同额的比例从 17.4% 增长至 22.8%。2020 年，在新冠肺炎疫情冲击下，全球经济低迷，但我国与"一带一路"沿

---

① 数据来自《中国"一带一路"贸易投资发展报告 2021》。

线国家仍实现了深度合作，中国承接"一带一路"沿线国家服务外包执行额从 2014 年的 98.4 亿美元逐年增长，至 2020 年执行额达到 197.7 亿美元。特别是"十三五"时期中国承接"一带一路"沿线国家服务外包执行额累计为 824.5 亿美元，年均增长 10.2%。2016—2020 年，中国承接"一带一路"沿线国家服务外包执行额的占比从 2016 年的 17.2% 增长至 2020 年的 18.7%，但中间有一定波动。具体如图 2.2 所示

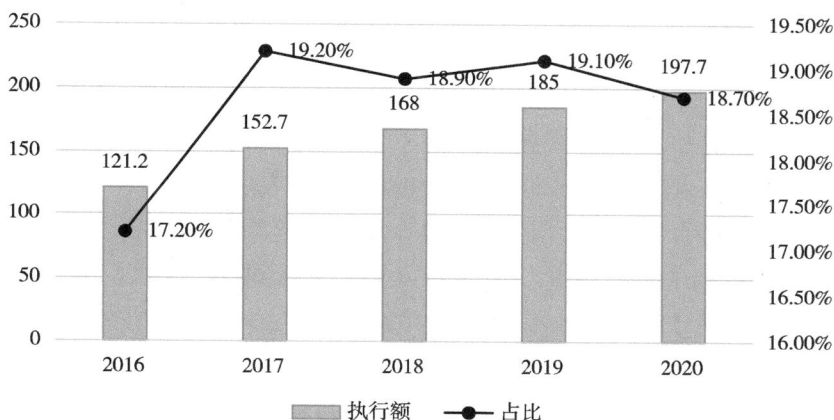

图 2.2　2016—2020 年我国承接"一带一路"服务外包执行额及占比（亿美元）
数据来源：中华人民共和国商务部。

（二）以工业设计外包、工程技术外包为主的知识流程外包领域合作大力发展

从服务外包整体结构上来看，逐渐从信息技术外包（ITO）为主导转变为信息技术外包（ITO）、业务流程外包（BPO）和知识流程外包（KPO）齐头并进，2020 年中国服务外包 ITO 执行额分别为 800.6 亿美元，业务流程外包（BPO）执行额为 354.1 亿美元，知识流程外包（KPO）执行额为 598.9 亿美元。2019 年，中国企业承接 ITO 执行额 726.9 亿美元，同比增长 4.5%；承接离岸 BPO 合同额 246.2 亿美元，同比增长 32.7%；承接 KPO 合同额 811.3 亿美元，同比增长 21.2%。但从"一带一路"相关数据可看出，中国承接"一带一路"沿线国家服务外包以 KPO 为主，2019 年 KPO 执行额为 89.5 亿美元，同比增长 11.7%，占承接"一带一路"沿线国家服务外包执行额的 48.4%。其中，工业设计服务外包执行额 35.4 亿美元，增长 24.2%；工程技术外包执

行额为 33.6 亿美元，增长 22.8%。承接"一带一路"服务外包中，ITO 增速放缓、BPO 快速增长。2019 年，中国承接"一带一路"沿线国家 ITO 执行额为 69.3 亿美元，同比增长 1.7%，低于同期离岸 ITO 执行额 6.4% 的增速，占承接"一带一路"沿线国家服务外包执行额的 37.4%；承接"一带一路"沿线国家 BPO 执行额为 26.2 亿美元，增长 32.7%，占比 14.2%，比 2018 年提升 0.5 个百分点。

（三）承接"一带一路"服务外包业务的区域较为集中

中国承接"一带一路"服务外包业务主要集中在东南亚 11 国（含东盟 10 国）、西亚北非 16 国和南亚 8 国，三者占比超过 85%。与"一带一路"其他区域相比，东盟地区服务外包市场相对成熟、发展较为稳定，新加坡、印度尼西亚、泰国、越南等均是中国离岸服务外包市场的重要发包国。中国承接东盟服务外包执行额从 2016 年的 63.1 亿美元增长至 2020 年的 103.6 亿美元，累计 438.0 亿美元，年均增长 10.4%；承接中东欧服务外包执行额由 2016 年的 3.3 亿美元增长至 2020 年的 10.7 亿美元，累计 32.9 亿美元，年均增长 26.8%，比中国承接离岸服务外包执行额年均增速高 16.4 个百分点。2019 年，中国承接东南亚 11 国服务外包执行额为 99.0 亿美元，同比增长 8.6%，占承接"一带一路"沿线国家服务外包执行额的 53.5%。其中，承接新加坡、越南、马来西亚、印度尼西亚、泰国服务外包执行额分别为 53.4 亿美元、8.7 亿美元、8.7 亿美元、8.3 亿美元、7.9 亿美元。西亚北非和南亚也是"一带一路"重要发包地区。2019 年，承接西亚北非和南亚服务外包执行额分别为 36.5 亿美元、25.1 亿美元，分别占承接"一带一路"沿线国家服务外包执行额的 19.7%、13.6%。承接西亚北非服务外包执行额增长较快。沙特阿拉伯、埃及、阿拉伯联合酋长国等西亚北非区域是中国承接服务外包的重要来源地，发包规模均出现大幅增长。2019 年，中国承接西亚北非服务外包执行额为 36.5 亿美元，同比增长 20.9%。其中，承接沙特阿拉伯服务外包执行额为 10.1 亿美元，增长 58.0%；承接埃及服务外包执行额为 3.9 亿美元，增长 144.5%；承接阿拉伯联合酋长国服务外包执行额为 7.7 亿美元，增长 63.3%。

三、"一带一路"沿线服务外包发展面临的问题

（一）因市场成熟度及发展经验欠缺带来的风险问题

服务外包产业在中国虽起步较晚，但发展非常迅猛，然而与发达国家相比，中国在市场成熟度、业务环节操作经验上仍有较明显的差距。同时"一带一路"沿线国家多为发展中国家，整体经济发展水平、对外贸易体量、对服务外包产业的整体把控以及和其他国家在服务外包产业上的合作还不是太成熟，且不同国家及地区的经济基础发展程度差异较大，经济合作程度深浅不一。我国与"一带一路"沿线国家在各个业务环节及操作经验上也未形成较为标准的规范与准则。基于此，在推动"一带一路"服务外包的进程中，面临"一带一路"新的市场环境与尚未完善的行业生态，更容易由于市场成熟度不强、发展经验欠缺等因素带来服务外包过程的风险问题。

（二）因地缘政治不稳定等风险带来的问题

由于"一带一路"沿线国家政治体制、经济体制、宗教信仰等方面存在较大差异，且与发达国家相比，"一带一路"沿线国家地缘政治更不稳定。这使得在推动"一带一路"服务外包项目过程中，参与项目的企业面临更多的不可控制的政治风险，这将直接影响"一带一路"服务外包项目的顺利推进及成功率。

（三）知识产权制度不完善以及法律体系不健全所带来的问题

"一带一路"沿线国家大多为发展中国家，在经济发展过程、国际贸易实践过程中的法律法规还不是特别健全，特别是对于知识产权保护问题，各国仍存在知识产权保护意识较为淡薄的问题。这给世界贸易的发展、国际服务外包的承接业务带来更多的不可控制的风险，对"一带一路"服务外包业务有较强的阻碍作用。

（四）承接"一带一路"服务外包缺少统筹规划

"一带一路"倡议属于中国顶层设计，基于该倡议，各省份各地区都给出了承接"一带一路"服务外包具体项目时的具体计划与措施，这些计划的细

节存在较多差异，提出的方案差异也较大，而没有做到统筹规划，从而未使整体效率达到最优。因此，对于"一带一路"服务外包整体规划，若能在整体范畴内深入分析"一带一路"沿线各国发展策略、与不同区域进行不同产业发展策略的对接，更能提高"一带一路"国家服务外包的效率。

（五）高素质人才的缺乏

对于"一带一路"服务外包业务的发展，中国与"一带一路"沿线国家都需要高素质人才的参与。符合"一带一路"国际服务外包业务要求的高素质人才需要专业的经贸知识，特别是与服务贸易相关的知识，对相关国家法律法规的把控，对于国际贸易实践过程中各环节的熟悉与了解，以及对于商贸领域中外语的熟练掌握。当前对于这一人才的缺乏，也是制约"一带一路"国际服务外包业务发展的重要瓶颈。

四、"一带一路"服务外包趋势展望

（一）服务外包规模继续增长

自 2013 年"一带一路"倡议提出以来，我国与"一带一路"沿线国家之间的经贸关系逐渐加强，贸易与投资规模也大幅增长，这意味着"一带一路"倡议有助于我国企业与沿线国家相关企业之间的经贸往来。依照十四五规划以及"一带一路"高质量发展的要求，服务外包作为国际外包的重要形式，必将被当作重要的发展方向在可预见的未来实现稳步增长。当前国际形势复杂多变，但以"一带一路"倡议、第三方市场合作、RCEP、中欧投资协定以及中日韩自贸区、建设数字丝绸之路为契机；充分利用中国与"一带一路"沿线国家之间广泛存在的互补关系，强劲的合作需求，继续深化合作，深入推动"互联网＋"建设，以继续保持传统发包市场主导地位为基础，借助基础设施建设、产能合作与装备合作重大项目，带动研发设计、信息技术、供应链管理、广告创意和金融等服务外包，促使中国标准与品牌"走出去"；在"一带一路"沿线国家中深入扩展顺向服务外包及逆向服务外包，从而形成发达国家与发展中国家双向拓展的全球市场战略布局。

（二）产业链稳定性有望增强

随着国际分工逐渐深化，产业间分工逐渐转变为产业内分工，再至产品内分工，这个过程催生了全球产业链价值链的相关理论与实践。基于全球价值链理论，可将产品生产的不同环节碎片化，而每个环节所需要的要素与资源配置都有一定差异。每个国家在参与全球分工的过程中，对于价值链条中的每个环节都有不同的优势地位，因此，可将具有比较优势的环节在本国乃至本企业内生产，而将不具有优势的环节外包给专业机构，从而形成专业、完整的产业链条。"一带一路"倡议所提出的互联互通等构想，一方面有助于稳固我国与"一带一路"沿线国家之间的外交关系，为我国企业与沿线国家之间的经贸关系的增强提供稳定的经营环境；另一方面"一带一路"重视贸易与投资的畅通性，这也为我国与沿线国家间的服务外包合作创造了条件。我国与周边国家服务外包规模与结构的扩大与优化将有助于巩固相关产业链条，增强产业链稳定性，提高抵御风险的能力。

（三）有助于产业结构调整与升级

在传统国际服务外包业务中，发达国家作为主要的发包国，承接方大多来自世界发展中国家尤其是新兴经济体国家，这种传统的合作模式对于接包方企业、整个行业乃至整个国家都具有非常重要的价值和意义。一方面，服务外包的本质优势在于降低成本，同时提高经营效率，这有助于进行服务外包业务的企业优化资源配置，有助于企业提高经济利润，也能进行更多的研发活动，从而促进企业乃至产业的结构升级。另一方面，服务业发展符合一国发展过程中从农业到工业到服务业的转变过程，契合产业升级路径，发包国可以通过环节外包获取更多利润，接包国企业则可通过参与国际服务外包，从发达国家的优秀企业学习先进的管理方式和科学技术，并通过内化、吸收与转化，形成本企业的优势，从而促进接包国企业及产业的结构升级。

（四）有助于我国东西区域发展趋于平衡

我国东西部区域一直存在经济发展失衡的问题，随着对外开放的不断深入，我国东西部失衡状态越来越凸显，而西部地区本身具有的人力资源、能源等优势并未充分利用。早前我国为发挥西部优势，提出的西部大开发以及振兴东北老工业基地等安排也未有较显著的成效。"一带一路"倡议的提出将新疆、宁夏、甘肃、青海等西部地区融入至"丝绸之路经济带"中，同时将吉林、黑龙江和内蒙古等省份融入至远东经济圈，从而构建了桥梁，将"一带一路"沿线的欧亚非等地区连接在一起，也有助于发挥我国西部区域的优势，从而促进西部地区的经济发展，推动东西部区域发展趋于平衡。

五、推动"一带一路"服务外包发展对策

（一）加强服务外包平台建设

应建设以政府主导、各级行业协会参与的服务外包平台，并将该平台与"一带一路"平台科学合理对接。根据"一带一路"倡议理念，深入分析"一带一路"沿线国家特征以及经贸风险，从而基于顶层设计，加上对"一带一路"沿线国家的深入了解，建设实操性、可行性较强的"一带一路"服务外包平台。具体来说，充分发挥服务外包行业协会等组织的作用，积极搜集"一带一路"沿线的服务外包市场相关信息及资讯，充分借助中介组织的作用，促进信息的甄别与传递，促进企业间资源互享，增强"一带一路"服务外包效率。

（二）加大科研投入，重视技术提升

我国企业在参与"一带一路"服务外包项目的过程中，应加强对企业创新文化的培养，强化企业创新意识，加大相应科研与技术投入。由于在国际服务外包业务中，多数国家主要参与处于附加值较低的价值链低端，因此我国企业应加强参与技术密集度与知识密集度较高的相关业务，增强企业掌控核心生产环节的能力，从而通过对 KPO 领域中的接包以获取较高的附加值。同时应充分借助数字经济、互联网的大力发展，利用信息化的网络媒体，即时发出发包与接包相关信息，从而及时把握合作机会，提升技术，推动"一带一路"服务外包发展。

（三）进一步重视高端人才的培养

我国在当前国际服务外包市场中有一个较大的缺陷，即高端人才严重短

缺。参与国际服务外包需要较高素质的复合型人才,与传统贸易相比,经营服务外包不仅需要一般的经贸知识、国际法律相关知识、掌握外语,同时需要了解高端技术知识以及国际化视野。我国虽然有足够的受过高等教育的人力资源,但在高端技术、高端管理方向,仍有较大的空缺,且高校教授的知识与企业需求之间存在一定差异,从根本上来说,仍然存在知识结构为主导,而实践能力欠缺的问题。这对于我国积极参与国际服务外包是一个较大的障碍。因此,在未来我国参与"一带一路"沿线国家服务外包业务的过程中,一方面应该在高校教育的设置中加强实践性相关知识的引导;一方面注重复合型人才的培养,加强校企合作,为高校毕业生提供实习与就业机会。

(四)加强我国对于"一带一路"沿线国家的逆向外包

当发展中国家将技术水平较高的、处于价值链高端的相关环节反向外包到发达国家时,则成为逆向外包。这有助于发展中国家寻求高级要素、获取先进管理经验、技术水平等。在"一带一路"倡议推动下,中国一方面可以将高端环节发包至"一带一路"沿线的发达国家,摆脱以往被动承接发达国家传统外包从价值链低端嵌入全球分工模式,抓住共建"一带一路"的机遇,开展研发合作,获取发达国家高级要素资源,从价值链高端参与全球分工,构建中国主导的区域价值链环流体系,充分用足本国的大国市场规模优势,用足发达国家的高端生产要素优势,推动价值链向高端攀升,从而摆脱一直存在的低端锁定现象,解决我国产业所面临的产业升级难题。

(五)借助境外经贸合作区、自贸区等平台促进"一带一路"服务外包发展

境外经贸合作区、海外园区的建设已成为推动"一带一路"建设的重要抓手,作为发挥聚集效应的重要载体,境外合作区、海外园区、自贸区建设越来越重要。境外经贸合作区、海外园区不仅能够发挥集聚优势,也能够降低进行海外经营企业的运营成本、促进中国与"一带一路"沿线国家的文化交流、推动民心互通。基于此,借助境外经贸合作区、海外园区及自贸区的建设,能够大力推进"一带一路"国际服务外包的发展,促进中国与"一带一路"沿线国家在服务外包领域中更进一步合作。

参考文献

［1］刘强 . "一带一路"背景下国际贸易的发展——评《国际教育服务贸易发展与人才跨国流动研究》［J］. 国际贸易，2020（02）：1.

［2］张琼 . 服务贸易助推"一带一路"高质量合作的思路与对策［J］. 国际经济合作，2019（06）：62-70.

［3］张焕波，谢林 . 中国对"一带一路"沿线国家和地区软件出口分析［J］. 全球化，2019（07）：52-64+133-134.

［4］王小玲 . "一带一路"背景下中国服务贸易的新特征及发展策略［J］. 国际经济合作，2019（03）：43-52.

［5］张琼，赵若锦，李俊 . 中日服务贸易：现状、问题、机遇和对策［J］. 国际经贸探索，2021，37（03）：4-15.

［6］李虹，陈文娟，鲍金见 . "一带一路"合作国家金融服务贸易互补性研究［J］. 北方经济，2021（03）：31-34.

［7］李晓鹏 . "一带一路"倡议实施以来山东对外贸易发展动态与前景展望［J］. 经济动态与评论，2020（01）：131-142+203-204.

［8］方慧，赵胜立 . "一带一路"倡议促进了中国产业结构升级吗？——基于 285 个城市的双重差分检验［J］. 产业经济研究，2021（01）：29-42.

［9］唐静，王竹青，许陈生 . 双边教育协定对来华留学服务贸易规模的影响［J］. 国际商务（对外经济贸易大学学报），2021（01）：32-47.

［10］王晓红，朱福林，夏友仁 . "十三五"时期中国数字服务贸易发展及"十四五"展望［J］. 首都经济贸易大学学报，2020，22（06）：28-42.

［11］王淑芳，周俊，孟广文，于娜，闫语欣 . "一带一路"地缘经济的研究现状与热点——基于文献计量法和知识图谱分析［J］. 经济地理，2020，40（12）：1-11.

［12］燕春蓉 . "一带一路"倡议对中国与中东欧服务贸易的影响［J］. 商业经济研究，2020（23）：144-148.

［13］杨薇 . 中国与"一带一路"沿线五国派出和接收留学生教育研究（1978—2018）［D］. 天津师范大学，2020.

［14］牛华，兰森，马艳昕 . "一带一路"沿线国家服务贸易网络结构动态演化及影响机制［J］. 国际商务（对外经济贸易大学学报），2020（05）：78-93.

［15］尹智超，彭红枫.新中国70年对外贸易发展及其对经济增长的贡献：历程、机理与未来展望［J］.世界经济研究，2020（09）：19-37+135.

［16］罗建兵，杨丽华."逆全球化"风险下的"一带一路"倡议发展展望与合作范式［J］.河南社会科学，2020，28（08）：43-52.

［17］黄梅波，方紫琼.中澳经贸关系发展现状与未来趋势［J］.亚太经济，2020（04）：70-79+150.

［18］王晓红.以高水平对外开放促进开放型经济高质量发展——"十四五"时期推动高水平对外开放的主要思路［J］.全球化，2020（04）：24-49+133-134.

［19］金泽虎，石乐.三元边际、STRI指数与中国服务贸易开放度检验——兼顾"一带一路"与发达经济体样本数据［J］.安徽大学学报（哲学社会科学版），2020，44（04）：118-132.

［20］陈雅，许统生.国际贸易对股票市场国际一体化的影响——来自"一带一路"沿线国的证据［J］.南开经济研究，2020（03）：161-181.

［21］贾宁宁.贸易便利化对服务贸易出口的实证研究［D］.山东大学，2020.

［22］裴长洪，刘洪愧.中国外贸高质量发展：基于习近平百年大变局重要论断的思考［J］.经济研究，2020，55（05）：4-20.

［23］陈秀莲，陈兰舟，于吉梅."一带一路"倡议下中国–东盟贸易和投资依赖敏感性与脆弱性研究［J］.亚太经济，2020（02）：91-99.

［24］曾燕萍.中国与"一带一路"沿线国家文化贸易总体格局与互补性研究［J］.上海对外经贸大学学报，2020，27（02）：41-50.

［25］顾玲妹，陈永强.承接"一带一路"国际服务外包对包容性增长的影响机制——以浙江省为例［J］.商业经济研究，2019（02）：122-125.

［26］朱福林.我国承接"一带一路"服务外包助推服务业开放新格局［J］.全球化，2018（10）：74-88+135.

［27］姜荣春."一带一路"下我国服务外包产业创新转型的路径［J］.人民论坛，2017（21）：92-93.

［28］戴军，韩振.新常态下承接"一带一路"国际服务外包的竞争力研究——基于八大经济区域面板数据的分析［J］.技术经济与管理研究，2016（02）：104-109.

区域篇

专题一

2020 年度烟台市服务外包产业发展报告

邓　丽 [①]

近年来，烟台以建设制造业强市、海洋经济大市、宜居宜业宜游城市和现代化国际滨海城市为目标，积极抢抓山东新旧动能转换综合试验区和自贸试验区创新发展的重要机遇，依托良好区位优势、丰富资源支撑和雄厚的产业基础，以建设中国服务外包示范城市为引领，注重特色导向，着力集聚技术、研发、创意等优势，探索形成"市场引领、园区示范、产业集聚、数字交付"的烟台模式，"烟台服务、数字交付"的城市品牌形象进一步彰显。2020 年，全市服务外包执行额 49.7 亿美元，较 2015 年增长 7 倍，"十三五"期间年均增长 51.6%。

一、烟台服务外包呈现新变化新特点

（一）雄厚的制造业基础成为服务外包产业发展重要优势

作为制造业大市，国民经济 41 个工业行业大类中，烟台拥有 37 个大类行业，其中 29 个制造业行业共有规上企业 1781 家，2020 年实现主营业务收入 7570 亿元，占全部工业的 92.4%。近年来培育形成了装备制造、电子信息、食品加工、贵金属、高端化工、生物医药等一批优势产业，拥有 6 个千亿级产业集群，17 家百亿级企业，万华 MDI 产能居全球首位，中集来福士深

---

① 邓丽，鼎韬产业研究院高级咨询师。

水平台设计建造能力全球一流，"烟台制造"参与了航天、高铁、核电、深海探测等"国之重器"制造。拥有自贸区、综保区、中韩、中日产业园以及 4 个国家级、8 个省级园区，烟台港是全国沿海第八大港口，蓬莱国际机场旅客吞吐量 2019 年突破千万人次。有 104 家世界 500 强企业在烟台投资，全市累计实际使用外资近 400 亿美元，2020 年外贸进出口额超过 3200 亿元。坚实的制造业基础，催生出大量生产性服务需求，为服务外包产业发展带来广阔空间和发展潜力。

（二）工业设计交易平台赋能工业企业数字化转型

全方位叫响"国际工业设计名城"品牌，构建了集线上交易和线下服务于一体的综合性服务外包产业交易促进体系。在全国率先打造了综合性交易中心——烟台橙色云，这是全国首家互联网工业设计解决方案提供商，仅用 3 年时间注册用户突破 1 万家、项目金额突破 15 亿元。建设山东省工业设计研究院（烟台）研究开发平台，以工业设计关键共性技术为研究重点，为中集集团、海尔集团等制造业企业提供产品研发、企业管理、品牌提升和数字化流程改造等服务。持续举办世界工业设计大会，全面展示由技术、设计、制造、人才、资本、平台等创新要素构成的设计产业生态链，促进创意设计产业发展。建设烟台国际设计小镇，共建国家智能制造工业设计研究院和中国工业设计联合创新大学（山东高校），推进工业设计成果产业化。2020 年全市拥有国家级工业设计中心 2 家、省级中心 26 家。

（三）针对日韩的服务外包特色突出

烟台与日韩经贸合作紧密，在烟韩资企业 3900 多家、韩国人 5 万多人，在烟日资企业 230 多家、日本人 1.3 万多人。2020 年，全市新设日韩资项目 167 个，实际使用日韩资 2.2 亿美元、增长 218.1%，总量全省第一位。目前，山东首个中韩国家级科技共创项目——中韩科创孵化合作基地已经投入运营，计划 3 年内孵化 20 家以上创新型企业。2020 年日韩外包离岸执行额 33 亿美元，占全市的 71.5%，日韩优势更加突出。其中，信息技术外包 26.4 亿美元，知识流程外包 5.9 亿美元，业务流程外包 0.7 亿美元，占日韩服务外包比重分别为 80%、17.9%、2.1%。

（四）以离岸外包为主的产业特色更加鲜明

作为前沿的开放城市，烟台积极扶持市内企业开拓海外重点市场，形成电力运维、海工装备、信息技术、设计检测服务、能源服务、文化动漫等6大生产性外包产业集群，2020年完成离岸执行额30.6亿美元，占全市66.2%。截至目前，全市服务外包实绩企业达521家，其中离岸业务过千万美元68家、过亿美元4家，完成离岸外包执行额46.2亿美元，"十三五"期间年均增长50%以上。

（五）服务外包产业转型升级效应明显

大力推动信息技术外包（ITO）产业升级、稳定服务外包基本盘的同时，制定了第二轮产业规划，大力扶持现代汽车研发中心、东方电子、中集来福士、杰瑞油服等龙头企业，加快培育高端工业设计产业集群，推动知识流程外包（KPO）跨越发展，打造"制造－服务"产业复合体，向价值链、产业链中高端延伸。2020年，烟台ITO、BPO和KPO三大板块占比为65∶3∶32，同比分别增长21%、7%和70%。

（六）构建多元化服务外包人才培养体系

加强服务外包职业技术教育体系建设，全市拥有省级服务外包人才培训机构10家，年培训人数达1万人次以上。特别是2012年组建的烟台市服务外包职业教育集团，拥有高校、行业、企业和科研机构等成员单位56家，行业、企业单位占比达60%。建筑面积2.8万平方米的产教融合工程实训基地投入使用，与西门子共建"智能控制技术示范实训中心"；与一汽大众·车拉夫开展"卓越英才联合培养"；与山东剑鹰智控开展无人机合作；与哈尔滨工程大学、太阳岛船舶合作建设"船舶设计工作室"；与柬埔寨柴桢地区理工学院、亚龙集团三方合作成立为"智能制造领域中外人文交流人才培养基地"；与富士康、中集来福士等重点外包企业建立人才培养合作，全年培训各类服务外包人员达2000多人。服务外包职业教育集团2020年被教育部认定为首批"国家示范性职业教育集团培育单位"，荣获中国高职院校"智能机器人专业群国际影响力50强"。截至2020年，全市服务外包从业人员20.83万人，其中大专以上学历13.76万人，占从业人员总数的66.1%。

二、烟台服务外包面临的机遇与挑战

（一）发展机遇

1. 全球需求增长和技术进步带来新空间

近年来，随着世界经济的深度调整，各国的服务需求进一步增长，以发达国家为主体的服务外包市场需求保持稳定增长态势。随着建设"一带一路"倡议的实施，全球经济合作范围更广泛，"一带一路"沿线国家和地区涌现更多离岸外包业务机会。基于互联网、大数据、人工智能、区块链、边缘计算等现代信息技术的数字经济推动数字贸易在全球快速发展，也为全市服务外包业务拓展带来新空间。尤其是区块链作为数字经济的基础设施之一，被广泛地应用于金融、保险、物联网和物流、公共服务、数字版权、公益等领域，将为服务外包带来更多的市场空间。

2. 自贸试验区的设立带来新机遇

2019 年 8 月 26 日，中国（山东）自由贸易试验区正式获批设立，烟台片区将重点发展高端装备制造、新材料、新一代信息技术、节能环保、生物医药和生产性服务业，打造中韩贸易和投资合作先行区、海洋智能制造基地、国家科技成果和国际技术转移转化示范区。自贸试验区的建设，将通过完善制度保障、创新监管模式，形成公开、透明的管理制度，为全市离岸服务外包发展提供良好的营商环境，为服务外包企业"引进来"和"走出去"提供更多的政策便利。

3. 山东省新旧动能转换带来新需求

党的十九大以后，山东省首先在全国获批推行新旧动能转换综合试验区发展战略。烟台作为山东省新旧动能转换核心城市，发挥环渤海地区重要港口城市、先进制造业名城、国家创新型试点城市优势，重点发展海洋经济、高端装备、信息技术、生物医药、高端石化、先进材料、航空航天、金融商务、医养健康、文化旅游、高效农业等产业，在积极推进供给侧结构性改革与经济转型发展过程中，必将催生出大量新的生产性服务需求，为全市服务外包产业发展带来巨大的市场空间。

4. 区域合作发展战略实施带来新契机

作为环渤海区域的重要节点城市，随着京津冀协同发展等国家重大战略的加速推进，以及国家智慧城市、国家跨境贸易电子商务服务试点城市、国家级海洋高技术产业基地等一系列试点政策的实施，为全市承接来自北京、天津、大连等环渤海地区服务外包产业梯度转移、业务对接及人才流动，实现区域服务外包协同发展带来新契机。

5. 国家支持服务外包发展带来新动能

国家高度重视服务外包产业的发展，2020 年初商务部等 8 部门联合发布推动服务外包加快转型升级的指导意见，认定首批国家数字服务出口基地，统筹推进服务外包示范和非示范城市特色发展，以数字化转型为核心鼓励服务外包向高技术、高附加值、高品质、高效益转型升级，为烟台服务外包发展带来了新动能。全市获批中国服务外包示范城市，也为统筹和集合全市产业资源及势能，推动服务外包加速发展提供重要抓手和内在动力。

（二）面临挑战

1. 世界经济波动影响产业发展

国际政治和经济形势不稳定、外包预算削减、业务回流及汇率波动等因素对离岸服务外包企业服务出口和经营产生不利影响。国际货币基金组织（IMF）、世界银行、经合组织（OECD）等国际组织纷纷下调全球经济增长预期。超出预测范围的贸易摩擦紧张局势升级，新冠肺炎疫情的持续蔓延，都将成为全球经济衰退的关键风险来源。一系列因素都将对未来五年全市服务外包尤其是离岸服务外包发展带来挑战。

2. 产业发展面临激烈的区域竞争

当前，我国 37 个服务外包示范城市围绕服务外包产业发展形成了激烈的竞争。烟台服务外包发展水平与国内先进示范城市相比存在较大差距，同时在日韩市场、制造业、人才聚集、产业政策等层面相对青岛、济南等环渤海城市以及其他申报城市并不具备明显或者绝对性的优势，产业发展缺乏特色鲜明的定位和品牌，面临如何形成错位竞争和特色发展的巨大压力和挑战。

3. 服务外包产业基础相对薄弱

烟台服务外包发展起步较晚，服务外包企业虽然初具规模，但承接中低端业务外包业务较多，承接中高端业务较少，存在离岸业务过于依赖日韩市场，在岸业务规模较小，企业市场竞争力不强，缺少龙头企业和知名品牌等问题。随着以数字化转型为代表的服务外包升级发展路径日趋复杂，对全市现有服务外包产业发展模式和推进路径，推动产业持续发展带来严峻挑战。

4. 人才短缺制约服务外包产业发展

烟台虽然有着较完善的教育体系，具有一定人力资源基础和培养能力，但是在服务外包产业型人才供给方面存在较大缺口。城市对人才的吸引力不足，创新型和中高端人才引进困难，人才流失问题较为严重。服务外包产业发展所需的技术型、管理型、复合型及数字素养人才的结构性短缺，已经成为制约全市服务外包规模化发展及创新升级的主要瓶颈。

三、推动烟台高标准建设中国服务外包示范城市

（一）在空间布局上，明确三核多点崛起

到 2025 年，全市建成省、市级服务外包专业园区超过 5 家，服务外包产业载体建筑面积超过 500 万平方米。一是总体布局。按照"集聚发展、层次延展、示范引领、特色布局"的发展思路，以烟台经济技术开发区、芝罘区和莱山区三个省级服务外包示范基地为核心，推动服务外包产业规模化发展和创新升级；进一步推动服务外包产业向烟台高新技术开发区、综合保税区、牟平区、福山区延展，加快构建"沿海服务外包产业带"；并积极支持蓬莱区、龙口市、莱州市、栖霞市、招远市、莱阳市和海阳市等节点地区依托本地产业基础发展特色服务外包领域；重点培育一批特色鲜明、错位发展的服务外包产业基地，在全市范围内构建"一核一带多区域"的服务外包产业新格局。二是核心集聚区发展。以烟台经济技术开发区、芝罘区和莱山区三个省级服务外包示范基地为依托，着力推动服务外包企业总部集聚、人才培训、科研创新、创业孵化、平台建设、示范引领等功能完善，加强产业载体、互联网、云计算和大数据基础设施建设和知识产权保护、金融支持等公共配套环境优化，形成功能完备、特色明显的服务外包发展集群，打造全市服务外包产业核心增长极与聚集区。烟台经济技术开发区充分利用"一带一路"、中韩产业园、自贸区建设等历史机遇，依托制造业产业基础，紧紧围绕制造业服务化、数字化、智能化发展的需求，推动生产性服务外包向专业化和价值链高端延伸，重点发展工业设计、供应链管理服务、检验检测、软件研发、系统集成、云计算服务、大数据服务、金融后台服务等服务外包业务，加速

形成以工业设计、供应链管理服务、检验检测、软件研发等生产性服务为主，以产业制度创新为特色，服务外包与制造业转型升级协调发展的产业集群。芝罘服务外包集聚区依托成熟的商业及生活配套环境，重点发展软件研发、电子商务平台服务、游戏动漫、影视后期制作、工业设计、金融后台服务、教育培训等服务外包业务，形成以软件研发、电子商务平台服务、游戏动漫、影视后期制作为重点的产业集群。同时，针对服务外包产业人才的新需求，积极推动校企合作与服务外包人才培养，打造服务外包产业人才"蓄水池"。莱山服务外包集聚区以服务外包在线交易平台为核心和特色，积极引入一批国内的服务外包在线交易平台，聚合全球服务外包项目需求及发包资源，推动本地制造企业服务外包业务剥离和发包，构建围绕电子信息、先进装备制造、新能源等多个领域的工业设计、软件研发、电子商务平台服务等产业集群，提升线下资源对接和公共服务能力，形成以服务外包在线交易平台为核心的服务外包产业集群。三是延伸区发展。推动服务外包产业向烟台高新技术开发区、牟平区、综合保税区、福山区延伸，构建"沿海服务外包产业带"。高新技术开发区围绕智能制造、新能源、医疗健康、航空航天等产业优势和重大项目发展需求，重点发展医药和生物技术研发服务、教育培训、跨境电子商务平台服务、遥感大数据服务、工业设计、软件研发服务、信息技术咨询和运营维护服务等服务外包业务，形成以医药和生物技术研发服务、教育培训、跨境电子商务平台服务为重点的产业集群。牟平区进一步推动呼叫中心服务、电子商务平台服务、人力资源服务、供应链管理服务、文化创意服务等服务外包业务的加速聚集和发展，形成以呼叫中心服务、电子商务平台服务、供应链管理服务等为重点的产业集群。综合保税区依托综试区和港口优势，加强服务外包制度创新和服务创新探索，重点发展围绕保税物流、海洋经济、加工维修等领域的软件研发服务、检验检测服务和供应链管理服务等服务外包业务，形成以软件研发服务、检验检测服务和供应链管理服务等为重点的产业集群。福山区依托制造业基础，加强制造业服务外包剥离和发包，重点发展围绕机械制造、纺织加工、汽车轮胎等行业的工业设计服务、物流服务和工程外包等服务外包业务，形成以工业设计服务、软件研发服务、物流服务和工程外包等为重点的产业集群。四是拓展区发展。以蓬莱区、龙口市、莱州市、栖霞市、招远市、莱阳市和海阳市为拓展地区，结合本地产业基础和区域特色发展配套及特色服务外包领域，重点发展围绕装备制造、食品、汽车、农业、旅游业和文化产业的检验检测、物流外包、生物医药、电子商务平台服务、文化创意服务、技术研发服务等服务外包业务，逐步形成依托地区优势、各具特色、差异发展的产业格局体系。

（二）在产业支撑上，充分融合烟台优势

到 2025 年，全市实现服务外包执行总额 500 亿元以上。一是继续推广"重点区域＋示范园区＋特色集群"的模式。秉承产城融合的理念，以芝罘区、莱山区和经济技术开发区为重点，加快服务外包产业新型载体建设。根据服务外包产业转型发展以及专业领域内服务外包企业发展的特殊需求推动全市现有产业园区和基地的改造升级，建设服务外包产业发展优质载体，为吸引服务外包企业集聚创造良好的空间载体与运营环境。加大全市服务外包示范基地培育和支持力度，对示范基地进行政策和资源等多层次的重点支持，构建具有全国乃至国际知名度和影响力的交付中心和产业基地。二是完善公共服务平台建设。整合社会资源，积极推动服务外包公共技术平台和综合性公共服务平台建设，提升园区服务外包产业公共服务水平。打造以物理载体为基础、网络平台为补充、服务体系为特色的"三位一体"的立体化园区。三是建设服务外包公共技术平台。鼓励和支持服务外包企业进行技术研发与改造升级，并加强与国内外高校、科研院所和企业的产学研合作，共建针对软件、工程技术、大数据、生物医药等重点行业内的公共技术平台，扩大平台服务范围，面向全市服务外包行业发展提供技术支持和服务。四是建设综合性公共服务平台。在服务外包各专业园区内设立综合性公共服务平台，提供政策支持、企业落户、法制保障、园区管理、人才招聘、员工培训、业务交流、孵化创业、企业办事、信息发布等方面的服务职能，构建"一站式"和全程通道的服务模式，提高园区综合服务能力。五是引进国际交易平台。按照"特事特办""一事一议"的原则，积极对接并与全球和国内服务外包行业顶尖交易平台和咨询机构合作，吸引其在烟台落地、发包和交易。逐步形成集线上交易和线下服务于一体的综合性服务外包产业交易促进体系，为发包方、接包方、专业服务机构等提供信息交流、协议签署、合约执行、质量控制、人才培训、资金支持等服务，全面构建和推广"烟台服务、数字交付"的城市品牌及行业影响力。六是搭建烟台交易平台。积极支持全市现有服务外包交易平台做大做强，进一步汇集各大公共服务采购资源中心平台的服务

类项目，打造烟台服务外包交易平台体系。鼓励政府部门通过交易平台发布公共服务采购项目。鼓励国有企业和龙头企业通过交易平台发布服务外包需求项目。引导全市制造业和民企发包，释放需求。举办企业对接交流会，打通线上线下服务渠道，为企业发包和接包提供服务。

（三）在培育主体上，注重形成梯队层次

到 2025 年，全市服务外包企业超过 700 家，其中具有一定技术优势和品牌优势的骨干企业超过 70 家。一是实施科技创新名企工程。支持全市服务外包重点企业做大做强。在科技创新各个重点领域遴选一些发展势头较好、具有一定规模的企业加强扶持培育，鼓励企业开展多种形式的创新。引导鼓励企业申报技术先进型服务企业认定，充分发挥科技创新龙头企业和领军企业的引领示范效应，增强企业开拓国际市场能力，带动国际服务外包业务快速发展。鼓励科技创新企业通过资产重组、收购、兼并和境内外上市加速扩张；鼓励服务外包企业在国外（境外）尤其是项目实施地设立分公司、接单中心或招聘境外专业接单人员；积极组织接发包对接活动，帮助服务外包企业直接接洽国际发包方，提供接包机会，提升接包能力。通过定向招商、一对一招商、链主招商等模式吸引国际国内龙头企业在烟台建立运营中心、服务中心和交付中心，打造一批主业突出、竞争力强、具有较强国际影响力和竞争力的服务外包市场主体。二是实施中小企业扶持工程。扶持中小企业加快成长。引导资金、技术、人才、基础设施等资源向符合规划重点行业领域发展方向的中小企业集聚，提高企业成长能力；对技术创新能力强、商业模式新颖、业务领域超前、客户资源优良的中小企业给予重点扶持，通过政策引导、产业扶持等措施，推动服务外包中小企业加快发展成长；引导并支持企业申请相关技术认证，增强企业的接包能力，推动企业快速成长。采取切实措施帮助中小企业突破在发展中面临的人才与资金瓶颈，增强企业的发展后劲。鼓励大中型制造企业剥离内部专业性较强的服务业务，形成社会化服务能力，实现制造业服务化，推动企业动力转换和转型升级。支持现有分布在高端装备、海洋经济、信息技术、先进材料、高端石化、电力工程等细分行业内的龙头企业做大做强，构建针对细分行业的整体解决方案，打造细分行业的"隐形冠军"。依托工业设计大会等行业活动，对接制造业企业，引进工业新技术，招大引强，积极推动制造业转型。鼓励企业抱团出海，提升工业

设计和软件研发的比重，推动国际合作的项目和境外产能布局。三是鼓励和推动服务外包企业"走出去"和"引进来"。强化现代服务业与制造业企业融合发展，完善和延长服务链条，鼓励龙头企业在海外的大型项目或者投资中增加关于软件开发、后续服务等服务外包相关的内容，鼓励分包，抱团出海，带领我市服务外包企业"走出去"。深度融入国家"一带一路"建设，推动服务外包企业在拓展"一带一路"沿线国家地区市场中提升发展能力，支持企业做大做强。积极吸引日韩、欧美和"一带一路"沿线国家和地区的大型跨国公司、国内企业巨头在烟台设立总部或区域总部，鼓励其发展产品研发和工业设计类等高端服务外包业务。

（四）在人才集聚上，多措并举夯实基础

到 2025 年，全市累计培训服务外包从业人员超过 10 万人次，服务外包就业人数超过 30 万人，其中大专以上学历 20 万人。一是推动人才培养机制完善和创新。鼓励全市高等院校积极对接国内外优质服务外包人才教育培训和企业资源，加快推进新工科建设和数字化人才培养，有效推动以新一代信息技术为重点的服务外包相关学科建设和发展，形成政府、高校、企业、科研院所联合培养人才创新机制。鼓励和支持服务外包人才培训机构和基地扩大培训规模，提高培训能力，力争达到年培训 2 万人次规模；针对服务外包重点领域发展及不同企业和市场（日、韩、欧美）需求实施定制化培训，输出对口人才。二是加强服务外包中高端人才引进与输出力度。加强国际行业协会及机构合作，大力引进服务外包重点领域发展所需的软件架构师、项目经理、咨询、设计等中高端人才和数字化人才。以烟台人才回流为突破口，吸引在海外及一线城市就业的服务外包行业领军人才和中高级人才回乡发展。积极鼓励服务外包企业通过股权激励等方式加强管理型、技术型等中高端人才的引进。积极鼓励高校、人才培训基地和企业面向日本、韩国、美国等重点发包国家和地区输送人才，鼓励和支持这些人才进入海外知名企业为烟台离岸外包业务的拓展提供新的动力。三是全面提升服务外包人才服务能力。充分整合猎头、第三方平台、人才派遣企业等各类人才服务机构资源，以及生活服务企业，携手打造国际化的人才服务体系。从高级人才公寓、生活配套、税收补贴、子女入学等方面提供服务便利，为服务外包人才营造优秀的工作和生活环境，减少人才外流，提升产业人才的稳定性。

（五）在发展环境上，全面提升最优服务

到2025年，将烟台建设成为中国服务制造业数字服务化创新应用示范城市，服务外包交易的特色高地及东北亚服务外包新交付中心。一是完善行业诚信制度。推动服务外包企业诚信体系建设，支持建立行业诚信数据库，完善行业诚信制度，提高企业诚信度，加强外包从业人员诚信管理，减少由人员流动带来的知识产权泄密，打造良好的服务外包诚信环境。充分发挥行业协会等社会组织的作用，加强行业自律，塑造行业品牌，提高服务质量，提升行业形象。引导和鼓励企业积极参评由中国服务贸易协会和上海服务外包交易促进中心组织的企业信用评价体系认证。二是加强对知识产权的保护。进一步重视知识产权和信息安全环境的建设，完善对服务外包行业信息安全法规的制定，鼓励企业对各种技术专利的申报，开展知识产权保护专项行动，严格打击专利及商标侵权假冒行为，为服务外包企业健康发展营造良好的知识产权保护环境。制定引导政策，鼓励服务外包企业在开展服务外包业务的同时，勇于创新，形成拥有自主知识产权的技术和解决方案。三是着力打造城市品牌。加大烟台服务外包品牌的推广力度，围绕"中国服务外包交易中心城市，东北亚服务外包新交付中心及制造业服务化领军城市"核心定位，通过平面媒体、网络媒体、音像媒体、户外载体、国际会展等渠道形式进行"整体包装、统一宣传"，积极打造和传递"烟台服务、数字交付"的城市品牌和国际知名度。针对重点市场和目标客户制定定向品牌宣传推广策略，对国际主要的发包集团和相关机构进行有针对性的游说宣传，全面提升和扩大烟台服务外包产业在国际上的知名度和影响力，吸引更多国际发包商和服务外包企业来到烟台。四是着力打造峰会品牌。与国内服务外包行业内的知名峰会建立深度合作，打造烟台服务外包行业主题峰会品牌。通过峰会加强品牌宣传，提升服务外包品牌和行业影响力。组织园区和企业参加国内和国际各项展会活动，宣传推介全市服务外包发展优势和成果。五是着力打造园区和企业品牌。鼓励和支持服务外包园区及企业参评国内外服务外包行业内的专业评选和专题展会活动。以产业平台"线下＋线上"融合为导向，聚集外包需求信息，推动企业"触网"，形成跨时空、跨行业的国际协同效应和联合品牌。支持企业进行CMMI/CMM认证、信息安全管理（ISO27001/BS7799）认证、人力资源成熟度模型（PCMM）认证、IT服务管理（ISO20000）认证、服务提供商环境安全性（SAS70）认证等国际资质认证，增强发包商对接包企业的信任度。

专题二

2020 年度威海市服务外包产业发展报告

刘 文 杨宜晨 ①

威海市地处中国陆海交接的最东端，三面环海，拥有近千公里优良海岸线，处在东北亚经济圈核心位置，现辖环翠区、文登区、荣成市、乳山市，设有高技术产业开发区、经济技术开发区、临港经济技术开发区 3 个国家级开发区和综合保税区，总面积 5798 平方公里，全市常住人口 282.56 万人，其中城镇人口 187.79 万人。近年来，威海市重视国际化发展，努力营造良好贸易环境，城市影响力不断提升，在服务外包产业发展中体现出明显的发展优势和发展潜力，多个成功案例被选为国务院、商务部和山东省的示范案例。

一、威海市服务外包产业发展概述

（一）离岸外包和信息技术外包是威海市服务外包的主要形式

服务外包产业根据供应商的地理分布状况分为境内外包和离岸外包，根据业务范围划分，有信息技术外包（IPO），业务流程外包（BPO）和知识流程外包（KPO）三类。其中，离岸外包和信息技术外包是威海市服务外包的主要形式，其成交金额逐年攀升。软件和信息技术外包是威海服务外包的头部领域，出现了一批软件外包龙头产业，例如山东新北洋信息技术股份有限公司、艾瑞（威海）信息技术有限公司、荣成益德信息科技有限公司等，它

---

① 刘文，山东大学商学院教授、博导；杨宜晨，山东大学商学院硕士生。

们在物流、仓储、电商、零售、互联网等行业积累了大量的项目经验。

韩亚科技（威海）有限公司拥有旗下品牌虎云，是领先的中韩云计算服务平台，为中韩跨境电商、创业企业、电子竞技、手游等产业领域提供云计算咨询、设计、架构、维护等服务外包业务。

艾瑞（威海）信息技术有限公司由日本情报环境解决方案株式会社独资设立，公司的IT事业部主要从事软件开发、销售及售后服务，并向国际、国内客户提供高端软件外包服务，其解决方案覆盖金融、银行、制造、物流、医药等行业；公司的BPO事业部，主要为软银集团在全球的子公司提供业务流程外包服务，降低客户成本，提高产业效率。

威海东兴电子有限公司作为承接离岸外包的老牌企业，专注于电子变压器产品，其产品通过了ISO9001、ISO14001、IATF16949体系认证，部分通过UL、CQC、CE、VDE等认证，拥有RoHS产品检测室，产品信赖性检测实验室等高新技术设备，产品主要应用于工业自动化，医疗电源、消防、大功率LED驱动、汽车电子、光伏、新能源、通讯安防，智能家电，高铁动车及军工电源等领域，承接了美国欧姆龙、日本松下、德国西门子、法国施耐德、美国SL POWER、美国TORO、韩国三星等世界500强企业，行业领头企业的多个大型电子信息科技项目，在物流、仓储、电商、零售、互联网等行业积累了大量的项目经验。

这些企业率先走出国门，主动参与到国际外包市场竞争中，其业务能力、创新水平、服务水平有力地提升了威海服务外包品牌形象。

（二）软件和信息技术外包为引领，业务流程外包和以文化创意为特色知识流程外包稳步发展

目前，威海市的服务外包产业形成了以软件和信息技术外包为引领，业务流程外包和以文化创意为特色知识流程外包稳步发展的产业结构。2020年，威海市登记承接服务外包合同3912份，同比下降21.4%；合同金额89.8亿元，同比增长12.8%；执行金额86.7亿元，同比增长25%。从业务类型看，全市服务外包产业对外开放度进一步提高，业务仍多集中于离岸服务外包领域。2020年，威海市离岸服务外包执行金额为86.7亿元，同比增长25.5%，市场涵盖了大部分发达国家和发展中国家，承接离岸服务外包来源地达到103个国家和地区，其中日本、韩国、美国是主要发包国。

（三）创新案例成绩斐然

2020年，威海市正式印发《威海市全面深化服务贸易创新发展试点方案》（以下简称《方案》）。目前，《方案》中的124项试点任务已完成115项，完成率92%；总结了20条深化服务贸易创新发展试点典型案例报商务部服贸司备案，其中"中韩四港联动海空港多式联运"案例被全国推广，可谓成绩斐然。同年8月2日，国务院正式印发《关于同意全面深化服务贸易创新发展试点的批复》，威海市第三次入选"国家队名单"。2021年5月，国务院服务贸易发展部际联席会议办公室印发《全面深化服务贸易创新发展试点最佳实践案例》，威海服务贸易创新发展模式作为山东省唯一入选案例，再次被作为典型经验在全国推广。

二、威海市服务外包发展的特点

（一）打造全国首个服务贸易实体园区

从服务外包建设情况来看，威海市优化布局，积极推进服务外包园区建设，立足实际，突出特色，打造优势产业集群，充分发挥了产业园区集聚效应。

威海经济技术开发区和威海火炬高技术产业开发区作为国家级开发区，集中了威海市半数以上的服务外包企业，承担了创建服务平台、培育龙头企业、壮大产业集群的重要职能，打造了更为完整的产业链条，并不断突破园区招商和自主创新快速延伸产业链，充分释放了产业发展潜力。

自2017年启动建设全国首个服务贸易实体园区——威海服务贸易产业园以来，分别围绕服务外包、电子商务、信息与通信技术等创新性产业成立专业园区，将各领域的一流企业集聚于此，打造起国家服务贸易创新示范基地和国家数字贸易出口基地，集聚形成服务外包、电子商务、科技研发、信息技术、总部经济等五大产业集群。目前已完成投资18.6亿元，建成楼宇34.3万平方米，软银全球外包软件园、阿里巴巴跨境电商本地服务中心、日立解决方案山东研发中心、浪潮"一带一路"国家云服务运营中心等166家企业入驻运营。其中世界500强企业8家，国内外上市公司7家，吸引各类人才2000余人入驻办公，入驻企业实现产值15亿元，各项税收1500万元。其中，软银集团全球外包软件园占地109亩，总规划建设面积28万平方米，主要包括国际BPO中心、技术研发中心、云服务中心、B2B进出口等板块，同时依托云计算中心，构建了"政务云""公共云"和"设计云"三大平台，为入驻园区的服务外包企业提供技术支撑。在政府推动、社会参与、资源共享的原则下，园区依托北洋集团、艾瑞科技等重点骨干企业，建设了威海市服务外包信息交流平台、服务外包企业孵化平台、威度网等服务外包公共服务平台，为外包企业提供综合性公共服务。

南海新区的新一代电子信息产业园以其"南海速度"和"南海效率"，焕发色彩。创新性采用"产业＋供应链金额＋园区＋项目"模式，园区引进一大批关联程度高的中小企业，实现产业链上下游的有序串联，打造智能加工企业聚集、高科技密集的新动能产业园，做大了威海电子信息产业的"朋友圈"。

环翠区万达城市综合体项目、乳山市智能装备产业园项目、经区国际经贸交流中心，等等，威海各区市的产业园区、产业基地，协助外包企业抱团发展，并吸引了一大批高投资、高水平、高潜力的新项目入驻，成为带动全市经济发展的新引擎。

2020年7月31日，国务院发布《关于印发深化服务贸易创新发展试点经验和第二批"最佳实践案例"的函》，面向全国推出第二批20个最佳实践案例。威海市以"打造特色服务贸易集聚区"做法成功入选，成为继"中韩'四港联动'海空港联动多式联运"做法后又一入选案例。

（二）制造业与服务外包融合发展

伴随物联网和区块链迅速发展，云计算部署和大数据技术技能需求的爆发式增长，外包业务更加倾向于寻求完整的解决方案，传统低层次的服务外包逐渐向技术含量高的知识流程服务外包转型。因此，威海地方政府推动引导服务外包产业由"卸包减压"式发展向自主创新模式转变，通过主动承接技术含量高的服务外包，拓展研发、设计、维修、检测等"两头在外"的服务贸易新业态新模式。不断推动工业与服务部门向先进技术前沿靠近，推动服务外包产业向数字化、智能化、高端化转型，提升服务外包在全球价值链中的地位并获得反包的话语权。

专用设备制造业、医疗基础产业、计算机、通信和其他电子设备制造业是威海传统优势产业，汇集了威高集团、新北洋、广泰空港、山花地毯等一大批拥有核心技术的行业领军企业。2020 年，威海市制造业增加值增长 4.4%。在 34 个行业大类中，有 15 个行业实现增长，其中专用设备制造业增长 55.4%，计算机、通信和其他电子设备增长 1.3%。

2020 年受疫情影响的服务业也顶住了经济下行压力，加快恢复势头。2020 威海市服务业增加值 1553.86 亿元，同比增长 3.7%，全市规模以上服务业营业收入增长 3.9%，增速同比提高 0.8%，交通运输仓储和邮政业、信息传输软件和信息技术服务业、租赁和商务服务业、科学研究和技术服务业、水利环境和公共设施管理业 5 个行业保持正增长。其中，以高技术服务业为代表的现代服务业发展态势持续向好，带动作用逐步增强，全市信息传输、软件和信息技术服务业，科学研究和技术服务业营业收入分别增长 8.1%、13.4%，增速高于全部规模以上服务业 4.2 和 9.5 个百分点，蓬勃发展的服务产业在为服务外包奠定坚实基础的同时，也表明威海服务外包产业总体趋势正从运输、旅游、基础加工等传统服务向信息技术、研发设计等新兴领域转化升级。

（三）服务外包标准化、国际化水平及综合服务能力明显提升

近年来，威海市服务外包企业和相关部门不断加大基础技术研发投入和平台转型力度，由成本驱动向创新驱动转变，由提供单一技术服务向提供综合服务转变。

依托前沿科技技术，创新服务产品是实现服务外包产业高质量稳步发展的关键。随着越来越多高科技项目落户威海，现有企业也逐渐走上了探寻行业"高精尖"产品的创新之路，新技术、新产业、新业态、新模式凸显威海服务外包发展的潜力。威海环翠区海鑫新材料有限公司自 2018 年起同拥有全球同产业最尖端基础的阿亨巴赫公司展开合作，在威海建起一条全球领先的双零铝箔生产线，将 6.5 毫米厚的铝卷加工到 0.1 毫米以内，为新能源动力电池和高端食品包装提供产品。2021 年，威海市经济技术开发区科技创新局落实社保政策，在全省人社系统率先探索服务外包模式，引进了第三方专业机构加强管理培训。同时，通过服务外包方式，充实窗口服务人员 17 名，有效提升了窗口服务质量和水平。

随着更多企业、部门走上科技创新和行业高端之路，威海服务外包高质

量发展的进程更加快速。

（四）建立首个中韩两国地方服务贸易合作机制

中国威海与韩国地理毗邻，坐飞机只需一个小时，被韩国人称"山东的公鸡打鸣韩国都能听到"。自 2004 年 11 月中韩两国共同宣布启动中韩自贸区民间可行性研究以来，威海凭借对韩合作的悠久历史、独特的区位优势及良好的经贸合作基础，积极参与中韩自贸区官产学联合研究、主动服务谈判相关工作，最终促成威海与仁川自由经济区成为地方经济合作示范区。

自 2015 年 6 月 1 日中韩自贸区地方经济合作示范区设立，威海与仁川在多方面、多领域进行了探索。不断加大双方货物贸易和服务贸易的合作，威海市对韩贸易额不断增长，从 2015 年的 373 亿增长到 2019 年的 427 亿，总量增长了 14.5%。同时，威海还与仁川积极开展文化交流活动，为经贸合作服务。仁川与威海前后分别建立了仁川·威海馆和威海·仁川馆，并成立了中韩自贸协定（FTA）经济合作支援中心，双方积极鼓励、推动各自企业参加威海国际食品博览会、国际渔具博览会以及仁川化妆品、美容、汽车零部件展会等对方城市举办的博览会。

目前，韩国是威海第二大投资来源国和第一大贸易市场。截至 2020 年 10 月，共有 823 家韩国企业在威海投资兴业，占全市外商投资企业总数的 57.1%，累计实际利用外资额超过 15.6 亿美元，占全市总额的 26.1%。威海深化对韩服务贸易合作，与韩国仁川广域市签署《两市加强服务贸易发展战略合作备忘录》，建立了首个中韩两国地方服贸合作机制，推动双方在跨境电商、医疗美容、文化旅游、体育赛事等领域开展务实合作，先后引进 270 余家韩资服务业企业在威海投资兴业；举办中韩（威海）服务贸易创新发展高端论坛、中韩跨境电商论坛、中韩地方经济合作与 FTA 政策推介会等高层次专题活动，拓展延伸了中韩两国服务贸易合作领域。

为深化威海与仁川地方经济合作，积聚相关产业，威海市于 2020 年 9 月 15 日启动了威海中韩自贸区地方经济合作示范区产业园建设，推进威海与韩国的服务贸易发展步入了新的发展阶段。

表2.1　威海中韩自贸区地方经济合作示范区产业园各功能区发展规划

功能区	发展规划
港口物流区	以威海新港为核心，大力发展港口物流、航运服务等产业，打造高质量临港产业链条，构建海陆空联运的重要枢纽
先进制造区	以崮山产业园为核心，重点发展智能装备、生物医药、新一代信息技术等产业链条，面向日韩等跨国企业展开招商，深化先进制造业和科技领域合作
高端服务区	以九龙湾为核心，建设特色商贸、商务服务、总部经济等高端服务产业链条，打造中韩商业中心，促进高端服务业创新集聚发展
文旅休闲区	以五渚河沿岸和崮山镇驻地为核心，结合城市化改造，建设东浦渔灯、无花果小镇等项目，打造大型商贸居住和旅游度假区

资料来源：根据相关资料整理。

（五）"四港联动"筑跨境物流黄金通道

2020年8月，威海获批国家全面深化服务贸易创新发展试点，是全国试点当中仅有的两个地级市之一，也是山东省唯一一个连续三次入选的城市。威海将试点同中韩自贸区地方经济合作示范区、中国（威海）跨境电子商务综合试验区叠加建设，探索形成多个先行先试的制度创新举措。其中，"四港联动"物流一体化建设成为典型的成功案例。

"四港"是指威海海港、威海空港和仁川海港、仁川空港，"四港联动"是在两地之间在"三互"即信息互换、监管互认、执法互助的基础上实现跨境物流一体化发展，经过2年多的尝试和探索，取得了阶段性的成果。

"四港联动"瞄准"大市场""大平台""大通道"建设，推动威海与韩国的资源要素流动，形成以物流带动贸易、以贸易带动产业、以产业带动发展的格局。"四港联动"的优势吸引了国内物流企业。2021年7月12日，顺丰公司在临港区速运创新型智能分拨中心进行了调试，这是顺丰在全国布局的首个全自动化智能分拣分拨中转项目。试发的结果表明，顺丰从威海口岸把货物发往日韩或欧美地区，相比原有上海或者深圳口岸路线，时间上能节省一半，成本也减少了60%多。

目前，威海市已开通对韩海上客货航线9条，每周22个航班，有着"夕发朝至、航线密集、运力稳定、空运速度、海运价格"的优势；空运客货航线4条，每周约54个航班；开通的至德国、乌兹别克斯坦、蒙古、俄罗斯的中欧、中亚、中蒙、中俄铁路班列，已实现常态化运营。在此基础上，威海市不断优化口岸营商环境，设立了青岛海关集中审像中心威海分中心，开展集装箱本地化联网审图业务；开展出口无感式通关试点工作，实现出口货物"抵港直装"。威海口岸整体通关效率位居青岛关区前列。①

同时，随着 2020 年 11 月 15 日 RCEP 的签订和相关工作的推进深化，"四港联动"已由协议签署之初的海空港联动拓展到海港、空港、铁路港、内陆港联动，由威海、仁川两地联动延伸到与日韩乃至"一带一路"沿线国家及欧美联动，由物流联动扩大到贸易流、人才流、资金流、信息流等要素自由流动。

从吸引国内外重点企业来威布局的角度来看，2020 年，威海被越来越多的跨境公司所青睐，逐步巩固其在全球产业链中的重要节点地位。以威海打造全球激光打印机基地为例，"四港联动"的推进，为威海的惠普公司以及上下游企业提供了更具规模的运力、更便捷的通道、更优质的服务，有效助力惠普在威海布局打印机全产业链条，打造全球激光打印机基地。韩国行业龙头万思特轴承在威海设立生产企业，韩国 LG 汎韩物流在威海综保区开展跨境电商转口业务，韩国趣天网、COUPANG 平台也纷纷在威布局物流及跨境电商相关项目。2020 年，威海跨境电商进出口额 34.6 亿元，增长 74.7%，跨境电商出口连续五年居全省首位。2020 年 3 月，获评国务院发布的深化服务贸易创新发展试点"最佳实践案例"。

（六）船舶维修服务产业逐渐转型升级

2021 年 5 月国务院发布的深化服务贸易创新发展试点，威海市以"助力远洋船舶维护维修业集群式发展"第三次入选"最佳实践案例"。

近年来，威海市积极打造船舶维修服务产业链条，实现船舶维修维护服务、港口物流服务、物资供给服务等多元化快速发展。目前，转型升级中的船舶维修业已成为全市服务外包的重要推动力。

以船舶修理为主营业务的山东鑫弘集团为例，鑫弘集团过去主要从事给停靠船舶换钢板、上漆等劳动密集型、技术含量低的业务，在威海市积极打

---

① 威海市商务局：时间省一半、成本降六成，威海"四港联动""链"全球，http://swj.weihai.gov.cn/art/2021/7/14/art_40640_2624159.html.

造船舶维修服务链条的号召出台后，鑫弘集团率先进行了改组升级。改组后，集团以发展船舶维修领域新技术应用为重点，依托原有码头、船坞等硬件条件，大力发展船舶改装服务业务，完善研发 – 设计 – 施工等船舶维修技术服务产业链，成为全球船舶维修和脱硫设备安装的重要集聚地。集团旗下企业佩森环科成为国内首套船舶脱硫洗涤系统出口交付的供应商，是首个且目前唯一取得《船舶防止空气污染证书》的中国企业。企业生产的船用脱硫洗涤系统价格比国际市场价格低 20—30%，交付周期较国外知名企业的 20 个月减少至 6 个月，也正因如此，其离岸外包订单数量呈几何倍数增加。除此之外，全市船舶维修企业不断完善自身服务，不断攀向价值链高端，从原有的简单船舶修理，发展到现在的构建数字化解决方案，大大提升了企业在国际服务贸易市场的竞争力。

（七）"一带一路"沿线市场不断拓展

自 2013 年"一带一路"顶层合作协议签署以来，全市离岸外包合同额增长显著，威海市通过多种方式拓展"一带一路"的外包市场，通过引进浪潮集团"一带一路"海外云服务平台，在 10 多个国家设立了境外云服务中心，提供定制化的"数据中心 + 云服务"，输出中国标准、中国方案，同时举办了威海 – 东盟经贸合作创新发展报告会、威海 – 埃塞俄比亚投资贸易座谈会、东南亚投资贸易促进活动等 100 多场次经贸活动。除此之外，全市多家服务外包企业牢牢抓住"一带一路"建设发展机遇，积极开拓泰国、新加坡、印度尼西亚等"一带一路"沿线市场。其中鑫弘集团通过参加希腊、德国等国际知名海事展会活动，进行船用环保设备服务宣传、挖掘原有船舶修造船东资源等多渠道开拓国外客户资源，加大了自身国际市场承揽力度。目前鑫弘集团订单辐射俄罗斯、斯里兰卡、埃及、意大利、希腊、东南亚等 20 多个国家和地区，在"一带一路"沿线国家的市场影响力日渐扩大。

据统计，2019 年上半年，威海市对"一带一路"沿线 64 个国家合计进出口 114.9 亿元，同比增长 31.1%，其中，对俄罗斯、越南、马来西亚进出口分别增长 96.3%、70.8% 和 82.1%。一系列生产基地的建设、产业标准的确立、交流活动的展开，都为以生产性服务出口为依托的服务外包产业的发展提供了契机。

（八）跨境电商为服务外包发展打造新平台

信息技术的快速发展使社会服务分工进一步细化，服务外包产业链加速向上下游延伸，服务业市场的不断细分，服务提供商地盘的不断扩展，带来了服务外包BPO的发展，而BPO的发展促进了跨境电商的发展。跨境电商企业将物流外包给专业第三方物流供应商（3PL），将全球知名第三方物流企业纳入服务外包，有效降低了物流成本，提高了核心竞争力。①

2020年威海市进一步推进国家级跨境电商综合试验区建设，出台支持跨境电商发展多项政策举措，从产业政策、通关、发展模式、载体建设等多层面给予扶持。依托阿里巴巴（威海）跨境电商本地服务中心，积极开展跨境电商人才培养与输出，整合供应链资源，目前已推动500多家企业开展跨境电商业务。2020年1—2月，全市实现跨境电商零售进出口1.97亿元，同比增长18.99%。在跨境电商产业政策方面，威海市优化工作推进机制，成立了跨境电商综合试验区建设工作领导小组，设立跨境电商专项资金，在跨境电商零售业务、公共海外仓、跨境电商综合服务等领域给予专项扶持。

同时，威海市挖潜区位优势，培育跨境电商支撑主体，继续加快国家级跨境电商综合试验区建设。立足威海对韩区位优势和综保区政策功能优势，规划建设了"全模式跨境电商创新产业园"，培育建设了物流服务类、监管服务类、外贸产业类等10个跨境电商专业园区，推动建设了JOYLA（玖罗）保税商品体验中心和综保区国际商品展示交易中心，培育树立了皇朝马汉、威韩购等一批本地跨境电商物流、综合服务平台样板企业，打造了跨境电商货物集散中心，创新开展山东首票跨境电商出口退货业务，吸引更多跨境电商平台企业将分拨中心迁至威海，让威海成为韩日化妆品、日化用品及欧美保健品辐射国内腹地的海外仓，成为欧美保健品、国内生活及日用品辐射韩日的口岸仓。目前，菜鸟直购进口业务已经在威海稳定运行，阿里速卖通出口"边境仓"已落户威海，顺丰国际进出口"中心仓"开展运营。以上货物集散中心的建立，在全市形成了区域联动、优势互补、错位发展的良好态势，为威海市物流服务外包业务的发展创造了条件。

---

① 高静，袁永友.跨境电商与服务外包发展关系的探讨——以BPO为例[J].对外经贸，2017（06）：79-81.

（九）"服贸直报系统地方板块"探索服务贸易"全口径统计"

统计数据是地方发展服务贸易的基础。针对当前全国不少省市服贸统计"各自为战"、数据"自上而下分配"、数据无法用于指导推动基层工作的现状，威海提出了"统一用好商务部直报系统，并依托该系统搞好全口径统计"的建议。为用好商务部直报系统，威海率先开发、启动了"商务部直报系统地方版"，对区域性数据进行分类处理。同时，通过做好质量控制确保数据质量，通过导入政府绩效考核确保数据体量，在服贸"全口径"统计上进行了有益的探索。

威海"服贸直报系统地方板块"形成了"四位一体"的驱动机制。一是培训推动填报。由联席会议办公室牵头，各区县协助做好重点企业数据填报的培训工作。二是区县负责填报。各区县、镇办发挥"块"的作用，负责本区域企业数据组织填报工作。三是部门促进填报。联席会议相关部门发挥"条"的作用，负责本行业企业数据监测分析工作。四是商务局抓好汇总、考核。市联席会议办公室负责统筹调度，做好全市服务贸易数据审核、汇总及上报工作。

自2017年1月1日威海"商务部直报系统地方板块"实施以来，数据填报质量高、进展顺利，呈现"两个良好""三个实现"新局面。各区县、各镇办及各部门反映良好，不仅摸清了本辖区、本行业服务贸易企业的基本情况，也使自身的工作有了明确的方向，有了具体的抓手；企业反映良好。威海将填报数据作为企业获得扶持的前提和依据，同时也给予企业具体负责填报人员一定的奖励，鼓励企业合规填报，有效地调动了企业填报的积极性。实现了威海市服务贸易开拓、创新发展需求。平台增加了"加工服务""海洋服务""劳务引进与输出"等威海特色行业，在拓宽服务贸易统计新领域进行先行先试；实现了与"商务部服务贸易业务管理系统"无缝衔接。作为商务部直报平台的"地方板块"，数据进入商务部管理系统。企业无需多头填报，一次性填报即可，不增加任何负担；实现了数据自动处理分析功能。

三、威海服务外包产业进一步发展的思考

目前，尽管威海服务外包产业发展一切向好，但还存在一些潜在问题，龙头企业的引领作用不足；服务外包专业人才储备不够，缺乏高水平的国际

外包人才，企业"缺工"现象严重；行业建设水平不健全，相关规范机制缺失；实施六西格玛管理、采用 ISO 标准的企业较少，服务外包企业和市场的标准化水平参差不齐等都在一定程度上影响了企业服务外包的数量和质量。

（一）强化数字化引领，培育国际竞争新优势

一个高质量的服务外包企业应该具有整体解决方案、系统服务和集成能力。[①] 目前数字化转型已经成为世界各国进行贸易布局的重点，威海市服务外包产业的进一步扩展，首先要推动服务外包企业数字化转型。要进一步完善促进数字技术与产业的融合渗透机制，重点培育一批信息技术外包和制造业融合发展的示范企业，探索形成以数据为核心、平台为支撑、商产融合为主线的数字化、网络化、智能化发展新模式，特别是要对企业在数字技术领域的研发、人才培训等给予更大的支持。其次是依托数字技术创新服务外包交付模式和服务模式。促进服务外包与互联网、物联网、大数据、人工智能、区块链等信息技术有机融合。依托 5G 技术大力发展众包、云外包、平台分包等新模式新业态，推动工业互联网创新与融合应用，培育一批数字化制造外包平台，发展服务型制造等新业态。然后是加快发展数字贸易新业态和新模式。当前，数字贸易已经成为全球贸易增长的新引擎，威海市要提高服务外包的竞争力，需在数字贸易新业态和新模式方面积极探索、寻求突破。要积极扩大信息技术服务出口，增强数字教育、数字医疗、数字金融等数字内容服务的出口能力。同时，更好发展远程医疗、远程教育、远程维修等新业态。

（二）着力解决外包企业"缺工"问题

共享高技能人才库和产品开发型业务数逐渐攀升是目前离岸外包发展的两大趋势，进而导致了 S&E 人才的全球采购浪潮。[②] 人力资本已经成为外包企业实现创新突破的重要因素。

威海市目前人力资源短缺问题十分严重，每年都有较大的经常性用工缺

---

① 我国多数企业缺乏整体解决方案、系统服务和集成能力。参见：王晓红. 我国服务外包产业的转型升级与创新发展［J］. 中国社会科学院研究生院学报，2019（01）：35-51.

② StephanManning, SilviaMassini, ArieY.Lewin.A Dynamic Perspective on Next-Generation Offshoring：The Global Sourcing of Science and Engineering Talent［J］.Academy of Management Perspectives，2008，22（3）：（35-54）.

口，劳动力短缺是目前从事国际外包业务企业面临的一大难题。针对威海市"用工短缺"问题，有关部门首先应加快产业结构转型与产业升级，提高服务外包企业的资本技术构成，提高产品的技术含量。在劳动力成本的快速上升的情况下，由于传统外包业务生产方式和商业模式的密集劳动、低附加值的特征，使得众多企业难以为继，转而将希望寄托在实现信息技术与各产业的融合。随着人口红利逐渐消失，对于劳动密集型企业，转型升级是必经之路。

其次，应进一步健全人力资源服务产业链。一是加强劳动力市场信息化建设，建立适应时代发展、渠道多样的公共就业服务平台，实现劳动密集型产业企业的信息化管理。二是完善人力资源市场管理机制，打造人力资源产业园，将原来不同市场化人力资源服务机构进行归并管理，充分发挥市场配置资源的主体作用和企业的主体行为。三是引进国内外优质人力资源企业，强化商事综合服务能力。四是坚持市场化导向，扶持本市的龙头人力资源公司，实现人力资源服务核心业务的全覆盖。一方面，面向中小企业提供就业政策准入、技术标准、人才供求信息等，并通过战略咨询、涉外法律服务咨询等专业服务，为中小企业提供高附加值的服务。另一方面，面向本地中小构建有能力承受而且劳动者有对吸引力的薪酬待遇体系，建立规范的用工制度，建立劳动密集型产业科学的人力资源规划和管理平台，助推企业进行更科学合理的人力资源规划，实行专业化和制度化的用人制度，从企业管理层面上杜绝"用工荒"现象的出现。五是发展职业培训产业，推动培训市场化发展，加强人力资源的培育，支持产业升级。六是规范人力资源市场秩序，打击人力资源的黑职介和无序现象。

最后，应大力发展社会公共事业，加强对外来务工者的保障力度，实现常住人口公共服务的均等化。企业、社区以及政府职能部门要加大对务工人员的收入水平、福利状况、社会保障、子女教育的重视，切实解决分配不公的问题，推动常住人口同城同待遇，使外来务工人员得到更好的保障，使一线产业工人的待遇和社会保障得以提高。为劳动者提供归属感和认同感。同时完善外来务工人员数据库，进一步建立和完善就业服务信息网络，对公共就业信息化建设和人力资源数据库建设要加大投入，尽快建立覆盖全市的外来务工人员信息数据库和到村级工作站的网上办公系统，实现外来务工人员信息的统一采集、统一录入、及时注销变更和资源共享。

专题三

2020 年度青岛市服务外包产业发展报告

李鉴诚

一、2020 年青岛市服务外包发展总体情况

（一）产业规模稳步发展，离岸外包逆势上涨

2020 年，在新冠肺炎疫情全球大暴发和国际政治局势不稳定的不利影响下，青岛市服务外包产业不降反增，全市全年登记承接服务外包执行额 50.5 亿美元，同比增长 7.1%。其中，离岸外包执行额 44.2 亿美元，同比增长 11.8%。

2020 年，青岛市离岸服务外包业务主体地位进一步提升，对全市服务外包及服务贸易发展的拉动作用进一步增强，其增长也显示出较强的抗风险能力。2020 年青岛市离岸服务外包执行额占全市服务外包业务总额的比重为 87.63%，较去年增加了 3.73 个百分点，离岸外包执行额增速较全市服务外包执行额平均增速高 4.7 个百分点。

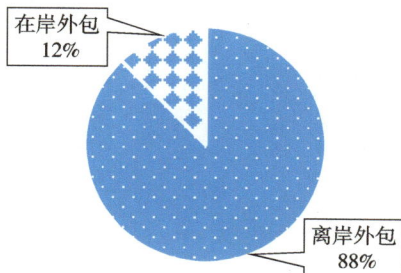

图 1.1　2020 年青岛市离岸外包与在岸外包执行额占比情况
数据来源：商务部业务系统统一平台。

269

（二）产业结构持续优化，KPO业务显著增长

2020年，青岛市信息技术外包（ITO）、业务流程外包（BPO）、知识流程外包（KPO）执行额比例为1.1∶1.1∶1.5，产业结构进一步向业务链和价值链高端演进。

知识流程外包（KPO）呈现快速增长态势，全年离岸外包执行额18.2亿美元，同比增长24.5%，占全市离岸服务外包执行额的比重为41.1%。以检验检测服务和工业设计服务为代表的技术密集型高端离岸外包业务继续领跑，同比增速分别为161.2%和61.8%。

业务流程外包（BPO）业务稳步发展，全年离岸外包执行额13.3亿美元，同比下降1.8%，占全市离岸服务外包执行额的比重为30%。其中医疗设备维修维护服务业务执行额和离岸执行额同比分别增长300%和299.6%；互联网营销推广服务执行额和离岸执行额同比分别增长132.5%和166.4%。

信息技术外包（ITO）业务重点领域发展突出，全年离岸外包执行额12.8亿美元，同比增长11.9%，占全市离岸服务外包执行额的比重为28.9%。软件研发服务和集成电路和电子电路设计服务等服务外包业务离岸执行额同比分别增长53.5%和7.9%。

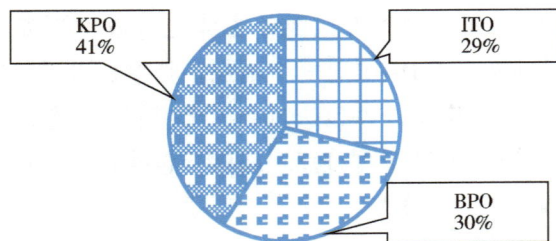

图1.2　2020年青岛市ITO、BPO和KPO离岸外包执行额占比
数据来源：商务部业务系统统一平台。

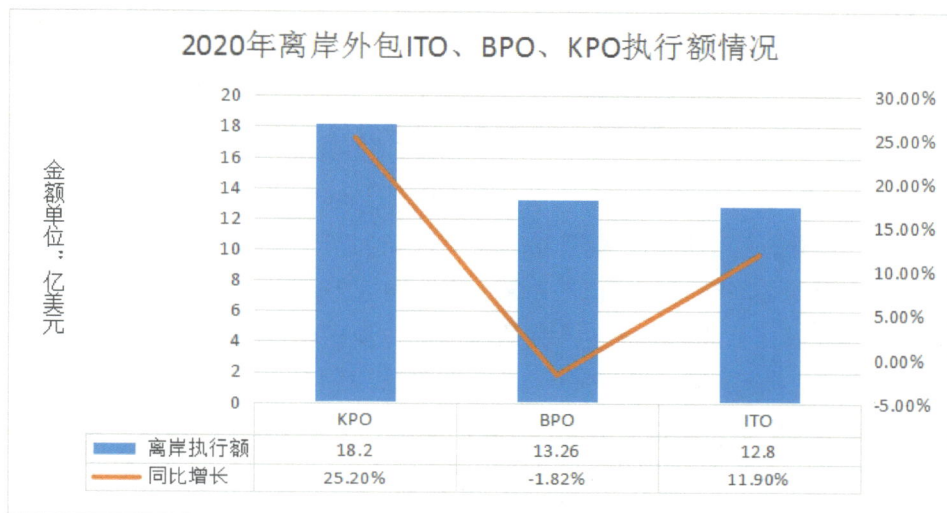

2020年离岸外包ITO、BPO、KPO执行额情况

金额单位：亿美元

	KPO	BPO	ITO
离岸执行额	18.2	13.26	12.8
同比增长	25.20%	-1.82%	11.90%

图1.3　2020年青岛市ITO、BPO和KPO离岸外包执行额及增长

数据来源：商务部业务系统统一平台。

（三）龙头企业逆势发力，创新业态不断涌现

截至2020年底，青岛市服务外包企业数量1779家，新增服务外包企业226家。其中，通过ISO27001、CMMI等各类国际认证的服务外包企业数量为64家。全市服务外包行业从业人员数量3.4万，其中拥有本科及以上学历从业人员数量1万人，占服务外包从业人员的30.6%，服务外包领域整体知识水平进一步提升。

龙头企业业务逆势上涨，骨干带动作用进一步显现。海尔海外作为海尔集团实施对外贸易策略的"桥头堡"企业，以开发海尔品牌白色家电的集成电路及模块为主，2020年全年实现信息技术类离岸外包执行额超2.9亿美元。优创（青岛）数据技术有限公司再次入围2019—2020年度中国最具影响力服务外包企业五十强、中国最具影响力金融服务企业二十强、中国最具影响力离岸服务外包企业二十强等三个榜单。中软国际、鼎韬咨询等服务外包行业龙头企业纷纷落地，带动产业数字化、国际化转型升级发展。

云服务、大数据、供应链金融服务、工业物联网应用、场地智能化设计、空间地理信息服务、创意设计等技术与价值含量高的业务成熟化发展，新技术推动新业态不断涌现。如日谷信息、宏智、优创等三家通过了先进技术型服务企业认定，还涌现出地球软件、以萨大数据、弘智科技 MES 等创新型服务外包企业。

（四）产业载体逐步完善，特色园区逐步成熟

2020 年，青岛市继续深化"东谷、西港、北城"的服务外包产业空间布局完善和优化，崂山区海尔信息园、青岛国际创新园，市北区橡胶谷、纺织谷，西海岸新区华润服务外包产业园、光谷园区等一大批特色服务外包产业园区初具规模，示范带动企业入驻的作用进一步显现。由歌尔股份、美国高通司合作建立的"联合创新中心"，继续发挥研发创新平台的优势，在培育双创企业方面不断扩大规模。浪潮大数据产业园、中科曙光全球研发总部基地、清华－青岛大数据工程研究中心等载体逐步完善。

同时，一批新的服务外包产业集聚区相继涌现。金家岭金融聚集区成功入选山东省服务贸易（金融）特色服务出口基地。胶州市金融服务外包基地，共招引银盛业（北京）金融服务公司、达仁（青岛）金融服务外包有限公司、汇尚智融（青岛）信息科技服务有限公司等 18 家服务外包企业入驻，金融服务外包集聚效应初显。西海岸新区自贸大厦项目依托自贸试验区青岛片区政策优势，重点发展数字贸易、跨境电商、离岸金融等新业态新模式，目前青岛盛鑫诚汇科技服务有限公司已招引入驻，在谈服务贸易项目 3 家，预计 2021 年可落地。中启胶建集团承揽柬埔寨中启卡威汽车工业园一期工程总承包（EPC）项目，新签对外承包工程合同额 2.63 亿美元，已于 8 月 17 日开工，完成营业额 1.45 亿美元。

（五）国际合作更加深化，新兴市场拓展加快

青岛市进一步加强国际商贸合作与交流，扩大加大对外开放力度。截至 2020 年底，与青岛市建立服务外包业务往来的国家（地区）数量达到 114 个，新增 7 个。中国香港、美国、韩国和日本依然位居青岛市离岸服务外包发包市场的前四位，2020 年的执行额分别为 9.1 亿美元、5.2 亿美元、5 亿美元和 3.6 亿美元，合计占青岛市离岸服务外包执行总额的 51.9%。"一带一路"新兴市场呈现快速发展趋势，"一带一路"市场覆盖国家（地区）44 个，2020 年"一带一路"合同额 13.4 亿美元，执行额 9.2 亿美元，同比分别增长 10.8% 和 15%。

（万美元）

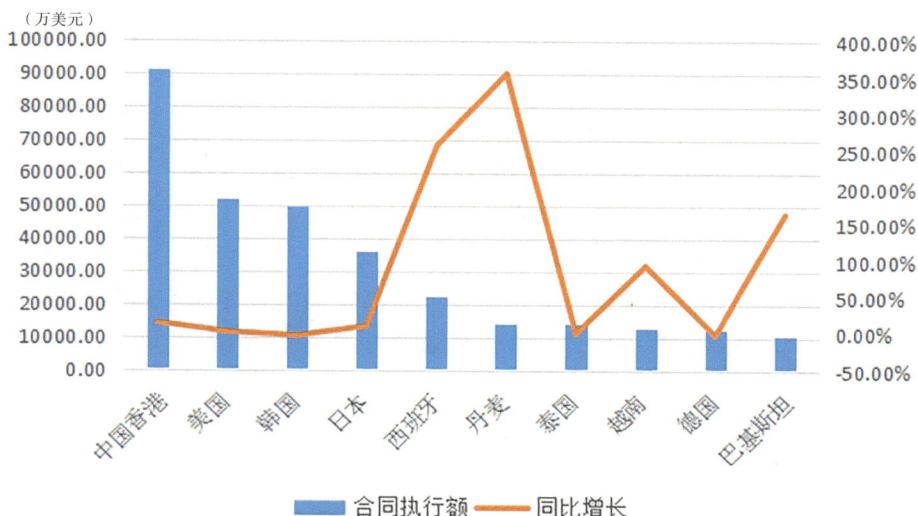

图1.4 2020年青岛市前十离岸外包市场发展情况

数据来源：商务部业务系统统一平台。

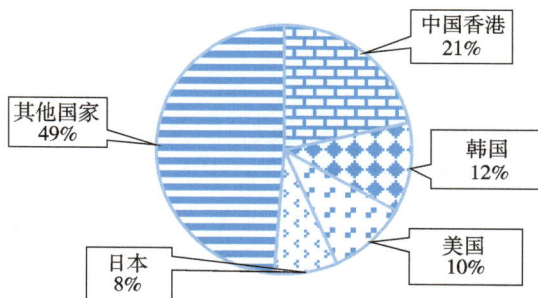

图1.5 2020年青岛市离岸外包市场分布情况

数据来源：商务部业务系统统一平台。

二、青岛市服务外包发展特征及趋势

（一）服贸外包统筹发展，完善产业顶层设计

自被认定为服务外包示范城市以来，青岛市领导高度重视服务外包产业的发展和创新，深入落实国务院和省、市有关促进服务外包发展的政策措施，围绕青岛市"三中心一基地"建设，大力发展服务外包产业。2020年9月，出台了《青岛市关于推动服务外包加快转型升级的实施方案》，围绕培育新模

式新业态，打造数字服务出口集聚区，深化日韩及上合服务外包合作，加速产业融合发展，创新产业政策等进行了清晰的规划。

2020年8月11日，国务院发布《关于同意全面深化服务贸易创新发展试点的批复》，青岛市正式获批跻身全面深化服务贸易创新发展试点之列。依据《全面深化服务贸易创新发展试点总体方案》，青岛市出台《青岛市全面深化服务贸易创新发展试点实施方案》。立足青岛市服务外包产业基础和特色领域，统筹规划，将服务外包作为拉动服务贸易发展的重要抓手和突破口，将服务贸易作为推动服务外包转型升级的重要支撑和新动力，完善服务贸易与服务外包的顶层设计。

（二）深化日韩经贸合作，拓展上合新兴市场

2020年，青岛市依托三大平台建设，进一步深化与日韩服务外包合作与往来，中日韩合作桥头堡地位进一步提升。一是打造对日韩地方城市合作平台。青岛与日本下关、鸣门、福冈、神户等9个城市，韩国大邱、仁川、平泽、釜山等7个城市建立经济合作伙伴关系，在现有合作体制框架下加强双方政府及民间交流，深化经贸、文化、旅游等多领域合作。二是搭建对日韩招商平台。加强青岛日韩工商中心建设，围绕全市新旧动能转换重大工程，"走出去""引进来"搭建青岛市对日韩经济合作平台，促进双方在高端制造及研发、医疗健康、现代金融等领域开展更深层次合作交流。三是打造对日韩交流合作"国际客厅"平台。青岛日本国际客厅、韩国国际客厅正式揭牌运营，为日韩企业、商会进入中国市场以及中国企业和地方政府对接日韩市场，打造集展示、推介、路演、接洽、交易等功能为一体的交流平台，全方位提供法律、审计、会计、签证、生活等配套服务。目前，已有63家韩国商协会、企业入驻，三菱日联银行战略合作项目等17个重点项目签约。四是成立了中日软件服务产业促进中心。该中心面向中日软件服务行业，拓展"日语+新技术"人才培养，推动服务外包产教融合、业态集聚、人才供给、订单众包一体化发展。

深化青岛上合示范区建设，拓展"一带一路"新兴市场。充分发挥新亚欧大陆桥经济走廊主要节点城市和海上合作战略支点的作用，着力推动形成东西双向互济、陆海内外联动的开放格局，建设上合"一带一路"央企"国际客厅"，为央企搭建与上合组织国家和"一带一路"沿线国家的地方政府、

企业交流合作的平台。强化制度创新，推动服务出口。截至 2020 年底，上合示范区共获得国家外汇管理局 10 项外汇资本项下便利化试点政策，青岛海关也出台了 17 条支持上合示范区建设的政策措施，量身定制了 8 个重点项目清单，包括综合保税区申建、中国—上合组织国家公共检测交流服务平台、编制发布中国对上合组织国家贸易指数等。

（三）完善工业服务体系，加速产业融合升级

青岛涵盖全部 41 个工业门类中的 36 个，是国家第一批 5G 试点城市、人工智能教育试点城市，工业互联网应用场景丰富。2020 年，青岛市继续深化和推动制造业与服务外包的融合发展，落实"制造 2025""互联网 +"发展战略，围绕"世界工业互联网之都"建设，充分发挥制造业门类齐全的优势，坚持以工业互联网为载体，围绕制造业改造升级，全面开放应用场景，遵循"以示范促应用、以应用促集成、以集成促产业发展"的路径，重点推动以人工智能、工业大数据、集成电路、高端软件等为代表的新兴服务外包快速发展。初步建立起了涵盖标准研究、专题会展、产业组织、行业平台，载体建设和企业培育等在内的制造业服务特色产业生态体系。

青岛市积极与高端智库加强合作。中国信息产业研究院设立了赛迪（青岛）区块链研究院，中国信息通信研究院设立了信通院（青岛）科技创新中心，中国工业互联网研究院设立了山东省分院分中心等，一批"国字号"创新平台相继在青岛布局，强力支撑青岛工业互联网保持领先发展，支持行业标准建设、前瞻技术研发及创新项目培育。

青岛市支持海尔、海信等企业搭建工业互联网平台，为制造业转型升级赋能，推动制造业服务发展。其中，海尔卡奥斯平台聚集了 3.4 亿用户和 390 多万家生态资源，成长为比肩美国通用电气、德国西门子的全球三大工业互联网平台之一，已赋能 15 个行业物联生态，覆盖 60 个细分行业，连接各类智能终端 2600 多万台，服务企业 4.3 万家，生态收入达百亿元。全市认定酷特智能 C2M 个性化定制平台等 8 个互联网工业平台、海尔空调胶州互联工厂等 33 个智能（互联）工厂、青啤五厂数字化车间生产系统等 81 个数字车间和特锐德 KYN28 柜自动化生产线等 236 个自动化生产线，覆盖全市优势产业链。

（四）疫情防控精准施策，助力企业复工复产

2020 年，贯彻中共中央、国务院关于精准施策、分级分区做好疫情防控工作的总体部署，落实省委、省政府防控疫情、恢复生产的工作要求，青岛市积极推动疫情防控精准施策，实现企业防疫与复产同步推进。面向服务外包企业等中小企业，青岛市分别于 2 月 3 日印发《关于应对新型冠状病毒感染的肺炎疫情支持中小企业保经营稳发展若干政策措施的通知》、2 月 20 日印发《关于贯彻落实鲁政办发〔2020〕4 号文件应对新冠肺炎疫情进一步支持中小企业平稳健康发展的实施意见》、2 月 21 日印发《关于应对新冠肺炎疫情进一步促进企业恢复正常生产经管的实施意见》，围绕稳定职工队伍、加大金融支持、完善政策执行、加大财税支持、降低运营成本等方面，形成全面具体的措施支持体系。各区（市）在上述政策基础上，也分别制定了实施细则，明确政策兑现路径，确保企业适用政策过程高效、精准、便捷。

（五）加强人才体系完善，提供精准人才服务

2020 年，青岛市进一步强化人才蓄水池建设，针对服务外包产业升级和发展对人才的新需求，企业发展面临的人才新问题，进行深入调研，制定解决方案，全面提升人才服务的针对性、前瞻性和连贯性。

继续开展"对日（赴日）服务外包卓越工程师人才培养"项目，加强高端人才的培养。目前该项目已经与 10 所高校的 16 个专业合作开展人才培养工作。其中与 2 所高校的 4 个专业开展校企合作专业共建，共同培养"赴日卓越工程师"方向统招本科生。2020 年度，面临日本疫情影响，项目积极开展模式创新、平台创新，深化与日本方面的合作，与 7 家日本重点企业建立合作，其中 5 家为大型日本上市企业，关联就业目标企业 60 余家，包括丰田、日产、三菱、佳能、富士通、日立等世界 500 强企业。

推动人才机构建设，开展培训招才引智。鼓励引导青岛技师学院和德州科技职业学院青岛校区等服务外包培训机构，面向服务外包方向调整课程设置，设立信息安全、IC 设计、动漫等课程，为服务外包产业发展储备人才。同时组织指导这两家培训机构积极申报并成功通过山东省商务厅"省级服务外包人才培训机构"评估及认定。鼓励服务外包企业开展新入职大学生培训、引进高端外包人才、派出骨干人员赴国外培训等，初步构建起以高校为主体，

政府、企业和社会共同参与，多层次、多渠道的服务外包人才培养格局。

（六）加强产业前瞻研究，推动标准建设发展

2020 年，青岛深化与国内服务贸易与外包行业研究咨询机构鼎韬集团的合作，在青岛联合设立中国（青岛）数字服务外包研究院，依托鼎韬在服务贸易及外包领域内的资源优势和研究优势，邀请海外服务外包行业专家和买家、国内行业专家、高校学者、服务外包企业家等建立青岛服务外包专家智库，推动服务外包行业标准、研究、平台落地，积极构建从线上到线下的立体化青岛市服务外包行业智库平台体系。

依托全球及中国服务经济专家智库资源，将全球服务外包领域内的前瞻研究同我国及山东地区的服务外包发展实践相结合，以创新性的产业研究填补行业空白。积极引入国际和国内服务标准，包括 MVSS（Multi-Dimensional Vendor Selection System–IT and Outsourcing）多维度服务供应商评估标准体系、中国服务外包企业信用评价标准体系、中国服务外包交易指数和中国服务贸易发展指数等，通过一系列国际标准的落地应用和推广，规范行业秩序，优化产业生态，对接国际市场，逐步实现青岛市服务贸易与服务外包整体水平的提升和开发开放。

（七）完善公共服务平台，支持企业国际拓展

2020 年，青岛市进一步强化服务外包产业公共服务平台建设和运营，开展各类海外项目对接活动，并组织本地企业积极参与国家各类展览展会和国际交流活动，为青岛服务外包企业的国际业务拓展提供重要支撑。

青岛市国际合作与项目发包公共服务平台，依托线上平台汇集行业信息和产业资源，依托线下服务推动国际交流与产业转移，整合国际国内接发包企业信息，实现价值倍增。截至 2020 年底，平台已发布分享了来自英国、爱尔兰、日本、以色列、智利、塔吉克斯坦、马尔代夫、乌干达等国家和地区的项目信息 2600 余个，平台注册用户近 400 个，更新数量总和为 2020 余个。

2020 年，青岛在日本、韩国、新加坡、德国、美国、英国等青岛市传统服务外包市场举办"六国双周"商务活动，通过精准走访推介巩固业务来源。引导企业深耕"一带一路"市场，实现传统市场、新兴市场"双轮驱动"，带动青岛市优质产能、优势服务走出去。

2020 中日韩创新季在青岛城阳正式开幕，中日产业投资合作项目、日本荣泰投资项目、天安数码城—釜山经济振兴院创新发展合作项目等 10 个项目签约落地，青岛市首个"双城双园"模式离岸孵化器——青岛天安（韩国）科技企业孵化器正式揭牌。以平台思维探索产业革新与进阶，打造了一场集科技企业、产业龙头、科研院所、科技园区、创投机构、金融服务机构等创新要素聚集的科技创新盛宴，推动中日韩各方进一步凝聚共识、深化合作。

（八）加强机制体系创新，释放示范引领效能

2020 年，青岛市进一步发挥制度创新优势，依托上合示范区和自贸区建设，积极探索和推动机制体制创新，落实服务贸易与服务外包创新试点经验，释放城市的示范和引领作用。推出了基于区块链技术的服务外包税务备案支付电子化系统，实现服务外包对外支付便利化，成为全国第 4 个实现服务外包税务备案支付电子化的地区。推动更多服务外包业务"零见面""零跑腿"办理，鼓励服务外包企业疫情防控期间在线办理服务外包合同登记、自由类技术进出口合同登记事项，目前已无纸化登记技术进出口合同 200 余份。深入挖掘高新技术企业和重点出口企业潜力，支持有条件的企业成立专门研发机构，引导业务模式创新，推动高新技术企业剥离发展服务外包业务。比如青岛三同德金属制品有限公司和青岛优明科粉体有限公司等 8 家高新技术企业剥离发展服务外包业务，加快由产品提供商向服务提供商转型，起到了很好的标杆带动作用。

青岛市积极推动中国—上海合作组织地方经贸合作示范区建设，先后印发了《中国—上海合作组织地方经贸合作示范区加快集聚市场主体的实施意见》《关于加快中国—上海合作组织地方经贸合作示范区、中国（山东）自由贸易试验区青岛片区人才集聚发展的若干政策措施（试行）》《中国—上海合作组织地方经贸合作示范区关于加快培育国际贸易竞争新优势的实施办法》《关于向中国（山东）自由贸易试验区和中国—上海合作组织地方经贸合作示范区下放部分行政权力事项的决定》《青岛市金融支持中国—上海合作组织地方经贸合作示范区发展的指导意见》《关于支持中国—上海合作组织地方经贸合作示范区建设若干措施的通知》等政策，鼓励开拓创新和先行先试，采取双招双引，落实"负面清单制"放权，具有前瞻性的指导意义。

出台了《国家外汇管理局关于青岛试点十项外汇政策》《进一步推进中

国（山东）自由贸易试验区青岛片区外汇管理改革试点实施细则》《关于加快中国（山东）自由贸易试验区青岛片区科技创新发展有关意见》《关于在中国（山东）自由贸易试验区青岛片区开展"证照分离"改革优化营商环境的实施方案》等政策，在管理体制创新、自由贸易便利、外商投资和金融服务开放、海关特殊监管等方面做出指引，对于提升青岛片区招商引资水平，激发市场主体活力，打造对外开放新高地发挥重要助推作用。

（九）加强资金扶持力度，强化数据统计考核

青岛市积极为企业争取上级资金扶持，指导企业用足用好扶持政策。实施疫情防控重点保障企业贷款财政贴息，鼓励金融机构加大信贷投放，加大创业担保贷款扶持力度，用足用好中小微企业转贷引导基金。降低中小企业租用国有房产租金，减免政府主导创建的创业载体房租，补贴社会力量创建的创业载体房租，对中小企业生产经营所需的用电、用气、用水等，实行伙费不停供措施。2020 年，共有 50 个服务外包项目（48 家申报单位）获得1709 万元资金支持，14 个技术出口贴息项目（14 家申报单位）获得 578 万元资金支持，支持资金合计金额 2287 万元。

建立特色统计体系，积极引导企业录入统计数据。与统计、科技、外管局等部门的协作，建立和完善了服务外包统计、监测、运行和分析体系，进行统计数据的分析研究。组织企业参加青岛专家讲课，通过与企业的财务深入沟通，探讨服务外包业务，通过走访和微信工作群等多种方式，向企业宣传扶持政策，并及时组织、指导企业申报。明确服务外包业务负责人、时间表和任务路线图，并建立区商务局、街道和重点企业联系三级联络机制。并将企业分街道进行细化统计，协助街道和企业做好服务外包重点监测企业直报系统数据录入工作。

三、2021 年青岛市服务贸易和服务外包发展重点工作

2021 年，以全面深化服务外包和贸易创新发展试点为主线，把握 RCEP签署机遇及青港全面深化合作的契机，主动服务自贸试验区和上合示范区建设，积极融入国际航运外包金融创新中心建设、双招双引等攻势，立足"全面、深化、创新、发展"四个基本要求，争当全省表率，争创全国先进。

（一）以市委、市政府关于加快服务贸易创新发展的系列指示精神为指导，围绕中心任务落实"全面"部署

一是对运输、旅行、建筑、电信计算机和信息、知识产权、金融保险等服务贸易重点领域指标进行分解量化，督促各责任单位对133项服务贸易创新发展试点任务逐项制定工作计划，排出时间表和路线图，确保领导到位、责任到位、落实到位。二是建立多维度的服务贸易考核指标体系，既包括规模增速等定量指标，也包括落实任务、促进政策、统计监测、经验成效等定性指标，探索增加年度第三方评估、满意度调查等考核指标。既实现压力传导，压实试点工作责任，又发挥考核的指挥棒作用，为优化服务贸易整体环境生态而服务。

（二）以争当全国服务外包创新发展典型标杆为导向，围绕重点领域突出"深化"举措

一是在落实国家试点任务上，以"点上开花"推动"面上结果"。聚焦国际航运贸易金融、数字贸易、工业互联网、文化旅游等青岛市特色领域，培育建设各类服务贸易平台，提升平台使用率，做大交易量。二是在青岛的特色优势领域，提升发展质量。复制推广香港建设邮轮码头、发展邮轮旅游经济的先进经验，丰富邮轮旅游产品，集聚邮轮旅游、金融贸易、智慧创新、商务文化等关联要素，在邮轮旅游等国家对青岛市"点名"的试点任务上拿出高水平"作业"。依托上合示范区，协作拓展"一带一路"沿线市场，发挥山东自贸区青岛片区开放平台作用，携手推进专业服务、医疗健康、知识产权保护、保税维修等领域服务贸易创新发展，助推青港全面深化合作。三是争取更多引领性开创性成果。根据国务院总体部署，国家部委将面向试点地区专门出台保障措施，青岛市可依托市级联席会议，梳理需国家层面出台保障措施的试点任务，一方面继续积极对上争取，另一方面保持政策敏锐度，留足提前量，全力争取国家保障措施在青岛市首先落地、首显成效、首出经验。四是拓展与上合组织国家的服务贸易。依托上合示范区空港功能，引进国际物流供应链企业和物流平台型企业，构建以青岛空港为中心枢纽节点，联通中欧班列、日韩空港、青岛海港的跨境物流通道。依托即将获批的青岛空港综合保税区，推动"保税＋维修＋租赁"业务，通过引进第三方航空租赁、维修服务企业，做大跨境航空租赁、维修服务规模。

（三）以 RCEP 带来的地区产业融合为契机，围绕主导战略实现"创新"成果

目前青岛市"两区"建设、攻势作战、国际客厅等一系列战略举措，为服务外包创新发展提供了众多上升空间，为此，应全面运用平台思维，整合服务外包资源，产生叠加效应。一是用好"区域累积"原则，推动"贸易创造"效应在自贸片区显现。依托 RCEP 推动形成的更精细完善的产业链分工体系和我国新开放的 22 个服务部门，广泛承接日本、韩国设计研发、游戏动漫、影视制作等相关业务，支持日韩制造业相关服务和知识产权服务要素在青岛市园区集聚，推动青岛市知识密集型服务外包发展。二是优化人才供给。组织服务外包易公共服务平台充分调研 RCEP 区域内制造业产业链与青岛市匹配情况，加大制造业服务相关人才培养力度。支持平台向产教融合、业态集聚、人才供给、订单众包方向综合发展，尽快形成"人无我有、人有我优、人优我多"的人才供给体系，为区域内产业链、价值链深度融合做好人才储备。三是扩大技先企业规模，提升中间品供应链服务能力。进一步扩大技术先进型服务企业政策宣传力度，引导传统企业向数字化服务型制造商转型升级，组织区（市）商务部门指导重点出口企业剥离技术先进型服务业务，扩大所得税优惠政策覆盖面。

（四）以打好"十四五"开局战为目标，围绕转型升级推动"发展"实效

在疫情全球蔓延背景下，国际人员流动、信息流动此消彼长，境外消费、自然人移动服务贸易模式将持续受限，而跨境交付、商业存在模式有望持续受益，为服务贸易在"双循环"格局中实现"双向生长"提供了条件。一是引导旅游、建筑等传统服务内向生长，参与青岛市国际消费中心城市建设、新型基础设施建设等，推动消费供给体系、需求结构、时尚特质、发展环境全面提升。通过区域旅游推介、开发差异化精品旅游产品等举措，降低服务贸易逆差的同时，刺激旅游消费市场，为"内循环"注入新动力。二是引导电信计算机和信息、知识产权、金融保险等新兴服务外向生长，参与全球价值链重塑。在疫情冲击和主要国家跟进"量化宽松"以及 RCEP 等区域经贸

协定影响下，亚太地区对新一代信息服务的需求增长迅速。加快青岛市数字服务走出去，深度参与亚太市场价值创造过程，提升青岛市数字服务国际竞争力。三是加大市级财政支持、落实服务出口零税率等政策，发挥"金企通"融资服务平台作用，深化"政银保"合作，支持扩大出口信保保单融资规模，降低中小微服务进出口企业融资成本。建立人民币跨境贸易融资和再融资服务体系，设立人民币跨境贸易融资支持平台，推动服务贸易领域人民币跨境使用便利化。

专题四

2020 年度珠海市服务外包产业发展报告

沙 琦[①]

一、珠海市服务外包产业总体情况

（一）产业规模实现稳步增长

2020 年，珠海市克服全球新冠肺炎疫情影响，服务外包产业规模实现稳步增长，服务外包执行额为 10.73 亿美元，是 2015 年的 9.45 倍，"十三五"时期实现年均增速 56.04%，较全国平均增速高 42.75 个百分点。2019 年，全市服务外包执行金额 12.82 亿美元，同比增长 112.25%，规模为历年最高，首次居全省第四，仅次于广州、深圳和佛山市。2020 年，受全球新冠肺炎疫情影响，珠海市服务外包产业规模增速放缓，服务外包执行金额同比下降 16.3%（见图 1.1）。

（二）服务外包产业结构显著优化

珠海市服务外包以业务流程外包（BPO）为主，信息技术外包（ITO）和知识流程外包（KPO）占比相对较低，产业结构有待进一步优化。"十三五"时期，珠海市业务流程外包（BPO）和知识流程外包（KPO）取得较快发展，产业结构进一步向业务链和价值链高端演进。统计数据显示，2020 年，珠海市信息技术外包（ITO）、业务流程外包（BPO）、知识流程外包（KPO）执行

---

① 沙琦，鼎韬产业研究院副院长，鼎韬咨询副总裁。

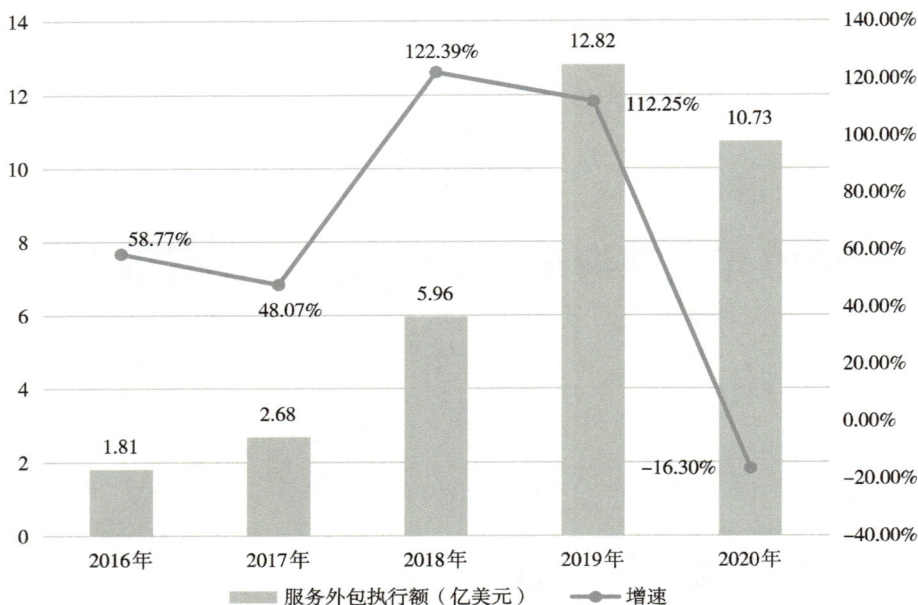

图 1.1　2016—2020 年珠海服务外包执行金额情况

额占比分别为 22.4%、73.0%、4.6%（见图 1.2）。2020 年全市信息技术外包（ITO）和知识流程外包（KPO）分别达到 2.4 亿美元和 0.49 亿美元，分别同比增长 39.5% 和 10.1%，其中离岸信息技术外包（ITO）和知识流程外包（KPO）分别达到 0.8 亿美元和 0.35 亿美元，分别同比增长 13% 和 6%（见图 1.3）。当前，珠海市已经基本形成以网络与信息安全服务、信息技术解决方案、信息技术研发和互联网营销推广等商业流程外包为发展重点，以金融服务、专业服务（服务设计服务）、供应链管理等特色服务外包为发展方向的产业发展格局。尤其近年来，随着数字经济的快速发展，云计算、大数据、区块链等数字技术推动数字服务外包新业态不断涌现。

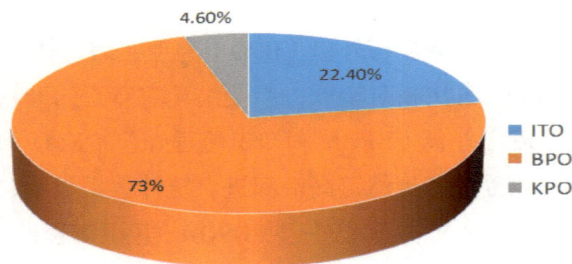

图 1.2　2020 年珠海市服务外包产业结构情况

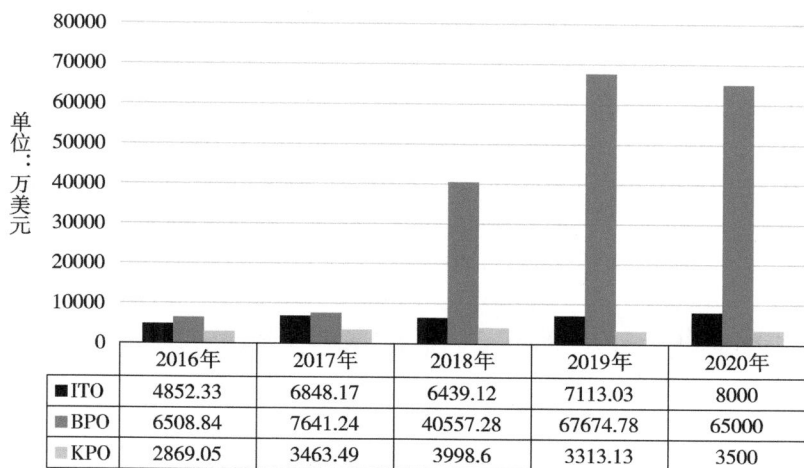

	2016年	2017年	2018年	2019年	2020年
■ITO	4852.33	6848.17	6439.12	7113.03	8000
■BPO	6508.84	7641.24	40557.28	67674.78	65000
■KPO	2869.05	3463.49	3998.6	3313.13	3500

图 1.3　2016—2020 年珠海市服务外包离岸执行额情况

（三）离岸在岸市场实现均衡发展

"十三五"时期，珠海市进一步加强国际商贸合作与交流，不断加大对外开放力度。从离岸执行金额来看，从 2016 年 1.42 亿美元增长至 2020 年 7.65 亿美元，占全市服务外包执行额比重 71.30%，增长 4.39 倍，年均增速 52.35%，远高于全省平均水平（见图 1.4）。其中"一带一路"执行额 6033 万美元，澳门执行金额 5024 万美元，同比分别增长 33.3% 和 54.9%。2019 年离岸执行金额达 7.81 亿美元，服务外包离岸执行金额超额完成当年全年目标，完成全年任务 152.84%。2020 年，受全球新冠肺炎疫情影响，珠海市服务外包发展出现了增速放缓的情况，服务外包离岸执行金额为 7.65 亿美元，离岸执行金额占全年总执行金额的占比由 2019 年 60.92% 增至 2020 年 71.30%，离岸业务占比明显增加。此外，珠海市紧抓制造业转型升级发展机遇，深挖内需市场潜力，推动企业高附加值服务接包能力显著提升。2016—2020 年在岸服务外包执行金额从 0.39 亿美元增长到 3.08 亿美元，年均增速 67.64%。2019 年在岸服务外包执行金额为历年最高。受全球新冠肺炎疫情影响，2020 年珠海市在岸服务外包执行金额同比下降 38.52%。全市离岸外包业务覆盖全球 36 个国家，美国、中国香港、沙特阿拉伯、日本和中国澳门位居前五位，分别占比 46.2%、12.6%、9%、6.6% 和 6.6%（见图 1.5）。

单位：亿美元

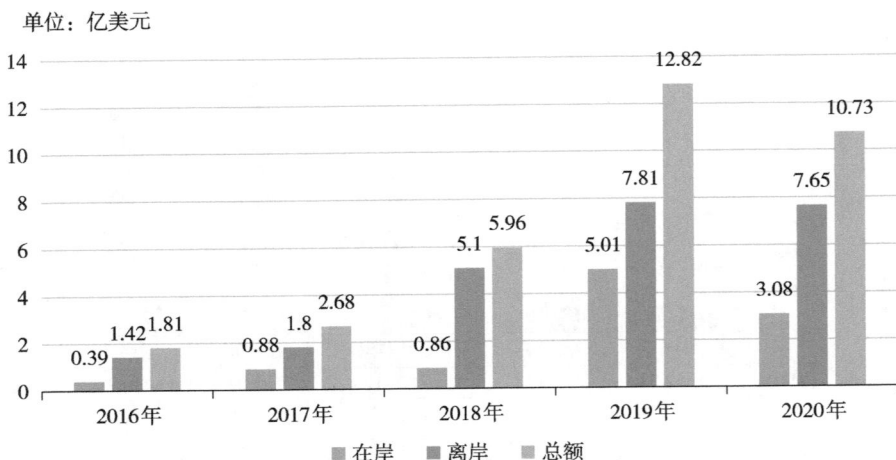

图 1.4　2016—2020 年珠海服务外包在岸、离岸及总执行金额情况

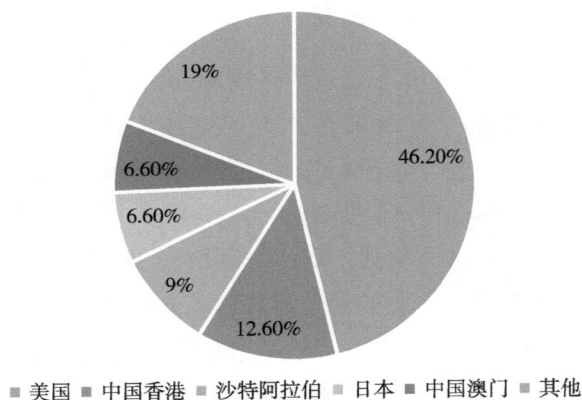

图 1.5　珠海市离岸外包市场分布情况

（四）龙头企业示范效应逐渐显现

截至 2020 年底，珠海市入统服务外包企业数量 306 家，累计获得国际资质认证企业数量 73 个，技术先进型企业 21 家，服务外包从业人员 5.23 万人，其中本科及以上学历人数占 29.73%。其中不乏格力电器、丽珠医药、金山软件等全国知名的"创新明星"，以及云洲智能、优特电力、纳睿达等一批细分领域的"单打冠军"。服务外包龙头企业摩天宇航空发动机维修有限公司离岸服务外包执行金额达到 6.1 亿美元，占全市离岸执行额的服务外包执行金额将近 80%，在省内排名第二，仅次于华为，高于中兴通讯、美的电器等企业。金邦达有限公司入选"中国服务外包百强企业",园圈科技和飞企互联获得"中国软件和信息服务业最具创新竞争力产品奖",伟诚科技、爱浦京、飞企互联、魅力科技、迈科科技等企业被评为广东省最佳服务外包企业。爱浦京软件、艾比模具等13家服贸和外包企业被认定为技术先进型服务企业,占2021年广东省认定技术先进型服务企业总数的54%,货讯通、路坦信息等一批代表企业快速成长。

(五)服务外包产业集聚效应凸显

"十三五"期间,珠海市"两带五区"的服务外包空间布局基本形成,产业载体和基础设施持续完善,产业集聚效应进一步凸显。2020年,横琴新区、高新区和香洲区等地区服务外包执行额占全市总额的93.7%,其中,横琴新区占比68.6%,同时,金湾区、高新区等中小服务外包企业聚集地区,在新冠肺炎疫情的影响下,其服务外包执行金额分别出现了23.86%、39.42%的大幅增长,显示出抗风险的发展活力。全市拥有省级市级服务外包示范园区3个,中拉经贸合作园一期已完工,粤澳中医药科技产业园获批成为首批"国家中医药服务出口基地",创建了珠海南方软件园、广东高科技成果产业化示范基地、清华科技园(珠海)、哈工大珠海新经济资源开发港、港湾一号科创园、V12文化创意产业园、珠海信息港等一批重点服务外包产业园区,建设了清华珠海创新中心、华南理工珠海现代产业创新研究院、诺贝尔国际生物医药研究所和横琴新区博士后科研工作站等一批科研院所,促进了服务外包产业的发展。

表 1.1　2020 年珠海市各区服务外包执行金额情况

区域	服务外包执行金额（万美元）				
	总量	同比（%）	比重（%）	贡献率（%）	拉动率（%）
总计	107277	-16.1	100.0	100.0	-16.1
横琴新区	73574	-39.3	68.6	114.6	-18.5
香洲区	7250	-15.3	6.8	6.3	-1.0
金湾区	2015	23.9	1.9	-1.9	0.3
斗门区	480	0.0	0.5	-2.3	0.4
高新区	19654	39.4	18.3	-27.0	4.4
万山区	3418	-35.9	3.2	9.3	-1.5
高栏港区	886	-10.7	0.8	0.5	-0.1

（六）服务外包产业环境日益成熟

"十三五"期间，珠海市持续深化产学研合作体系，加强服务外包与服务贸易公共服务平台建设和专业服务能力提升，推动产业生态环境持续优化。截至 2020 年底，全市拥有各级新型研发机构 33 家，其中省级以上 16 家，省级以上创新平台累计 295 家。全市共有科技型企业孵化器 35 家、众创空间 35 家，在孵企业达 1393 家。产学研合作体系建设取得新突破，吸引了清华珠海创新中心、华南理工珠海现代产业创新研究院、诺贝尔国际生物医药研究所和横琴新区博士后科研工作站等一批国内外著名高校、重点科研院校来珠海设立研发机构和分支机构，全面增强科技成果转化能力，促进高校科研与创新驱动融合发展。珠海市服务外包产业交流中心、珠海市服务外包信息中心、服务贸易和外包行业协会等机构充分发挥公共服务平台作用，促进政企互动和企业合作，促进产业的区域合作，聚集了一批具有多年经验和良好业绩的服务外包专业服务机构。

在服务外包顶层设计完善方面，先后制定和出台了《珠海市加快发展服务贸易行动计划（2016—2020 年）》《珠海市外经贸发展专项资金（服务贸易发展事项）实施细则》等文件。积极申报国家级服务外包示范城市，在 2019—2020 年度东部申请城市综合评价中分别排名第 4 位和第 5 位。全市各区各单位适应新发展格局的需要，加强谋划部署"十四五"服务外包的政策、支撑平台、要素供给等工作，推动全市服务外包产业生态日益完善和成熟。

二、珠海市服务外包发展优势和特色

（一）雄厚的制造业基础为生产性服务外包发展提供巨大的市场空间

珠海市工业门类齐全，先进制造业实力雄厚，以集成电路、生物医药、新材料、新能源、高端打印设备等为重点的千亿级战略性新兴产业集群加速形成。2020 年珠海先进制造业增加值占规模以上工业增加值比重达到 58.2%，跻身"中国先进制造业城市"第 22 位，3 年跃升 7 位。规模以上工业企业研发机构覆盖率达到 45%。雄厚的制造业基础，为珠海市发展集成电路设计服务、电力能源服务、信息安全服务、金融服务等生产性服务外包提供了坚实基础，也为培育服务外包新兴和特色产业集群，与国内及大湾区其他城市形成产业链互补不断提供新动能。

（二）经济综合实力提升为汇集人才资本等产业要素提供了重要支撑

2020年，珠海市地区生产总值达到3482亿元，升至全省第六位；人均GDP位居全国第四、全省第二，达到高收入经济体标准；第三产业增加值占比为54.9%，超过全国；会展、物流等服务业加快发展，金融运行总体平稳，金融业增加值占GDP比重突破10%。科技创新能力不断增强，科创发展指数进入全国10强，研究与试验发展经费投入强度达到3.15%，每万人口发明专利拥有量为93.9件，均居全省第二位。城市综合经济实力以及吸引力的提升，为服务外包要素聚集和高质量发展提供了重要支撑。

（三）独特的区位优势为深化珠澳合作及进一步辐射全球市场提供了可能性

珠海位于广东省中南部，东与香港、深圳隔海相望，南与澳门陆地相连，横琴新区与澳门隔江相望，西邻江门市，北与中山市接壤，设有9个国家一类口岸，是珠江口西岸核心城市和粤港澳大湾区重要节点城市。港珠澳大桥使珠海成为中国大陆唯一与港澳陆路相连的城市。独特的区位优势为珠海市吸引澳资企业，探索珠澳跨地区服务外包与贸易协作体系和体制创新，进一步辐射葡语系及国际服务外包市场带来得天独厚的便利条件。"十三五"期间，珠澳合作取得重要进展，与澳门签署加快建设大湾区澳珠极点合作备忘录，澳门单牌车入出横琴政策落地，新横琴口岸旅检区域启用。

（四）多重政策叠加优势为制度创新探索及特色领域发展提供了重要保障

珠海是经济特区，拥有广东自贸区横琴片区、保税区，又获批跨境电商综试区，政策叠加优势显著。广东自贸区横琴片区具有国家新区加自贸区的政策优势，在企业招引和培育，体制机制创新，以及服务外包新业态新模式的培育发展等方面具有明显优势。珠海保税区实行"境内关外"的政策，海关、外汇管理等部门对保税区实行相对优惠的政策，为珠海服务外包发展提供了优质软硬件环境。此外，中医药服务出口基地、跨境电商综试区等相关优惠政策，也为珠海中医药服务、数字赋能平台服务等新兴和特色服务外包发展带来较大空间和发展潜力。

（五）数字经济快速发展为珠海加速服务外包数字化升级提供了重要支撑

珠海数字经济实现快速发展，2020 年，数字经济核心产业增加值占 GDP 的比例约为 9.6%，预计 2025 年将达到 20%，数字政府改革成效居全省第三位。在《2020 粤港澳数字大湾区融合创新发展报告》中，凭借在数字政务、数字民生领域的优异表现，珠海跻身珠三角数字经济发展的第二梯队。其中，数字民生指数位列第二名，数字商业指数和数字政务指数排名全省第三。珠海在医疗、教育、交通等多个领域的数字化应用和发展均位居全省前列，软件、信息技术等相关产业也已经形成了一定的规模效应。数字经济的快速发展为珠海市服务外包的数字化升级发展带来了重要支撑。

（六）优美的城市环境为服务外包产业生态优化及特色领域发展提供了重要环境

珠海市岛屿众多、海岸线长，是素有"百岛之市"之称的滨海风景旅游城市，也是宜居宜业的城市，先后荣获"国际改善居住环境最佳范例奖""中国最具有幸福感城市""全国旅游胜地四十佳""国家园林城市""国家卫生城市""国家级生态示范区""中国十大魅力城市""中国十佳宜居城市""中国优秀旅游城市""中国最具幸福感城市""国家森林城市""中国生态文明奖"等称号。在 2020 年中国 100 座大中城市可持续发展综合排名中，珠海已经连续三年位列第一。PM2.5 污染物浓度达到世界卫生组织二级标准。优越的环境为高端研发设计等特色服务外包产业发展提供了重要基础和环境。

三、珠海市积极建设"数字服务外包创新城市"

展望"十四五"，珠海市积极落实习近平总书记视察广东重要讲话精神，以提高发展质量和效益为中心，坚持新发展理念，以供给侧结构性改革为主线，以改革创新为动力，积极把握数字技术崛起和横琴粤澳深度合作区建设重大历史机遇，以"数字服务外包创新城市"为核心目标，全面落实数字服务外包标准建立、数字服务外包链条完善、数字服务外包载体建设、数字服务外包市场拓展、数字服务外包平台运营和数字服务外包人才培养六大主要任务，积极拓展数字服务外包新领域，培育数字服务外包新业态和新模式，构建数字服务外包产业新生态，全面推动我市服务外包规模突破和数字化转型升级，为助推珠海"二次创业"加快发展，打造粤港澳大湾区经济新引擎，打造开放型经济发展新局面，融入以国内大循环为主体、国内国际双循环相互促进的新发展格局提供有力支撑。

（一）建立珠海数字服务外包新标准

根据珠海市服务外包发展情况，编制《珠海市数字服务外包重点企业目录》和《珠海市数字服务外包典型案例名录》。认定一批主业突出、竞争力强、特色鲜明的数字服务外包示范企业以及服务外包数字化转型示范案例。充分发挥示范企业和案例的龙头带动效应，带动全市服务外包企业的数字化转型升级和创新发展。支持服务外包企业开展5G、大数据、人工智能、区块链等新一代信息技术服务，培育一批新一代信息技术和传统产业融合发展示范企业和示范项目。

积极推进珠海"数字化服务＋软件＋解决方案＋人才"标准体系建设。以推动珠海服务外包数字化和高质量发展为目标，对标数字服务发展核心要素和终端用户需求，制定服务外包数字化能力成熟度标准，完善数字服务标准化体系建设，形成政府引导和市场自主相结合的新型标准体系。指导、规范行业协会和商会等社会团体开展团体标准化工作，支持第三方专业机构开展团体标准评价，提升珠海团体标准社会认可度。

加快数字服务外包新模式新业态培育，依托5G、大数据、云计算、人工智能、量子计算、区块链、数字孪生等技术创新服务外包交付模式和服务模式。立足本市优势领域，拓展应用场景、拓宽行业应用，鼓励本市大型骨干企业发展数字化研发设计、众包设计、在线交互研发设计等新型制造模式，通过项目发包、众包和云管理等形式深化与服务外包企业合作，提升关键工序数控化率，形成一批面向不同应用场景的智能软件和解决方案，促进服务外包与传统产业协同发展、联合创新，实现数字化转型升级。

（二）完善数字服务外包新链条

紧抓粤港澳大湾区建设发展机遇，强化"平台＋链主"招商策略。坚持

"龙头带动""以商引资"，依托珠海珠澳经贸合作平台等境内外重大交流合作平台和定向招商，面向大湾区以及国际服务外包接发包高地，利用数字分析技术开展精准招商，吸引世界500强、中国500强、全球服务外包前100强及国内服务外包50强企业在珠海设立计算中心、研发中心、交付中心、共享中心、结算中心，支持企业建设生态型开源开放平台。加强与产业链主机构、龙头企业、中介机构合作，通过"一点突破，多点对接""引来一个，带动一串"的乘数效应，形成产业链整体转移和招商。

推动"数字+服务"创新模式，促进企业数字化转型升级，加大力度支持一批有实力、有技术、发展前景好、就业能力强的数字服务外包企业在国内主板、中小板、创业板、科创板、新三板及国外资本市场上市。鼓励数字服务外包龙头和骨干企业通过资产重组、收购、兼并等方式加速扩张，形成一批具有较高国际影响力和竞争力的数字服务外包市场主体。引导资金、技术、人才、基础设施等资源向符合规划重点行业领域发展方向的中小企业集聚，提高企业数字化成长能力。对技术创新能力强、商业模式新颖、业务领域超前、客户资源优良的中小企业给予重点扶持，通过政策引导、产业扶持等措施，推动服务外包中小企业加快发展成长。引导并支持企业申请相关技术认证，增强企业的接包能力，推动企业快速成长。优化企业队伍，支持产业链、供应链上下游企业垂直互动、协同合作，构建数字服务外包产业集聚圈和生态圈。

强化高新区、鹤洲新区（原保税区）等载体的创新引领作用，搭建本地数字服务外包企业与本地优势行业龙头企业的业务交流和对接平台，鼓励和支持数字服务外包企业深挖本地和国内市场需求，持续提高单笔合同签约金额，提升行业综合解决方案及产品的专业性和成熟度。加快大数据、传感器、人工智能、云计算、预测分析等数字技术在产业设计生产、销售及售后服务等环节的应用，支持本地优强服务外包企业，为本区域大型制造业企业提供大数据平台、客户管理平台等企业应用软件。

（三）建设数字服务外包新载体

依托鹤洲新区（原保税区）、高新区、香洲区等服务外包产业核心聚集区，加速推进数字服务外包重点项目引进与培养，积极建设省级数字服务出口基地、珠澳服务外包合作示范区、全国数字服务外包创新应用高地。根据

"因地制宜、错位发展、各具特色、差异竞争"的原则，以金湾、斗门、万山、高栏港等特色外包产业聚集区为重点，整合各区（县）与数字经济、服务外包相关产业集聚区，积极指导帮助其挖掘、拓展和升级服务外包业务，提升集聚区的专业化能力和整体竞争力。鼓励相关园区申报省、市级服务外包专业园区，对示范基地进行政策和资源等多层次的重点支持，构建具有全国乃至国际知名度和影响力的数字服务交付中心和产业基地。

积极推动产业园区的建设开发和运作机制改革创新，积极探索"政府引导、企业经营、市场运作"的运营模式，鼓励和支持服务外包大型骨干企业发挥品牌、技术、行业资源等优势，通过合作、参股、共同设立基金等多种方式积极参与服务外包产业专业园区和载体的建设和运营。支持重点企业开展海外并（收）购、投资建设跨境服务外包产业园区。统筹和支持全市各类服务外包产业园区之间的差异化定位、协作与联合发展。

以建设珠海大数据综合试验先行区为契机，发挥 5G、人工智能、物联网、大数据、云计算等先进技术基础支撑作用，加快服务外包产业园区的信息基础设施、融合基础设施、创新基础设施等"新基建"投资建设和运营管理，赋能园区各环节，打造管理数据化、应急主动化、设备智能化、服务精准化的新型数字园区，解决传统园区面临的"服务体验差、综合安防弱、运营效率低、管理成本高、业务创新难"等痛点，全面提升区域、城市和园区的智慧化管理水平。

（四）拓展数字服务外包新市场

以粤港澳大湾区建设为依托，继续强化承接港澳地区服务外包业务，进一步推动对港澳在高端装备制造、生物医药、打印耗材、金融、旅游、商务服务、文化创意等领域的服务外包业务发展，促进珠海服务外包产业规模和范围不断扩大。构建面向港澳的服务外包发展大平台，打造"粤港澳大湾区服务外包发展论坛"等交流合作平台，携手港澳大力开拓国际服务外包市场，带动港澳企业参与国内大循环，提高承接高层次数字化国际外包业务的能力。

建立传统会展＋数字化营销的双渠道宣传推广体系，形成立体化的珠海服务外包市场通路。组织企业参加境内外知名服务外包相关展会，如美国高德纳年会、美国国际视听、信息通信与技术展览会、日本东京国际大数据管理展览会、德国国际信息技术和电信展、德国科隆数字化管理展、西班牙数据存储技术展、越南国际通讯展览会、巴基斯坦卡拉奇国际信息技术及电信展览会等，推动珠海服务外包企业走向国际市场。组织本地服务外包企业赴美国、日本等主要地区开展推介路演。鼓励服务外包企业在国外（境外）尤其是项目实施地设立分公司、接单中心或招聘境外专业接单人员。鼓励珠海服务外包企业赴"一带一路"沿线国家（地区）设立国际接单中心、服务交付中心研发中心、营销中心等分支机构。针对数字经济时代的营销趋势和客户习惯，应用会展大数据分析和推广工具，整合国内外行业媒体及宣传平台等资源，建立完善的数字化营销渠道体系，强化品牌宣传推广效果。

支持本地服务外包企业与工程承包、建筑等大型国企开展战略合作，共同开拓"一带一路"和 RCEP 市场，推动道路、桥梁、电站、轨道交通、水利等"工程＋服务"共同"走出去"。充分发挥行业协会等中介组织作用，搭建跨行业、跨地区企业间的深度交流合作平台，利用众包、分包平台等模式，最大化企业间资源协同。支持服务外包领军企业发挥带头作用，集聚一批配套中小型专业服务提供商，补齐特色领域产业链。成立珠海服务外包企业"走出去"合作联盟，抱团领军企业、规模客户共同开拓国际市场，承接一手业务。鼓励专业园区、示范基地等服务外包发展载体丰富企业间交流活动，共同推进珠海市服务外包产业形成"抱团发展"、合作多赢的发展格局。

（五）强化数字服务外包新平台

积极对接全球和国内服务外包行业顶尖交易平台和咨询机构，整合国际服务外包项目信息、发包商资源，以及国内政府、企业的外包项目需求，建设珠海市服务外包项目在线交易平台。定期组织本市软件研发、信息技术服务、集成电路设计、医药研发、文化创新服务、金融外包、工业设计、供应链管理、云计算服务、大数据服务、人工智能服务等领域服务外包企业与本市主要领域制造商进行服务外包合作洽谈和项目对接。逐步形成集线上交易和线下服务于一体的综合性服务外包产业交易促进体系，为发包方、接包方、专业服务机构等提供信息交流、协议签署、合约执行、质量控制、人才培训、资金支持等服务。

围绕 5G、大数据、人工智能、区块链等新一代信息技术研发、分析和创新应用，加快构建各类新一代信息技术服务支撑平台，面向本市企业提供分析模型库、算法库、自主分析软件等基础数据分析服务，打造共享的云服务环境。支持第三方公共技术研发平台建设，形成集新一代信息技术研发、测试于一体，软硬件设施齐全、高度共享的公共研发平台，对企业租用平台提供的设计工具、软件测试工具等，按租用费用予以补贴；对平台的科研设备、大型工具软件的升级维护等条件建设予以补贴；对平台首次获得国家级资质认定予以奖励。支持基于互联网和移动互联网的开放平台、开发者平台建设。对已建成运营的面向中小服务外包企业提供服务的操作系统、数据库、中间件、嵌入式软件、信息安全软件和工业软件等领域的公共技术服务平台予以资助。支持面向软件研发、云计算服务、大数据服务、人工智能服务、区块链服务等企业提供产品测试、资质认证、技术咨询、管理服务等行业技术支持系统和服务平台建设。

进一步推动珠海市服务外包企业数字化转型，建设服务外包数字化转型升级平台。鼓励企业技术创新，利用数字技术提升运营能力，形成服务能力。加强数字化重点项目的资金和基建投入，以点带面、以面带全，梯度推进传统产业数字化转型进程。定期举办互联网应用产品推介会，鼓励电商平台企业积极推出面向传统企业特别是中小微企业的普惠性数字化转型产品和服务，帮助企业熟悉数字化产品、服务、技术及模式创新和优势，打破产业内、产业间和企业层面的信息孤岛，加快数字经济赋能传统产业转型升级，构建"政府引导—平台赋能—多元服务—广泛参与"的企业数字化转型联合推进机制。

（六）培育数字服务外包新人才

鼓励我市高等院校积极对接国内外优质服务外包人才教育培训和企业资源，研究制定数字服务外包人才新标准，推动数字服务外包相关学科建设，开展共建学院、共建专业、共建特色班、项目实训、就业实训、技能认证等多种形式的校企合作，在大数据、JAVA、UI、Python、Android、CAD、Linux、C++、软件测试、网络营销、跨境电商、项目管理等方面培育一批数字型、应用型、技能型专业人才。鼓励和支持服务外包人才培训机构和基地扩大培训规模，提高培训能力，力争达到年培训2万人次规模。推动高层次人才全球培训计划，积极推进数字服务外包相关国际交流与合作，引导本地企业与国际领先接发包企业加强关键人才的联合培养，选派资质较好的人才到发达国家进修学习。针对服务外包重点领域发展及不同企业和市场（港、澳、美、日）需求实施定制化培训，输出对口人才。积极申请进入国家"高端技能型、应用型人才联合培养百千万交流计划"名单。推动珠海市专科院校申请职本联合开展应用型本科人才培养试点。

充分利用国家、省级、市级人才引进和奖励政策，在美国硅谷、日本东京、韩国首尔、印度班加罗尔、爱尔兰都柏林以及北京、上海、南京、广州、深圳、重庆、成都等地组织召开大型招聘活动，大力引进高水平、数字化、创新型、复合型服务外包重点领域领军人才和团队。设立数字服务外包高端人才专项资金，支持数字服务外包领域创新创业、技术研发、专利申请等。建设高端人才社区，在高级人才出入境、居留、落户、子女教育、住房、医疗等方面给予具有竞争力的优惠政策。支持服务外包企业健全人才激励机制，鼓励采用股权、期权等方式吸引高级管理人才和技术骨干。加强国际行业协会及机构合作，大力引进服务外包重点领域发展所需的软件架构师、项目经理、咨询、设计等中高端人才和数字化人才。

充分整合猎头、第三方平台、人才派遣企业等各类人才服务机构资源，以及生活服务企业，携手打造国际化的人才服务体系。从高级人才公寓、生活配套、税收补贴、子女入学等方面提供服务便利，为服务外包人才营造优秀的工作和生活环境，减少人才外流，提升产业人才的稳定性。利用大数据技术加强服务外包人才的统计，建立服务外包产业人才培养和流动数据监测体系，形成服务外包人才"蓄水池"，为全市服务外包产业发展与转型升级提供人才保障。

案例篇

互联网设计：协同创新＋研发上云新业态

赵迎芳 [1]

橙色云是杰瑞集团旗下的工业互联网领头企业，也是推动山东省产业链再造和价值链升级的标杆企业。研发了具有自主知识产权的橙色·云工业产品协同研发平台，平台包含 CDS 云协同和 CRDE 云研发两大系统，致力于打破传统研发模式，解决企业自建研发团队招人难、留人难、软硬件投入高等问题，快速聚合不同地域、不同领域、不同专业的工程师组成研发项目组，"多快好省"地为企业解决新品研发、产品迭代升级、产线技改、创想实现、特定应用场景研发等需求，为中小微企业提供贯穿工业产品从需求发布到验收交付全业务流程的服务。

截至 2021 年 7 月，平台注册用户数量达 20 万，发布项目总数 6000+，发布项目总额超过 12 亿元，并在中国北京、中国深圳、山东烟台建立协同研发中心；在美国休斯敦、日本东京、荷兰海牙、挪威卑尔根、德国慕尼黑、澳大利亚墨尔本等地区开设海外研发中心，与挪威 BCS 与 Hugo、加拿大 Rimpac 和挪威华人协会均建立合作关系，提供技术支持。在全球汇聚 25 万＋研发资源，线上线下高效协作，为工业领域攻坚克难，已成为全球搭建协同创新网络、解决复杂难题的成功代表。

---

① 赵迎芳，山东杰瑞集团橙色云互联网设计有限公司总经理。

一、工业互联网平台是传统制造业数字化转型的重要途径

随着美国 GE 公司的 Predix 平台和德国西门子公司 MindSpher 平台的相继推出，全球产业迎来工业互联网发展热潮，世界主要工业大国均在构建自己的智能制造产业体系，核心是抢占智能制造产业生态系统的主导权。工业是供给侧结构性改革的主战场，工业互联网能够激发新动能、改造旧动能，成为提升产业发展质量和效益的方法之一，通过打造工业互联网平台，构建产业生态，与产业链进行更有效的协同，将有助于推动制造业的快速发展。

工业互联网平台具有广泛的连通性和应用性。在数据连接层面，工业互联网平台可采集工业生产设备全周期的工业数据，通过信息技术实现工业数据的分析与利用；在企业连接层面，工业互联网平台可连接上下游企业供应商和企业用户，实现企业生产和销售等全流程的信息共享；在行业连接层面，工业互联网平台可以打破行业内部与外部壁垒，消除"数据孤岛"现象，实现制造业全行业生产资源与信息的高度利用，挖掘潜在价值；在平台应用层面，工业互联网平台提供基于各行业、各领域的工业知识、工业机理的应用需求，为企业提供良好的应用与开发环境，激发工业微服务、工业 APP 价值潜力，为制造业提供源源不断的创新动力。

对制造业企业而言，工业互联网平台的目的主要是为企业实现降本提质增效，在自动化与信息化基础上，实现智能化的制造体系。而已经在消费互联网模式上得到验证的信息互通、数据融合、共享经济等模式，在工业互联网也同样适用，将影响企业采购、生产、流通、销售、信息化建设等各个环节。但工业的复杂性意味着工业互联网不可能像消费互联网一样野蛮生长，需要脚踏实地、深耕细作，周期会更长，赛道会更多。

橙色云作为工业互联网平台，聚焦于工业产品的协同研发，以"协同研发设计"为核心，开发了 CDS 云协同和 CRDE 云研发两大系统。CDS 云协同系统聚合了一支由多专业、多领域的专家和博士组成的大脑团队，以及来自全球各领域的外部工程师和工程师团队，通过多方智慧的协同创新及平台服务体系，确保线上企业资源的充分共享、智能制造的高度协同、全产业链各环节的业务协同，构建开放公平的互联网创新创业平台与配套服务体系，促进传统产业低成本、高效率地完成转型升级；橙色云作为开放研发协同平台，CRDE 云研发系统以丰富的云端研发软件、工具等资源和算力匹配为依托，

围绕生产制造各环节和各要素形成多种云端形态，推动大众创业、万众创新，打造现代制造新业态。

而平台打造出这种创新业态的核心依据就是数字化生产，即将复杂的工业产品研发过程解构，然后进行数字化链接。橙色云通过将原本复杂的研发需求拆解为多个更加简单、具体且更容易实施的子项目，再从平台上来自全球的工程师及专家的智慧资源中进行筛选，符合要求的工程师被选中后可通过橙色云的云上协同研发环境分别完成子项目研发，最终组成完整的产品，研发完成后团队即可解散，企业不再需要承担其他任何成本。通过解构和链接的方式，让原本复杂的研发设计过程变成一个简单的数字化制造过程，实现降本增效的目的。

橙色云开设三种服务模式，促进"三个提升"：小微客户服务模式，促进创业企业向正常经营转化提升；中小客户服务模式，促进企业从同质化的工业 2.0 向专业化的工业 3.0 提升；大客户服务模式，促进企业从专业化的工业 3.0 向智能化的工业 4.0 提升。

通过橙色云平台发布需求信息，聚集工程师研发资源，平台上的工程师团队提供知识、智慧、经验和技能参与完成任务，实现开放式创新。

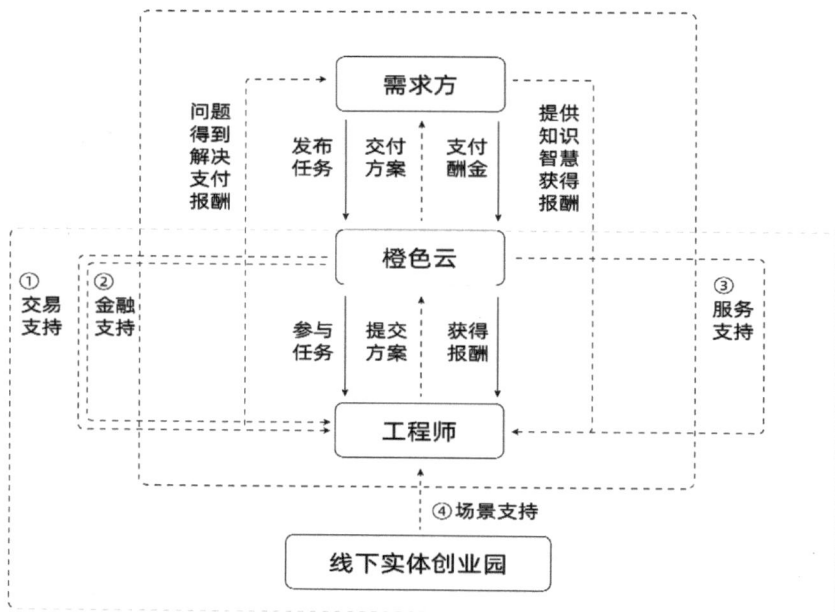

图 1.1　橙色云协同创新业态服务流程图

如图 1.1 所示，具体运行流程为：

（1）提交需求：当企业／个人遇到技术或产品研发难题时，可向平台一键提交需求。（2）匹配专属项目经理：接到需求后，平台会在 24 小时内匹配专属项目经理，项目经理通过与客户沟通，对其提出的设计、研发需求进行分析确定，让原本笼统且不明确的需求变得清晰和完善。（3）大脑团队介入：平台拥有一支由多个专业、多个领域的博士组成的大脑团队，他们具备对工业产品多专业研发认知的沉淀和理解，需求确定后，大脑团队博士和专家将会参与到项目中，针对项目需要，制定可行性方案，并拆解为多个更容易实施的子项目。（4）公开招募工程师：拆分后的子项目在平台 CDS 云协同系统的工程师招募栏目公开发布，具有项目承接能力的团队和工程师皆可报名参与，同时平台通过大数据及 AI 智能匹配算法，通过网络一键匹配工程师或工程师团队，按照匹配度进行推荐排序，便于项目经理迅速筛选出多个更加符合项目需求的解决方案。（5）组建研发项目组：根据项目实施的总体要求，经项目经理、客户和大脑团队共同评估后，挑选多个符合要求的报名方组成研发项目组，共同承接项目。（6）云端协同研发：研发项目组组建完成后，组内成员可通过平台的 CRDE 云研发系统进行在线研发。CRDE 云研发系统在云端部署了 CAD 绘图建模、EDA 电子电路设计、CAE 仿真分析、PDM产品数据管理、标准件三维图库、三维可视化工具、办公软件等常用研发工具，以及一整套易用的在线协同工具，在项目研发过程中，支持工程师们随时随地开展视频会议、图纸预览、模型评审等工作。（7）在线图纸评审：项目研发组中的工程师们，使用云研发系统分别完成对应研发任务后，能够立即发起在线评审，最终组成完整的产品模型和图纸，总图经评审后交付给客户。（8）样机试制或批量生产：研发工作交付后，如果客户需要样机或量产，橙色云平台还能为客户提供样机试制及批量生产的服务。（9）产品及市场支持：产品研发完成后，平台可以帮助客户开拓市场，建立产品推广和销售渠道，吸引投资商完成产品或项目孵化。（10）研究成果商业化：产品研发完成后，平台还能帮助客户申请专利、著作、商标等知识产权，保障客户权益，同时提供授权、转让等知识产权变现服务。

为了保障平台的良好运行和双创主体的协同发展，橙色云开发平台的赋能工具，对于构筑支撑性平台具有显著作用。主要分为以下三个部分：

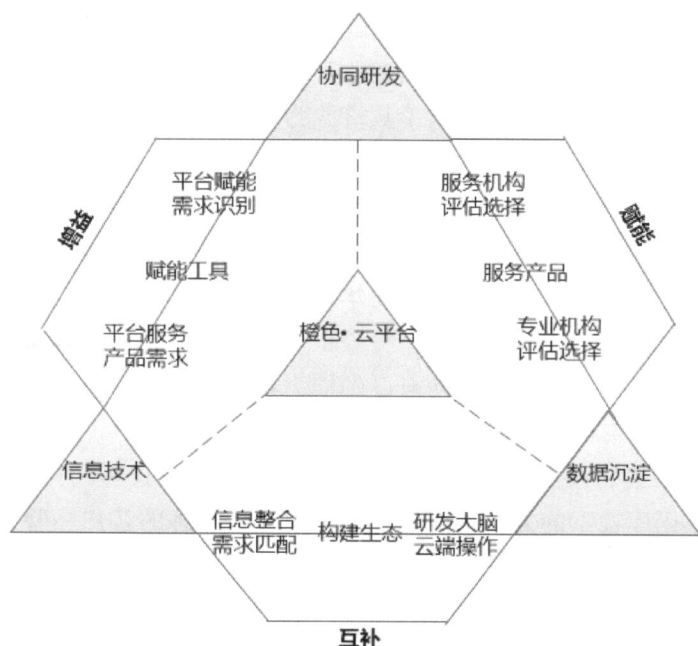

图 1.2　橙色云平台资源聚合模型

①系统赋能需求识别：CDS 云协同系统已内部孵化 PIM 系统（Product Information Modelling）。采用大数据和人工智能技术分析中小微企业在平台上发布的产品需求。②大脑团队专业匹配：平台拥有一支由多个专业、多个领域的专家和博士组成的大脑团队。大脑团队跟进 PIM 分析结果，从服务诊断、信息系统、数据仓库等维度评估选择项目团队，根据中小微企业服务产品需求选择合适的项目团队研发产品。③协同研发工具支撑：CRDE 云研发系统是针对赋能需求开发高效沟通、云端研发等专业化的赋能工具，将工业产品研发设计所需的必备软件以云端服务赋能于工程师及团队，在降低应用成本、部署成本、运维成本的情况下，多方协同，云端研发。

二、以平台为核心，以人工智能技术为抓手，推动产业发展

工业互联网平台的核心价值是制造资源共享，优质制造能力共享可以为产业生态带来革命性提升，有效弥补区域、行业、企业间制造能力的短板，

促进制造业高质量发展，赋能中小企业发展，提供数字化、网络化和智能化转型升级的基础条件。因此，在制造业升级转型的大趋势下，橙色云平台以共享人才资源、共享设计软件及工具资源为基础的互联网设计模式，为制造企业的发展提供了有力的推力。

想要更加优质且高效地为平台的项目甄选适合的资源方，人工智能技术的应用必不可少。通过橙色云平台，将分布在全球的工程师与各地工业需求方链接起来，既解决了需求方遇到的本地周边无法解决的问题，又使得新技术新方法在更大范围中流动碰撞，打破工业集聚和规模效应带来的"内卷"。同时对于接单的工程师来说，使自己的能力在社会中发挥更大的价值，带动了更多的工业交流和就业机会。

但由于数据的指数级增长和任务的长短、描述方式等的样式越来越多，仅仅基于数据库检索的方式不能满足需求方和工程师的客户体验，使得平台出现匹配不精准的问题，基于人工智能技术的智能匹配系统将发挥作用。通过大数据、人工智能的方式将工程师和需求方自动精准的匹配起来，实现细粒度匹配和粗粒度的语义级别精准匹配，以及不同维度匹配分值计算等，使得需求方和工程师在精准匹配的同时，也能更好地描述项目需求和工程师的解决能力。

本系统按照操作流程分为需求定义、项目拆分、项目的智能匹配等三个阶段。

需求定义阶段是通过用户与智能客服交互的方式，即通过语音、文字、图像、视频等交互的方式深入挖掘用户的需求信息，使用户的需求更加完整。通过用户与智能三维模型生成服务进行交互方式，深入地了解用户的功能需求、外观需求、产品的属性及参数据需求。项目拆分阶段是通过人工与AI智能相结合的方式，即工程师可以先拆分出自己擅长的部分需求，工程师不擅长部分AI可以通过需求智能拆分服务，统计解决方的服务能力并计算出最优的拆分解决方案，协助工程师找到其他适合的工程师。智能匹配是将当前需求方的需求描述提交到系统后台，后台通过对需求描述的领域范围、语义信息的抽取，在数据库中智能检索相关领域范围、相近需求项目的工程师，并根据工程师的项目记录、企业实力等信息，给匹配到的K个工程师进行综合打分，最后将得分最高的工程师展示给用户。

橙色云平台线上依托云端企业巨大的供求市场，线下依托多年的研发数据与智力积累，结合大数据及人工智能等技术，推动各类要素资源集聚、开放、共享，各种能力汇聚、分享、协同，提高科研资源配置效率和工业能力运用效率，在更大范围、更高层次上促进创新驱动发展。

三、协同研发工具云化，提升企业研发设计管理能力

工业软件贯穿研发设计、生产控制、组装测试等各环节。在诸多工业软件中，电子设计自动化 EDA、CAD 研发设计软件，和以 CAE 为代表的仿真软件等应用程度深、价值高。而恰恰在这些领域，我国基础较为薄弱。

过去我国的信息化、数字化建设客观上有"重硬轻软"的问题，在工业软件领域的投入力度存在不足。我国作为制造大国，工业软件发展和应用水平与地位不符，上一阶段的工业自动化建设也偏向于硬件设备端，工业软件的发展落后于整体产业升级的进度。因此为了自主实现我国制造业向智能制造的升级，就必须要尽快弥补在工业软件层面的短板。

橙色云平台开发的 CRDE 云研发系统上配备了专业的研发软件，为有需要的上云企业提供服务。CRDE 云研发系统主要提供 CAD 绘图建模、EDA 电子电路设计、CAE 仿真分析、PDM 产品数据管理、标准件三维图库、三维可视化工具、办公软件等常用研发工具，以及一整套易用的在线协同工具；CDS 云协同系统支持企业贯通并优化营销、设计、制造和服务的业务流程，实现产品全生命周期的协同管理。主要提供云设计、云制造、云协同、云资源、云社区、云存储等服务，涵盖了企业设计、制造、营销等产品创新流程所需要的各种工具和服务。

基于此，橙色云平台不仅为中小微企业提供了项目发布、商机匹配、协同研发以及商业化等产业链上下游协作配套制造能力的功能，还能够提供企业发展所必需的制造资源及配套服务等专业服务，真正通过全产业链的整合与优化配置，有效帮助企业突破发展要素瓶颈限制，助推企业转型升级。

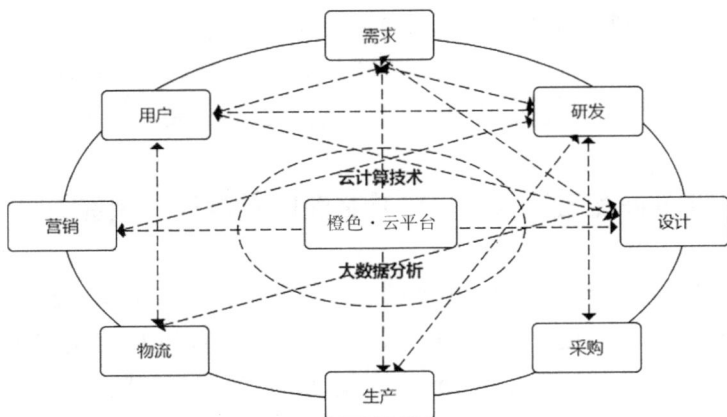

图 1.3　橙色云平台赋能生产制造全生命周期示例

CRDE 云研发系统在企业内部的应用案例

某 H 企业是一家专注于自动化、智能化、定制化科技产品的创新研发公司。企业当前拥有一支近 30 人的研发团队，日常研发工作中常用机械设计、仿真分析、电子设计等工具。

目前 H 企业自身没有进行研发信息化建设，在进行了内部调研和评估后，决定采用 CRDE 云研发系统进行研发过程管理。前期，橙色云的咨询顾问进行了驻场调研，调研了 H 企业的研发人员组成、研发管理现状和基础的软硬件环境，并形成了调研报告和实施方案。

基于实施方案，该企业在 CRDE 云研发系统中进行了企业注册，并进行企业成员邀请和维护。企业管理员在 CRDE 云研发系统的应用中心订购自身工程师所使用的应用工具。只有 H 企业的成员才能够使用订购的应用工具，以及访问企业的业务数据。

特定产品（静电喷雾人员消毒通道）的项目经理在 CRDE 中创建对应的项目，并进行项目团队构建。项目经理进行产品整体方案设计，构建产品结构。

基于产品结构进行研发任务分派，项目成员接到任务后，使用所订购的应用（如 CAD、EDA 等常用软件或工具）进行零部件研发，并根据实际情况从 CRDE 云研发系统提供的标准件库或通用件库中选用特定标准件或通用件。

在所有的研发任务都完成后，项目经理对零部件进行装配验证，并通过在线视频会议启动产品的在线评审。

在使用 CRDE 云研发系统前，H 企业自建研发环境的成本近 700 多万元，每年还需要支付维保等费用，全面使用 CRDE 进行研发后，只需要投入 113 万元即可获得比企业自建研发环境更加便捷和高效的使用体验。

总的来看，橙色云工业产品协同研发平台的推出，建立了全球协同设计的网络连接，实现跨地域在云端的需求定义、设计分包、项目管控的协作平台，可以实现线上线下的连接、高效解决企业技术难题，创立了两种全新业态：一是聚合不同地域、不同领域、不同专业的工程师在不同时间、不同地点、不同终端上，"多快好省"地为发布研发需求的企业云上协同研发产品的业态；二是支持企业内部研发团队云上完成研发工作全过程的业态。两种业态共同为企业的产品研发和技术创新提供了高效、便捷和优质的保证。

互联网设计模式案例——M 汽车企业零部件立体仓库项目

汽车零部件种类繁多，各类包装容器的存储方式各异，管理也较为烦琐，该案例中，M 汽车企业生产商就面临了零件过多，管理混乱、容易丢失、信息化程度低等问题。

通过橙色云平台发布项目后，来自全球的工程师争相报名并组建了一支研发团队迅速开展工作，通过对该企业目前仓储情况的调研，目前物料以地堆和阁楼货架为主，在进行物料的出入库、盘点等作业时，系统会给出指引和提示。

项目组通过调研快速为客户提出了使用巷道堆垛机式自动化立体车库的规划设计方案，最终确认将普通货叉配合托盘的搬运方式作为该自动化立体仓库的解决方案。

该解决方案是通过自动化机械设备来进行高层立体货架内货物存取的物流系统，主要通过计算机进行控制设备的运作，机械设备在得到计算机下达的指令后通过扫描条码等信息自动识别货物并进行取放和运输，该系统综合了管理、机械、电气、通信、软件等专业技术，使仓库内的物流更加科学高效，同时也提升了库内存储容量。

自动化立体仓库利用无线通信技术实现了信息的自动收集与通讯，由计算机对设备进行统一控制，实时获取作业任务相关信息，掌握库存动态变化并通过软件系统进行数据处理。

设计步骤	步骤说明
分析M企业现状	了解M企业作业流程，确定物料属性，掌握作业量变化特点
为自动化立体仓库选择设备	多层穿梭车系统适用于M企业小件物料快速拣选和密集存储的需求，有三种常用的多穿系统
确定仿真模型构建参数	确定仿真模型中货架、穿梭车、提升机、动力站台的参数
构建三种多穿系统仿真模型	货架高度为9层，分别构建配备1至9台车的三种多穿系统仿真模型，并设置穿梭车、提升机等设备的参数
运行仿真软件并分析结果	得出配备1至9台穿梭车时各多穿系统的出入库效率和穿梭车利用率数据
M企业实际订单分析	分析订单数据得到自动化立体仓库整体出入库效率需求
方案设计	已知整体出入库效率需求和每种多穿系统单独的出入库效率，基于模组存储和分类存储两种方式，选择合适的穿梭车系统

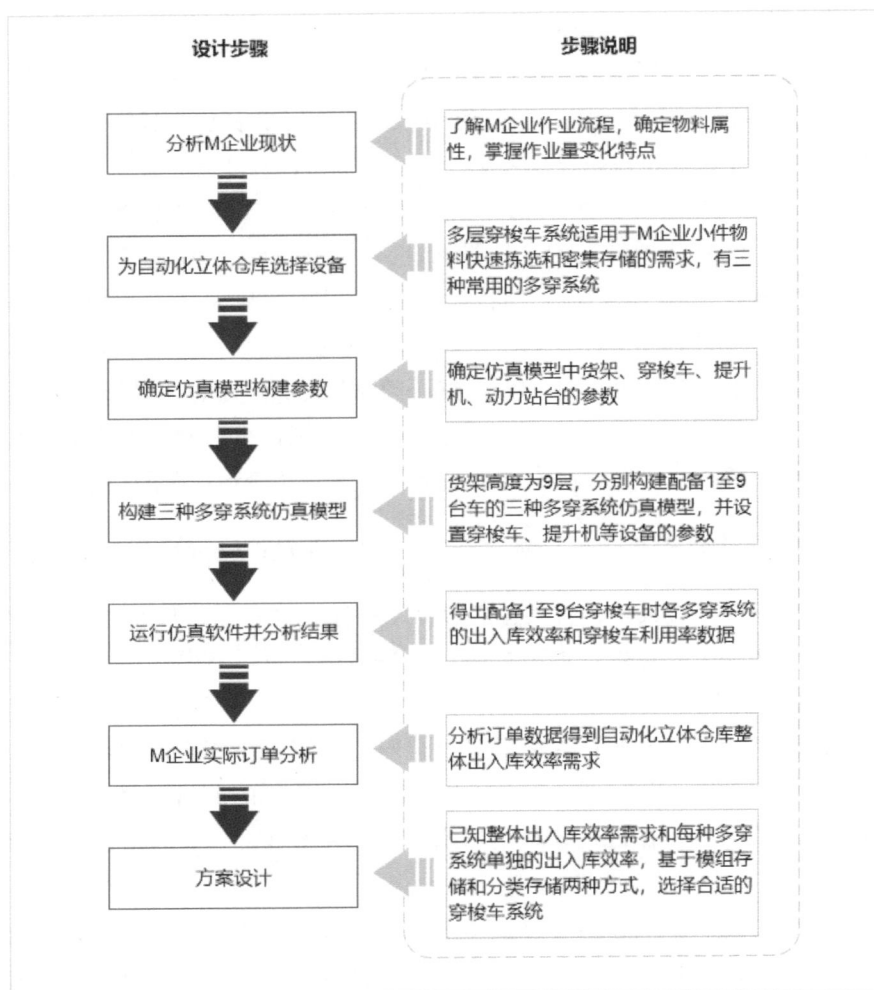

图 1.4　M 汽车企业零部件立体仓库项目服务流程

多层穿梭车系统是密集存储式自动化立体仓库使用的主流设备之一，不仅可以实现高存储密度，同时能够快速地取放货作业。多层穿梭车系统的作业模式为：穿梭车在货架内的轨道上横向运动，将货物取出或放入指定货位，由提升机对货物或穿梭车进行纵向搬运，不仅实现了快速的自动化作业，提升了物流效率，同时有效提高仓储空间利用率。

越是存储密集的仓库，多层穿梭车系统的优势越明显，较高的出入库效率使得订单处理时间缩短，能够提升库内整体作业效率。

自动化立体仓库利用无线通信技术实现了信息的自动收集与通讯，由计算机对设备进行统一控制，实时获取作业任务相关信息，掌握库存动态变化并通过软件系统进行数据处理。

通过仓库管理系统、立体库货架、堆垛机、输送线等，仓库效率整体提升 200%；仓库整体利用率提高 150%；节省人工 40%，且大大降低了库管人员的劳动强度；减少了货物处理和信息处理过程的差错，准确率达到 99%，零部件丢失情况得到解决；通过设备作业，保障了现场作业人员的安全。

互联网设计模式案例——某银行智慧档案项目

当前，实体档案资料依然有无可替代的作用，主要体现在两点，原始性和法律凭证作用。实体档案是查找一个人或一件事的最根本的初始的状态的根据，它的重要性是当代普及的电子档案无法取代的。特别是电子档案普及的当代，当黑客突破、系统崩溃等问题发生时，更体现出实体档案的重要性。

但是该案例中的某银行的实体档案管理存在着很多现实的问题，比如信息化智能化程度低、管理效率低、盘点查找工作量大、安全漏洞多、安全性差等，而安全性保证不了是档案管理上最无法接受的。为了提升实体档案管理的安全性，同时顺应智能化、无人化发展潮流，将有越来越多的实体档案管理机构需要智慧档案管理系统的帮助。

项目发布到平台后，专属项目经理迅速通过平台组建了一支研发团队，对银行档案的持续观察与研究，发现会计、信贷条线对传统档案数据有迫切需求，因此，优先把会计和信贷作为接入试点，同时结合其业务特点，梳理管理流程，完善业务操作，建立具有业务特点的需求驱动，优化后台管理流程，建立全生命周期的档案管理体系。

智慧无人档案管理系统的系统配置包括：

档案管理系统，就是在档案管理场景下针对定制开发的 WMS 上位管理系统；机器人调度系统，它的功能是对多台档案管理机器人任务分配、车辆管理、交通管理、通信管理，确保车辆有序工作；出入库窗口，它是档案管理机器人存取档案与档案管理工作人员的对接口；档案柜，它是针对性定制的上下双节档案柜，每个档案柜可存储 180 本档案，双节总高度是 3020mm，柜体总重不超过 110kg。

| | 档案新增 | | 档案借阅 | | 档案归还 | | 档案盘点 | |

硬件系统	档案管理机器人					自动充电桩		借阅归档一体机			组网硬件设备			管理系统硬件		
	AGV底盘车	多级举升装置	协作机械手	视觉传感器	末端工装	机柜	充电站	电压电流控制	显示屏	存取窗口	指纹人脸刷卡控制	交换机	路由器	控制柜	服务器	读卡器	手持终端

软件系统	档案管理系统										AGV调度系统					
	系统管理	系统监控	基础功能	档案新增	档案借阅	档案归还	档案盘点	档案管理	档案盒管理	档案柜管理	接口管理	任务管理	订单管理	车辆管理	地图管理	交通管理	运行管理	接口管理	可拓展应用

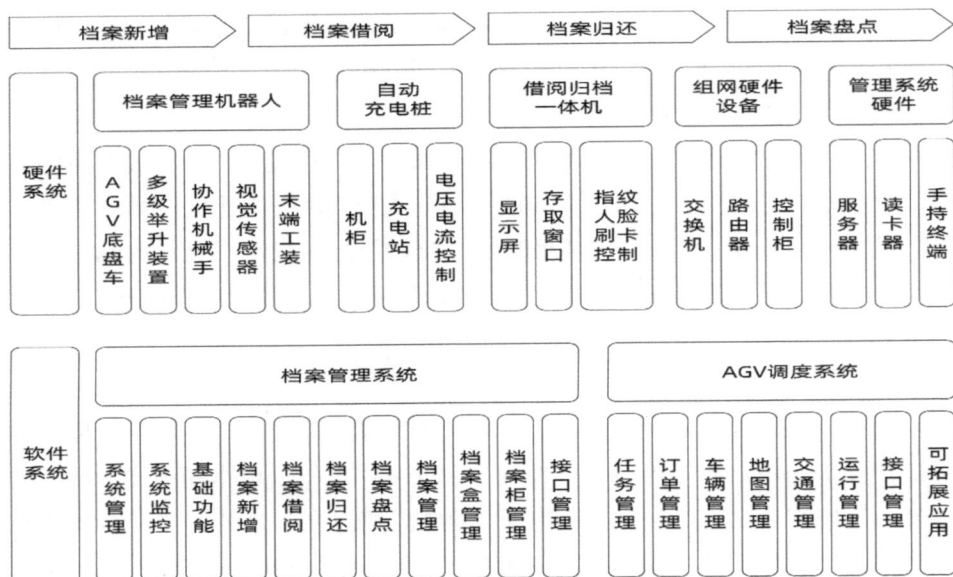

图 1.5 某银行智慧档案项目档案管理体系

档案管理机器人是工作的主要执行者，负责存、取档，盘库等功能。档案管理机器人即档案传送智能 AGV：包括"自主导引运输车即 AGV""竹节顶升机构""协作机器人"三个核心主体。最终经过项目组及大脑团队的共同努力顺利交付项目。

该项目运用全国首例搭载机器人、竹节顶升结构的 AGV 自导航运输车，利用立体档案库进行无人管理档案的新模式，也是中国首次提出以前沿技术应用于档案传送管理的一次科技创新项目，更是从传统档案陈列向数字档案管理转变，提升到智慧无人档案管理的最佳应用，为中国当下传统档案管理升级和经济性建设智慧无人档案建立了行业标杆。

此项目有很高的推广价值，因是移动机器人执行取放档案，实现了人档分离，保证了档案的安全；具有准确和高效的管理系统，提升档案管理的安全性、及时性、准确性、档案管理的规范化；项目总成本只有常规立体仓库（桁架式、堆垛机式、穿梭车式等）形式的成本的 1/3，适合在预算有限，但档案需要安全、保密的档案管理领域大范围推广。

互联网设计模式案例——M 企业水处理用反渗透膜药液浸泡及封装系统项目

随着人们环保意识的提升，对水处理专业设施的需求也与日俱增，但水处理中核心耗材膜元件的后端处理，仍一直沿用人工作业的模式，生产质量一致性很难保证，且该行业中尚无自动化生产经验可借鉴，属于行业难题，技术落地难度非常大，极具挑战！

橙色云平台在接到项目需求后，项目经理立即与客户沟通，对其提出的设计、研发需求进行分析确定，需求确定后，平台大脑团队博士介入，针对项目难点，有效分析客户需求数据，深入调研客户生产，梳理产品工艺流程，随后整合平台内的多个技术工程师组成研发项目组，共同讨论研发方案。

经过深入的探讨和谨慎的论证，设计团队最终将系统分为机器人上下料系统；药液自动浸泡控制系统；药液自动补偿系统；传输系统；辅助检测系统和辅助封装系统，并制定出详细解决方案。

上下料系统由标准车上料、机构辅助机器人动作、伺服驱动夹紧机构组成；药液浸泡设备实现膜元件的自动浸泡控制，PLC 控制伺服及传动机构控制膜元件升降，让膜元件得以充分浸泡，实现了药液的自动补偿功能。

传输系统为后道工序流转和缓存提供基础，方便人工辅助作业。运用人工智能辅助检测系统，对产品 360° 全方位视频检测，确保无死角。封装辅助系统实现膜元件的防护及封装需求。

方案确定后，项目组内博士和工程师们通过平台的 CRDE 云研发系统进行在线协同研发设计，最终及时准确地解决了客户的紧迫需求。

技改后的膜元件自动化生产线，实现浸泡与药液的自动运行与补偿，从根本上降低了劳动者的作业强度，提高了产品一致性，由一次浸泡 4 根膜元件到一次浸泡 12 根，提升三倍产能和工作效率；明显缩短生产周期，实现全程质量可控，有效降低运维成本。

产线解决了不同尺寸膜元件的自动化上料，实现了浸泡放置、下料智能化定位功能；浸泡设备实现了 8 寸膜 12 支、4 寸膜 20 支的浸泡超大容纳能力；通过智能伺服系统调节升降速度，使膜元件得以浸泡充分，保证产品质量；通过"液位自反馈系统"实现浸泡池液位智能化补偿功能；自主输送系统实现了产品浸泡后向后道工序的顺利流转；通过必要的缓存调整生产节拍，缓解操作者的劳动强度；检测处理与封装作业设计为人机辅助，将动作复杂而劳动强度低的工作交由人工处理。预期年效益显著提升，成功解决了行业技术难题，填补了行业空白。

在工业互联网平台的可持续发展因素中，基础是对制造业具有深刻理解，并能解决行业中遇到的问题，针对关键技术领域能够及时作出有效回应；核心是在制造领域具备强大影响力，能高效整合产业生态链各端各类资源；关键是有雄厚的信息技术实力，在大数据分析、数据挖掘等领域需具备专长。

依托杰瑞集团大型科技企业背景，制造实力突出、产业覆盖范围广，是目前机械科工强大的企业技术创新平台，掌握关键核心技术，具有强大自主创新能力。

作为制造资源匹配平台，需要对内、外部资源进行整合并予以动态调整，将产业制造的关键领域、重点环节形成资源整合，通过云供应链服务打造社会企业供应配置的接入口。近年来随着工业 4.0 不断发展深化，橙色云与政府、龙头企业等开展的战略协作更加密切，通过强大的外部资源接入丰富资源池，资源整合功能得到进一步加强，产业生态圈体系进一步得到完善。

工业互联网不仅是提供渠道的媒介和提供交易机会的中间平台，其核心价值是建立起一个完善的"生态系统"。橙色云平台以"协同创新＋研发上云"两大业态为核心、以生产性服务为依托，构建一个网上企业命运共同体：采用开放的技术体系（以便各企业上云按照统一的技术标准将自身的网络与设备接入网络，所有的网络与设备皆可在网内共享）；开放的商业模式（政府引导扶持上云，企业上云自愿、下云自由）；低成本高效的管控与支持体系（上云不收费，交易成功需付网络运行维护与安全保障费）。

数字化、网络化和智能化是工业发展的方向。推动质量变革、效率变革和动力变革，是发展工业互联网的初心。当前，正值新一代信息技术与制造业融合发展变革的关键时点与历史性机遇期。橙色云会有效聚合各领域形成合力，以创新发展为抓手，实现实体经济向价值链高端水平跃升，助力经济高质量发展。